KB273728

가상인격

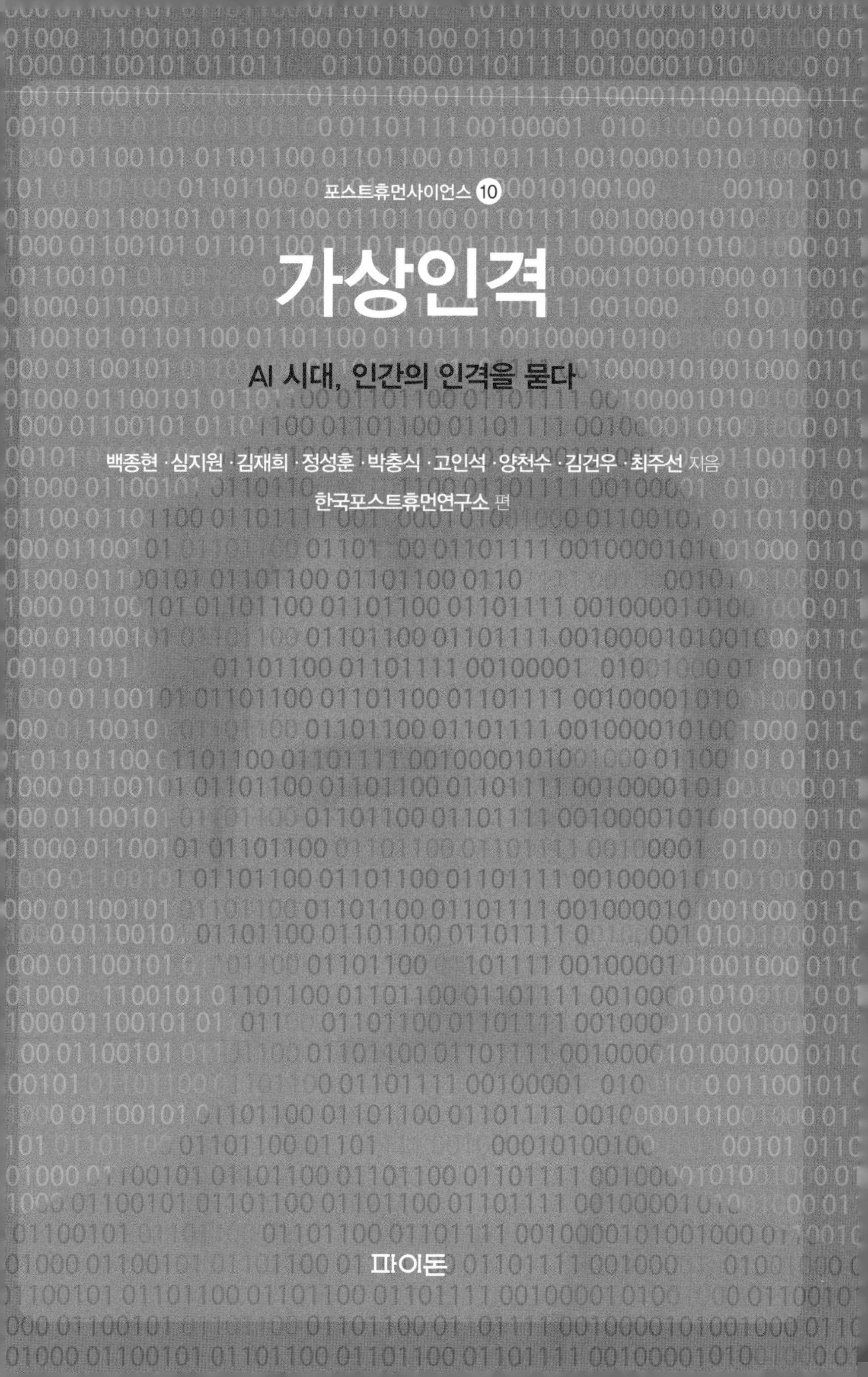

가상인격

AI 시대, 인간의 인격을 묻다

백종현 · 심지원 · 김재희 · 정성훈 · 박충식 · 고인석 · 양천수 · 김건우 · 최주선 지음

한국포스트휴먼연구소 편

파이돈

언젠가 법률 개정안 초안에 대한 자문에 참여할 기회가 있었습니다. 개인정보의 합성 등을 통한 인격권 침해에 관한 것이었는데, 그때 문득 이런 말을 꺼냈습니다. "인격이 대체 뭐예요? 저 인격의 법적 개념을 도저히 모르겠어요." 위대한 철학자들도 인격에 대해 서로 다른 의견을 펼쳐왔으니 저의 이런 혼란이 아주 부끄러운 것은 아닌 듯합니다.

그런데 심지어 이 책은 여기서 한 걸음 더 나아가 그냥 인격도 아닌 '가상인격'을 논하려고 시도합니다. 게다가 자연인의 인격을 넘어서 기계인(?)의 인격까지. 어찌 보면 대담하거나 무모한 시도일 수도 있겠습니다.

그러나 A의 의미의 울타리를 치려면 A를 탐구하는 것도 방법이지만, A가 아닌 것, A랑 비슷한 것이 무엇인지를 탐구하는 것도 한 방법이지 않겠습니까. 이 책의 독자로서 그리고 한 꼭지를 맡은 공저자로서 이를 여실히 느낄 수 있었습니다. 그냥 인격이 아닌 가상인격을 논함으로써, 인간의 가상인격과 비인간의 가상인격 등을 구분함으로써 오히려 '인격'이 무엇인지에 대해 좀 더 알아갈 수 있는 것 같습니다.

이 책을 이해하는 데에는 솔직히 말해 꽤 많은 노력이 필요합니다. 특히 같은 단어를 서로 다른 의미로 사용하는 경우가 많아 더 그렇습니다. 그래서 제가 사용했던 팁을 하나 알려드리고 싶습니다. 바로, 맨 끝의 꼭지부터 거꾸로 읽는 것입니다.

차례를 보면 아시겠지만, 1부는 가상인격을 철학적 관점에서 다루고, 2부는 사회적·기술적 관점에서 다루고 있으며, 3부는 법률적 관점에서 다루고 있어서 원리부터 실전까지 순서대로 담고 있습니다. 따라서 현실 속에서의 가상인격 문제부터 접하면서 되짚어 들어가면, 추상적 언어에 갇혀 헤매지 않고 구체적인 형상을 그릴 수 있거나, 어쩌면 운 좋게 나만의 시각도 어느 정도 가진 상태에서 담론의 대상을 조금 더 쉽게 이해할 수 있습니다. 그러면 어색한 철학 용어들도 어느 순간 내가 부여한 숨결로 살아 숨 쉬며 나와 소통할 수 있게 되지요.

2015년에 한국포스트휴먼학회가 처음 탄생했고, 2016년에 한국포스트휴먼연구소가 세워졌습니다. 2015년 그해는 지금도 기억이 생생합니다. 법무법인 민후 김경환 변호사가 저에게 "로봇법학회가 있으면 어떨까?"라는 이야기를 했고, 저는 "제대로 하려면 법학자뿐만 아니라 공학자, 철학자가 다 같이 모여야 할 것 같은데? 철학과 교수님 한번 찾아뵐까?" 하고 가볍게 답하고서 백종현 교수님을 찾아뵀습니다. 연구실에 들어가자마자 교수님이 건넨 농담은 이거였죠. "아이고, 물주가 찾아오셨네!" 그야말로 웃음이 빵 터졌습니다. 알고 보니 교수님은 그때 이미 포스트휴머니즘의 개념을 가지고 학회를 구상하고 계셨던 차였고, 제가 그 작은 한 조각인 로봇을 언급하자 이 아이디어들을 한데 모아 포스트휴먼학회를 설립하자고 역제안을 하실 생각이셨던 것이었습니다. 이렇게 한국포스트휴먼학회와 한국포스트휴먼연구소가 설립되었고, AI 시대에 본격적으로 접어들면서 그 가치는 더욱 깊어지고 있습니다. 그리고 이 책은 바로 그 한국포스트휴먼연구소 설립 10주년을 기념하는 책이기도 합니다.

AI가 사람처럼 말하고 사람처럼 움직이기 시작하는 이때야말로 가상인격을 논의하기에 가장 적절하고도 빠른 시기가 아닌가 싶습니다. 휴먼 이후의 포스트휴먼이 대체 어떤 형상으로 나타날 것인가 항상 궁금했는데, 가상인격에 대한 담론이 상상 가능한 모든 포스트휴먼의 형상을 담고 있는 것 같기도 합니다.

이처럼 가상인격을 주제로 한 이 책은 참 적절한 시대에 적절한 기념비로서 등장한 듯합니다. 게다가 그 내용마저 충실하고 풍성하니 어찌나 기쁜지요. 이 책에 참여해 주신 모든 공저자분께 감사한 마음뿐입니다. 이 책이 여러분에게 얼마나 다양한 영감을 선사할지 기대하며, 이만 줄이겠습니다.

즐겁고 꺼림칙하고 진지하고 슬프고 희망찬 사유의 시간이 되시기를 바랍니다.

2026년 1월

최주선

한국포스트휴먼연구소 이사장

머리말

바야흐로 'AI 시대'가 도래하면서 'AI 인격' 또는 '인공인 / 인공인격', '전자 인격(Electronic Person 내지 electronic personhood)', '가상인 / 가상 인격(virtual person)' 또는 '가상 인간(virtual human)의 인격'이니 하는 개념들이 등장하고, 관련 문제들에 관한 논의도 확산되어 가고 있다. 이 책의 공저자 9인의 논고는 이러한 개념과 문제들에 관해 각자의 의견을 표명한다.

서론의 논고 「'인격' 개념의 형성과 변천」(백종현)은 먼저 '인격' 개념과 상관어들의 원초적 뜻을 되새기면서 '인격' 성립의 토대인 동일성 문제를 추궁한다. 이어서 1) 행위 주체로서의 '인격'과 인간 존엄성으로서의 '인격성', 2) 권리주체로서의 '인격'과 '인격' 개념의 외연 확장, 그리고 3) 인격 개념 외연 확장의 문세성을 차례로 서술한다. 그리고 '인격' 아닌 새로운 '위격(位格)'이 등장하는 세계(?)를 의식하면서 인간의 세계에서 서로 소통하는 동등한 성원으로서의 '인간의 격'이 본래적 의미의 '인격'임을 환기한다.

제1부에서는 '가상인격'의 철학적 문제들을 다룬다.

1장 「가상인격은 인격인가」(심지원)는 가상인격 담론을 포스트휴머니즘의 기획으로 이해하고 가상인격의 성립 가능성 자체를 고찰해 보려는 시도이다. 이 과정에서 대체로 로크로부터 유래한다고 알려져 있는 근대적인 인격 및 인격 동일성에 관한 전통적인 철학적 논의들을 살펴보는데, 특히 심리적 환원주의와 사회 구성적 환원주의, 즉 자아 없는 인격 개념이라고 저자가 규정하고 있는 두 가지 유형의 환원주의적 인격 개념에 대한 비판적인 검토가 이루어진다. 환원주의의 3인칭적 관점은 우리 각자의 고유한 실존에서 가장 중요한 것이라 할 수 있는 1인칭적인 관점을 배제하고 있는 듯 보이는데, 칸트의 통각 이론은 자아를 모든 경험의 형식적 가능 조건이자 근원적인 자기 귀속적 능력을 지닌 것으로 포착함으로써 이 1인칭적 관점의 우선성을 강조한다. 이 자아 개념을 바탕으로 가상인격의 성립 가능성을 판단하기 위해, 저자는 셰흐트만의 서사적 자기 구성 관점(NSCV)을 채택하는데, NSCV에 따르면, 우리는 자신의 삶을 인격의 이야기로 이해함으로써 스스로를 인격으로 구성하며 인격의 통일성은 서사의 통일성에 기반한다. 따라서 가상 세계의 아바타는 독립적인 가상인격이 아니라 사용자 인격의 하위 서사로서, 구별되지만 깊이 상호작용하는 단일 인격의 복잡한 삶의 일부라는 것이 저자의 잠정적인 결론이다. 다만 이 결론은 현재의 "삶의 형식(비트겐슈타인)"을 전제로 한 것이기에, 기술이 삶의 형식 자체를 근본적으로 변화시켜 인격에 대한 급진적인 재개념화가 요청될 가능성은 여전히 열린 물음으로 남겨놓는다.

2장 「인공지능 시대, 가상인격의 존재론」(김재희)은 인공지능과 디지털 기술의 발달로 등장한 가상인격의 존재론적 의미를 탐구한다. 가상인격이라는 새로운 존재 양식은 인간이 기술을 통해 자신을 새롭게 발명하는 과정이자 기술이 인간을 통해 스스로 진화하는 과정을 상징한다. 인간이 자신의 신체적·심리적 한계를 넘어서기 위해 기술을 통해 자아를 확장할 때, 비인간은 인간과의 상호작용 속에서 인격적 특질을 획득한다. 인간의 가상인격이 기억과 경험의 기술적 외재화를 통해 분산-확장된 자아라면, 비인간의 가상인격은 학습과 자기조정을 통해 자율성을 획득한 비의식적 행위자이다. 인간과 비인간의 두 가상인격은 모두 디지털 정보체로서 공통의 기술적 환경 안에서 상호작용하며 공진화한다. 이제 인격은 더 이상 인간 주체 고유의 속성이 아니라 인간-비인간 네트워크의 작동 효과로 이해되어야 한다. 가상인격은 인간중심의 존재론을 넘어서 인간과 비인간의 상호작용으로 함께 만들어가는 포스트휴먼의 실존 양식을 보여준다는 것이 저자의 견해이다.

제2부의 논고들은 '가상인격'의 사회적·기술적 문제를 다룬다.

3장「커뮤니케이션이론적 인격 개념을 통해 본 기계의 인격화 문제와 인격의 가상화 문제」(정성훈)는 인공지능 기계 혹은 시스템에 대한 전자인격 지위와 관련해 시작되어 비인간 인격 문제로 확산된 학문적 논쟁을 '기계의 인격화' 문제로 다루며, 소셜미디어에서 등장하는 가상의 프로필 정체성 확산을 '인격의 가상화' 문제로 규정한다. 이 두 가지 문제를 다루기 위해서는 우선 인격이라는 단어의 역사성과 다의성을 어느 정도 포괄할 수 있는 개념, 그리고 인공지능과 디지털 매체 기술이 발전하는 상황에서도 인간과 어느 정도 차별화되면서도 유의미하게 사용될 수 있는 개념, 즉 전통적 인격 개념과 현재적 인격 개념을 이어갈 수 있는 개념이 필요하다. 그래서 먼저 인격이라는 단어가 갖는 역사성과 다의성을 persona의 기원적 의미부터 시작해 중세 신학, 홉스, 로크, 칸트 등의 인격 개념들을 통해 살펴본다. 그리고 이러한 다의성을 어느 정도 포괄하면서도 오늘날의 여러 논의 맥락에서 사용될 수 있는 니클라스 루만의 커뮤니케이션이론적 인격 개념을 고찰한다. 그리고 나서 루만의 인공 커뮤니케이션이론을 참조하여 기계의 인격화 문제를 다루는 한편, 루만의 구조적 결합, 이차 관찰 등의 개념을 참조해 인격의 가상화 문제를 다룬다. 이 논구를 통해 얻은 결론은 인격과 사물의 이원론을 넘어서는 언어 혹은 법적 개념이 필요하다는 것이다.

4장 「가상인격과 인공인격: 구성주의 정보철학 관점에서」(박충식)는 '가상인간' 현상을 가상인격과 인공인격으로 구분한다. '가상인격'은 배후에 인간이 있는 꼭두각시 유형(버추얼 유튜버 등)이며, '인공인격'은 AI가 자율 구동하는 자율적 유형(챗GPT 등)이다. 구성주의 정보철학 관점에서 인격은 실체가 아닌 소통을 위한 정보 인터페이스로 정의할 수 있으므로 인공인격은 가짜가 아니라, 인간의 의식과 내면이 텅 비어 있는 새로운 정보적 실재이다. 문제는 사용자가 이 내면 없는 존재와 정서적 관계를 맺을 때 발생한다. 이는 정서적 비대칭성(착취), 관계적 도피로 인한 사회성 위축, 기술적 숭배의 위험을 야기할 수 있다. 그래서 저자는 이러한 존재들과의 공존을 위해 상대의 본질을 아는 존재론적·정서적 리터러시 교육, 기업의 정서적 신인의무, 그리고 인간다움에 대한 성찰을 제안한다.

5장 「전자인격이 책임공백 문제를 해결할 적절한 방안인가」(고인석)에서 저자는 고도의 자율성을 지닌 인공지능 로봇이 야기하는 책임공백 문제를 해결할 법적 방안으로 논의되어 온 전자인격이 이 문제를 다룰 적절한 방안인지 검토한다. 저자는 먼저 이러한 평가를 인공지능 로봇의 속성과 인격체의 본질에 관한 토론이 아니라 사회적 장치의 편익과 비용을 따지는 합리성의 관점에서 접근해야 할 문제로 규정한다. 이러한 검토에서 전자인격 제도에 책임재산 운영과 관련한 위험이 있다는 것, 그리고 인격체의 정체 확인과 재확인이 중요한 난관에 부딪힌다는 사실을 드러낸다. 단일하고 고유한 신체를 기반으로 존속하는 인간과 달리 전자적 존재자가 본성상 복수실현 가능성을 가진다는 것, 그리고 그 기능주의적 정체성이 소프트웨어에 놓여 있기 때문에 복제, 수정, 결합 같은 조작이 용이하다는 것이 문제점이고, 이는 책임 귀속의 전제가 되는 주체의 고유성과 연속성을 보장하기 어렵게 만들기 때문에 근본적인 문제가 된다는 것이다. 이에 따라 저자는 전자인격이 사회가 인공지능 로봇을 활용하면서 생기는 책임공백의 문제를 해결하는 방안으로 적절하지 않다고 결론 내린다.

제3부의 주제는 가상인격과 법률적 문제이다.

6장 「인공지능과 법적 인격: 법적 인격의 인정 가능성과 필요성」(양천수)에서 저자는 인공지능 기술의 발전 양상을 관찰하면서 인공지능의 법적 인격 문제에 관한 현실적 의견을 제시한다. 저자의 숙고 과정과 결론은 이렇다. 인공지능 기술이 급속하게 발전하면서 인공지능의 역량이 인간에 접근하거나 부분적으로 이를 넘어서게 되었다. 이에 따라 인공지능 에이전트라는 개념도 사용되기 시작했다. 이는 인공지능이 기능적인 면에서 이미 독자적인 행위자로 작동하고 있음을 시사한다. 이에 발맞추어 인공지능에 인격성, 더 나아가 법적 인격성을 인정할 수 있는지가 논의된다. 사실 인공지능이 법적 인격성을 지닐 수 있는지는 이세돌-알파고 바둑 대국 이후 법학에서 활발하게 논의되었다. 그때는 주로 인공지능에 법적 책임을 물을 수 있는지의 맥락에서 법적 인격성 논의가 이루어졌다. 그리고 최근에는 새로운 맥락에서 인공지능이 법적 인격을 지닐 수 있는지가 논의된다. 예를 들어 인공지능이 저작물을 생성한 경우 이에 저작권을 가질 수 있는지 법적 인격 인정 문제가 논의된다. 이는 법적 인격에 관한 문제가 법학에서 다양한 의미 맥락을 지닌다는 점을 보여준다. 이에 법적 인격의 의미와 기능을 고려하면서 인공지능의 법적 인격 인정 문제를 가능성의 차원과 필요성의 차원에서 살펴보지 않을 수 없다. 법적 인격 자체가 구성적이면서 다원적인 개념이라는 점, 법적 인격에 관해서는 인간중심적 모델을 넘어서는 탈인간중심적 모델도 적용할 수 있다는 점을 고려하면 인공지능에도 법적 인격을 인정할 가능성이 있다. 그렇지만 인공지능에게 법적 인격을 부여하는 것은 인공지능을 권리주체로 보아 그 자신을 보호하는 데는 도움이 되지만, 책임 귀속 기능이나 법체계의 안정화 기능에는 크게 도움이 되지 않는다. 가능성의 차원에서는 인정될 여지가 있지만, 필요성의 차원에서는 인공지능에 대한 법적 인격 부여가 정당화되기 어렵다. 이러한 성찰 과정을 거쳐 저자는 현재로서는 굳이 인공지능에 법적 인격을 인정해야 할 필요가 있을까 하는 의문을 제기한다.

　7장「인공지능 법인격 논쟁 다시 보기: 철학적 분석」(김건우)은 인공지능에 법인격을 부여·인정하는 것이 불가하다는 주장(철학적 부정론)과 가능하다는 주장(철학적 긍정론)을 검토하고, 이 논쟁이 교착상태에 빠지게 된 연원을 몇 가지로 분석한다. 첫째, 이들 논점은 논쟁 속에서 서로 구별되지 않고 뒤섞인 데다 충분히 해결되지 않았다. 둘째, 이 논쟁의 양 진영에는 '인격'과 '법인격'이 서로 간에 항상적 연관이나 필연적 연관과 같은 특별한 관계하에 있다는 공통의 철학적 전제가 암묵적으로 깔려 있지만, 이 전제는 충분히 검토되지 않았다. 인공지능에게 법인격을 부여·인정할 수 있는지를 전통적으로 인간에게 부여·인정된 것과 같은 '인격'에 의거해서 판단해야 할 필연적 근거는 없기에, 양 진영의 논변은 건전한(sound) 논변이 아니다. 그래서 저자는 셋째로, 법인격 여부가 법이 정하기에 달린 문제라는, 법률적 논거에 의거한 '법률적 긍정론'이나 '법률적 부정론'은 여전히 가능한 선택지이며, 이러한 양론은 상기 철학적 논거에 따른 긍정론이나 부정론과는 구별될 수 있고, 그 결과 전자(법률적 긍정론/부정론)의 전망은 후자(철학적 긍정론/부정론)의 전망과는 별도로 평가될 수 있다고 본다.

8장 「가상인격과 개인정보」(최주선)는 "실제 사람이 배후에 존재하면서 인간 외부의 세계에 말이나 글 등으로 표현되어 타인이 진짜인 것처럼 생각하는 정보집합"을 '협의의 가상인격'으로, "사람이 아닌 존재에 인격의 개념을 확장 적용하기로 약속하여 진짜 인격처럼 상상된 것"을 '광의의 가상인격'으로 규정하고서 협의의 가상인격과 개인정보의 관계를 중심으로 이와 관련한 법률과 판례를 검토하면서 구체적인 쟁점들을 도출하여 논변한나.

용어마저 '가상인격', 'AI 인격', '인공인격', '전자인격' 등으로 갖가지이고, 개념조차도 '인격'인지, '인간'인지, '인'인지, 아니면 한낱 '위격'인지 모호한 상태로 이상과 같이 각자의 의견을 개진했지만, 공저자들이 이렇게 한자리에 모여 견해를 폄으로써 관련 개념들이 점차 분명해지고, 관련 문제들에 대한 더 많은 사람의 논의가 유발될 것으로 기대한다. 그렇게 해서 충분한 의론이 일어난다면, 사회적 필요나 시대 상황에 따라 입법할 계기에 용어는 통일될 것이고 개념 또한 사뭇 명료해질 것이다.

　19세기 초반에 헤겔은 그의 『역사철학 강의』에서 "세계사는 동쪽에서 서쪽으로 향해간다. 무릇 유럽은 단적으로 세계사의 종장이고, 아시아는 서장이다"(Hegel, VPG: TW12, 134)라고 말한 바 있다. 그러나 동쪽에서 떠올라 서쪽으로 이동하는 태양의 운행은 1회로 그치지 않는다. 서쪽으로 넘어간 태양은 다음 날에 다시 동양에서 떠오를 터이다. 더 나아가, 이미 인간의 활동이 지상 세계에서뿐만이 아니라 가상 세계에서 펼쳐지는 마당에서는 종래의 동서 구별이 무색해질 터이다.

백종현
한국포스트휴먼연구소 소장

차례

'인격' 개념의 형성과 변천

백종현

서울대학교 명예교수

한국포스트휴먼연구소 소장

I. '인격' 개념과 상관어들의 원초적 뜻

'인격(人格)'은 보통 '사람[인간]의 격', '사람[인간]의 품격', '사람[인간]의 질(質)을 갖춤', '사람[인간]됨' 등으로 풀이되고, 좁게는 '사람[인간]으로서 하는 행위의 주체'로서 '윤리적 행위자' 내지는 '법적 책임 능력자'로 이해된다. 그러니까 '인격'은 사람의 품위를 지칭하거나, 때로는 '사람'/'인간' 내지는 '인(人)'을 대신하는 말로 쓰인다. 그러므로 무엇이 인격인지를 묻는 것은, 그것이 사람[인간]임을 전제하거나, 그것이 과연 사람[인간]인지를 묻는 것이다. 사람[인간]도 아닌 것에 관해 사람[인간]의 '격'을 묻는 것은 운(韻)이 맞지 않은 일이지 않은가!

그런데도 '사람[인간]의 격'이 '사람[인간]에 준[準]하는 격'으로 이해되는 경우에는, '인격' 개념이 사람 아닌 것까지도 포섭하게 되고, 그렇게 해서 그 외연이 사뭇 넓어진다. 그 외연이 넓어지다 보면, '사람[인간]의 핵심 인자(因子)마저 도외시되고, 그런 경우 '인격'은 실상 '위격(位格)'의 의미만을 갖는다.

‘인격’의 이러한 다층적 다의성은, 이 말이 상응하는 서양말의 뜻을 다분히 받아들인 데서 기인한다고 하겠고, 사실 ‘인격’의 원초적인 뜻은 이 말에 상응하는 영어 낱말 ‘퍼슨(person)’이나 독일어 낱말 ‘페르존(Person)’, 그리고 이 말의 출처인 그리스어 낱말 ‘프로소폰(πρόσωπον)’ 또는 라틴어 낱말 ‘페르소나(persona)’의 원래의 뜻에서 유추해 볼 수 있다.

프로소폰(πρόσωπον), 곧 ‘앞에 보이는 것’, 그것은 ‘겉모습’이고, ‘얼굴’이 그를 대표한다. 그 얼굴이 ‘본래의 얼굴[眞面]’을 감춘 ‘겉모습’이면, 곧 ‘가면(假面)’이다. 그런데 얼굴은 겉모습만을 드러내기 일쑤이다. 사람들은 그 어디보다도 얼굴에 분칠을 하니 말이다. 사람들은 화장한 얼굴로 밖을 나선다. 이렇기에 ‘겉모습(Schein)의 얼굴’ 즉 가면, 곧 ‘페르소나(persona)’는 ‘가면 쓰고 등장한 자’, ‘배우(俳優)’를 지시하기도 하는데, 이에 이르면, 그것은 사람을 사람이게끔 하는 질(質)이 무엇인지를 이미 말하고 있다.

사람은 가면을 써야 비로소 ‘사회’라는 무대 위에 등장할 수 있다. 사람다운 사람은 가면을 쓰고 무대에 등장하는 자이다. 원래의(민낯의) 사람은 동물로서 자연적 욕구대로 행동하며 살 터이다. 뭇짐승들이 그러하듯이 말이다. 그런데 사람은 이웃을 만나 함께 살면서, 서로 자신의 욕구를 조절할 필요를 느끼고, 그에 따라 시원적인 욕구를 가리고, 때로는 그것에 재갈을 물리고, 다시 말해 가면을 쓴다. 그렇게 해서 문화(文化)가 시작된 것이다.

널리 통용되는 가면 쓰는 방법이 윤리(倫理), 곧 사람 무리에 일관하는 사람다움의 이치이고, 강제적인 가면을 쓰는, 또는 강제적으로 가면을 씌우는 방법이 곧 법(法)이다. 이 법이 강제적이라고 함은 법의 준수가 의무이고, 그래서 의무 이행 여부에는 책임 추궁이 뒤따른 다는 것을 말한다. 이러한 맥락에서 사람의 질을 갖춤, 곧 사람이 됨, 인격임이란 자기 행위에 대해 책임지는 자(주체)임을 뜻한다.

인간 사회는 하나의 무대이고, 무대 위에 가면 쓰고 등장해서 각각의 '역할'을 수행하는 배우들이 다름 아닌 '인격'들이다. 세상이라는 무대에서는 그의 진면목(?)이 무엇이든 상관없이 무대에서 하는 역할이 그의 '정체(正體)'이고, 그의 '인격'이다. 이중삼중의 가면을 쓰고, 때에 따라 곳에 따라 서로 다른 역할을 하는 자가 있으면, 어떤 맥락에서는 '다중 인격', 또 어떤 맥락에서는 '다양한 역(役)'이라고 일컫는다.

'가면'은 — 모든 증명서(Schein)가 그러하듯이 — '가상(假象, Schein)'일 수 있고, '눈속임'일 수 있고, 때로는 '사기(詐欺)'일 수 있다. 사람됨이 내면화하지 못하면, '인격'은 '페르소나'의 원래 말뜻 그대로 가면이고, 가상이고, 눈속임이고 사기이다.

가장 힘 있던[유덕한] 사람들은 위대한 배우들이었다. "자기의 덕을 연기하는 배우이기도 한 경우에만 사람들은 살아생전에 유명해진다"[1]라고 니체(Friedrich Nietzsche, 1844~1900)는 이를 풍자하기도 했다. 그러나 세네카(Senaca, 4 BC~AD 65)와 함께 사람들은 "누구도 오랫동안 가면을 쓰고 있을 수는 없다. 위선은 이내 제 본 모습으로 돌아간다"[2]라고 낙관하기도 한다. 가면들의 활동 무대인 사회가 그럭저럭 유지되는 것은 아마도 그래서일 것이다.

어떤 가면은 더 큰 '권위'를 얻기도 하고 '위엄'과 '위세'의 표시가 되

---

1   Nietzsche, Nachgelassene Fragmente, Sommer—Herbst 1882, 3[1] 360: KSA 10, 97.

2   Seneca, *De clementia*, 1. 1. 6: Nemo [···] potest personam diu ferre; ficta cito in naturam suam recidunt.

기도 한다. 무대 위의 구구각색의 가면은 저마다의 개성 — 모습도 각각, 목소리도 각각, 몸짓도 각각 — 이 있고, 그에 맞는 역할이 있고, 그 역할을 해내는 힘이 있다.

'인격'은 힘과 위엄을 갖춘 '개성'이다. 개성, 곧 개별적 고유성, 특유성을 갖는 것은 대체 불가능하고, 교환되지 않으며, 그래서 '존엄성'을 갖는다. 인격은 존엄하다. 한낱 값(가격)이 매겨지는 것은 동일한 값의 다른 것으로 대체될 수 있다. 이렇게 바꿔치기할 수 있는 것은 존엄하다고 말할 수 없다. '존엄함'이란 값(가격)이 없는, 일체의 값을 뛰어넘는 가치를 일컬음이다.

무대 위의 각각의 역할, 인격은 개별자이다. 물리 세계의 기본 존재자를 원자라고 한다면, 인간 세계의 기본 존재자는 인격이다. 사람은 다른 사람을 '인격'으로 만난다. 물리 세계가 원자들의 결합체, 곧 '자연'이라 한다면, 인간 세계는 인격들의 결합체, 곧 사회이다. 그러니까 무대 위에 가면[役]들이 있듯이, 사회에는 인격들이 있다.

한 인격은 무대 위에서, 곧 사회 안에서, 곧 다른 인격들과의 관계에서 그 인격인 것이다. 그래서 개성인 인격은 동시에 '사회성'을 갖지 않을 수 없다. 인격이 사회적인 것이라면, 인격은 개성과 함께 사회를 유지 발전시키는 데 필수적인 요소, 무엇보다도 사교성, 소통능력, 공감능력을 갖추어야 한다. 그러한 필수 요소의 결여는 곧 인격의 결함이다. 개성이 없으면 인격이 성립하지 않고, 사회성이 없으면 인격은 불구(不具)가 된다. 상반적인 두 성격인 개성과 사회성의 화합에 '훌륭한' 인격이 있다.

인격은 사회 안에서 인간으로서 하는 행위의 주체이다. 그런데 행위는 생각에 따른 몸의 활동이다. 생각 없이 하는 물체의 작동, 일반적 운동은 행위라고 하지 않는다. 행위는 생각 있는 자, 이성적 존재자의 의사(意思)에 의한 세상 무대 위에서의 활동이다.

II. 인격의 동일성 문제

자연은 작용(作用)한다(agit). 인간은 행[行爲]한다(facit). 목적의식을 가지고 작용하는 이성적 주체[주관]는 실행[作業]한다(operatur).[3]

한낱 동작하고 작용하는 것이 아니라, 행위하며 실행하는 주체가 '인격'이다. '그 짓(행위)을 누가 했는가?'라는 물음에 '그이가!'라는 대답이 뒤따른다면, '그이'가 인격이다. 그러니까 무엇이 인격이려면 '그'라는 지칭이 특정(特定)될 수 있어야 하고, '그'가 고정불변성을 가져야 한다.

물음: '그 짓을 누가 했는가?'
응답: '그이가 했다.'

'그 짓'을 s1장소에서 t1시각에 A라는 사람이 했는데, 그 증언 내지 확인이 다른 장소s2 다른 시각t2에 이루어진 경우, '그이'가 바로 A라는 것이 자명한가? — 행위자 동일성 문제는 곧 인격의 동일성 문제를 제기한다. 이에 대해서는 근대정신을 대변하는 존 로크(John Locke,

---

3   Kant, 『유작 I』(*OP*), XXI18.

1632~1704), 흄(David Hume, 1711~1776), 칸트(I. Kant, 1724~1804)를 거치면서 치열한 논구가 있었다. [4]

1. 로크에서 '인격'과 동일성 문제

세계 내에 존재하는 것은 무엇이나 "존재하기 시작하는 일정한 시간과 장소를 가지며, 그 시간과 장소와의 관계는, 그것들 각각이 존재하는 동안 언제나 그것의 동일성을 결정할 것이다."[5]

우리는, 일정한 시간과 장소에 존재하는 것으로서의 어떤 것이 다른 시간과 장소에서도 그 자체로 존재하는가 어떤가의 비교를 통해 어떤 것의 동일성과 차이성을 이야기할 수 있다.[6] 이때 우리가 구하는 것은 개별성의 원리(principium individuationis)이다. 즉, 우리가 찾는 것은 "어떤 것이 무엇에 의해서 바로 그 '어떤 것'이 되는가?"이다.

순전한 물체는 그것을 구성하고 있는 분자들이 동일한 한에서 바로 '그것'이다. 만약 그것을 구성하는 분자들의 일부 또는 대부분이 바뀌면, 더는 '그것'이 아니다. 그러나 "생물들의 상태에서는, 그것들의 동일성은 같은 분자들의 덩어리에 달려 있지 않고 다른 어떤 것에 달려 있다. 왜냐하면, 생물들에서는 물질의 큰 뭉치의 변화가 동일성을 변경시키는 것이 아니니 말이다. 묘목에서부터 큰 나무로 자라 베이는 참나무는 줄곧 같은 참나무이다. 말로 성장하는 망아지는 때로

---

4 이어지는 Locke와 Hume에 관한 서술은 백종현, 『서양 근대 철학』, 철학과현실사, 2003[증보판], 196~204면의 재정리이다.

5 Locke, *An Essay concerning Human Understanding*(ed. A. C. Fraser, N. Y. 1959), II, 27, 2.

6 Locke, *Essay*, II, 27, 1 참조.

는 살찌고 때로는 마르지만 언제나 같은 말이다. 이 두 경우에서, 비록 부분들의 명백한 변화가 있다고 해도 그렇다."[7] 다시 말해, 한낱 물체는 "어떻게 결합하든 물질의 분자들의 응집일 따름"이나, 한 식물과 한 동물의 동일성은 그것을 유지하기 위해 "자양분을 흡수하고 분배하는 데 적합한 그것의 부분들의 조직"에 의거한다.[8]

그렇다면 한 "사람의 동일성은 어디서 성립하는가?" 그것은 인간도 동물인 한에서, "오로지, 같은 유기체를 위해, 지속적으로 생명적으로 통일된, 끊임없이 움직이는 물질의 분자들에 의한, 계속되는 같은 생명의 참여에서" 성립한다고 로크는 말한다.[9] 그러나 한 인간은 단지 하나의 동물 개체가 아니고 또한 하나의 '인격'이다. 그래서 로크는 더 나아가 묻는다. "인격의 동일성은 어디서 성립하는가?" 아니, 그런데 대체 '인격'이란 무엇인가? 로크의 생각에, "인격(person)이란 이성과 반성을 가진, 그 자신을 그 자신으로 고찰할 수 있는, 생각하는 지성적 존재자이다. 그것은 서로 다른 공간과 시간상에서 동일하게 생각하는 것[생각하는 사물 : thinking thing, res cogitans]이다. 인격은, 생각 활동과 분리될 수 없는, 의식에 의해서만 그 자신을 그 자신으로 고찰한다. 누구도 그가 지각한다는 것을 지각함이 없이는 지각할 수 없다. 우리가 무엇을 보고·듣고·냄새 맡고·맛보고·느끼고·성찰하고·의욕할 때, 우리는 우리가 그것을 하고 있음을 인식한다. 그러니까 그것은 언제나 우리의 현재의 감각과 지각에 대하여 그러하다. 이로 인해 모든 사람은 자기 자신에 대해서 그가 자아라고

---

7   Locke, *Essay*, II, 27, 4.

8   Locke, *Essay*, II, 27, 5.

9   Locke, *Essay*, II, 27, 7.

부르는 바로 그것이다."[10] 그러니까 로크에 따르면, '인격' 내지 '자아[자기]'의 동일성은 한낱 지각작용(perceptio)에서가 아니라 자아의 자기 지각, 곧 자기 인식 또는 자기의식(apperceptio)에서 성립한다.

그런데 이 대목에서 로크는 인격 내지 자아를 실체, 그러니까 물체로서의 신체와도 유한한 정신과도 분리해 생각한다. 사람들이 자기의식에 근거해 '자아'를 이야기할 때, "같은 자아가 같은 실체에서 계속되는가 다른 실체들에서 계속되는가는 고려되지 않는다. 의식은 언제나 생각함에 수반하고, 그것이 각자를 그가 자아라고 부르는 것이 되게끔 함으로써, 그 자신을 여타의 생각하는 것과 구별 짓기 때문이다. 그리고 바로 이 점에서만 인격의 동일성, 다시 말해 한 이성적 존재자의 동일성이 존립한다. 그리고 이 의식이 어떤 과거의 행동이나 생각에 거슬러 올라가 미칠 수 있는 데까지는 그 인격의 동일성이 미친다. 그것이 그때나 지금이나 동일한 자아이다. 그리고 그때의 그 행동은 그것을 지금 반성하고 있는 이 현재의 자아와 동일한 자아에 의해 수행된 것이다."[11] "다름 아닌 의식만이 멀리 떨어져 존재하는 것들을 동일한 인격으로 통일할 수 있다. 실체[12]의 동일성은 그렇게 하지 못할 것이다. 왜냐하면 어떤 실체[물체(신체)]가 있든 그것이 어떻게 꼴 지워져 있든, 의식 없이는 아무런 인격도 없기 때문이다. […] 그래서 자아는 실체[물체(신체)]의 동일성이나 부동성에 의해서 정해지는 것이 아니고, […] 오로지 의식의 동일성에 의해 결정되는 것

---

10 Locke, *Essay*, II, 27, 11[9]. (※Fraser판에는 Bk. II, chap. XXVII, sect. 10과 11이 복수로 있다. 이 인용처는 먼저 등장한 sect. 11이며, 그러니까 Fraser판, vol. 1, pp. 448~449이다.)
11 같은 곳.
12 로크는 데카르트를 계승하여 "정신[마음]들"도 일종의 실체라고 규정하고서도, 부지불식간에 이 경우처럼 '실체'를 '물체[신체]'만을 지칭하는 말로 더 자주 쓴다.

이다."[13] 그러므로 로크에서는 자아의 동일성이나 인격의 동일성은 오로지 자기의식에 근거를 두고 있다. "인격의 동일성은 실체[물체(신체)]의 동일성에 있는 것이 아니라 [⋯] 의식의 동일성에 있다."[14] 자기의식이 자기의 동일성을 구성한다. 인격의 동일성은, 내가 앞서 또는 나중에 어떤 행동을 했다는 것을 앎으로써 구성된다.

그런데 '자기의식'이 '마음(mind)' 없이도 생겨나는가? 그렇다면 또 '마음'의 정체는 무엇인가? — 긴 논변에도 불구하고 로크는 미해결의 문제를 남겨놓는다.

2. 흄에서 인격의 동일성 부정

그래서 흄은 다시 묻는다. 인격의 동일성이 자기의식에 의거한다고? 그 자기의식이라는 것은 무엇에서 기인하는가? 마음에서? 그렇다면 대체 '마음'이란 무엇인가? 이 물음을 두고, 흄은 '마음'이란 고정불변적인 것이 아니니, 자아 내지 인격의 동일성 자체의 근거가 없다고 주장한다.

흄에 따르면 우리가 갖는 모든 개념의 원천은 경험적 지각, 곧 경험적 인상과 관념들이다. 그런데 흄의 생각에는 "한순간이라도 변함없이 같은 것으로 머물러 있는, 단 하나의 영혼 능력도 없다. 마음은 일종의 극장이다. 여기에서 여러 지각은 잇따라서 나타나고, 즉 지나가고, 다시 지나가고, 어느덧 사라지고, 무한히 잡다한 사태와 상황

---

13 Locke, *Essay*, II, 27, 23.
14 Locke, *Essay*, II, 27, 19.

속에서 뒤섞인다. 마음에는 당연히 한 시점에서라도 단일성은 없으며, 서로 다른 시점에서 동일성도 없다. 우리가 그 단일성과 동일성을 상상하는 어떤 자연적 성향을 갖고 있다고 할지라도 말이다."[15]

여기서 '마음=극장'의 비유를 오해해서는 안 된다. 극장은 아무런 공연이 없을 때라도 텅 비어 있는 장소로 있고, 때가 되면 그 안에서 여러 장면이 연출되는 것이지만, 흄에서 마음은 결코 그런 것이 아니다. "마음을 구성하는 것은 단지 잇따르는 지각들일 뿐이다. 또한 우리는 이 장면들이 표상되는 장소 또는 이 장소를 이루고 있는 재료들에 관한 아주 어렴풋한 개념조차도 갖고 있지 않다."[16] 마음은 극장과 같은 공연 장면들이 펼쳐지는 장소라기보다는, 차라리 잇따르는 장면들의 모임 바로 그것이다. "우리가 마음이라고 부르는 것은, 어떤 관계들에 의해 함께 통일된, 그리고는, 잘못되게도, 완전한 단순성과 동일성을 부여받은 것으로 가정된, 서로 다른 지각들의 더미 내지는 집합일 따름이다."[17]

흄은 '나' 또는 '인격'의 실체성이란 결코 경험적으로 확인될 수 없음을 누누이 강조한다.

자아 또는 인격은 어떤 하나의 인상이 아니라, 그것에 대해 우리의 여러 인상과 관념들이 관계하고 있다고 상정되는 그러한 것이다. 만약 어떤 인상이 자아의 관념을 일으킨다면, 그 인상은 우리 삶의 전 과정을 통해서

---

15 Hume, *A Treatise of Human Nature*(ed. L.A. Selby-Bigge / P. H. Nidditch), Bk. I, Part 4, sect. 6 (p. 253).
16 같은 곳.
17 Hume, *Treatise*, I, 4, 2 (p. 207).

불변적으로 같음을 지속해야 한다. 자아는 그런 방식으로 존재한다고 가정된 것이기 때문이다. 그러나 항상적이고 불변적인 인상은 없다. 고통과 쾌락, 슬픔과 기쁨, 정념과 감각은 서로 잇따르며, 결코 그 모든 것이 같은 시간상에서 존재하지 않는다. 그러므로, 이 인상들 중의 어떤 것으로부터나 또는 다른 어떤 것으로부터나 자아라는 관념이 파생될 수는 없다. 따라서 그 같은 관념은 없다.[18]

나로서는, 내가 '나 자신'이라고 부르는 것 안으로 가장 내밀하게 들어갈 때 나는 항상 더위 또는 추위, 빛 또는 그늘, 사랑 또는 미움, 고통 또는 쾌락과 같은 어떤 특정한 지각과 마주친다. 나는 어느 때든 지각 없이는 결코 나 자신을 포착할 수 없고, 지각 이외에는 결코 어떤 것도 관찰할 수 없다. 만약 깊은 잠에 빠졌을 때처럼, 나의 지각들이 한동안 제거된다면, 그동안은 나는 나 자신을 감지할 수 없고, 진실로 말해 나는 존재하지 않는다고 해야 할 것이다. […] 만약 어떤 사람이 진지하고 편견 없는 반성에 의해 그는 '그 자신'에 대해 다른 개념을 갖고 있다고 생각한다면, 나는 더 이상 그와는 논의할 수 없다고 고백할 수밖에 없다. 내가 그에게 인정할 수 있는 것은 기껏해야 그가 나와 마찬가지로 옳을 수도 있다는 것과, 우리는 이 점에서 본질적으로 다르다는 것뿐이다. 아마도 그는 그가 그 자신이라고 부르는 단일하고 지속적인 어떤 것을 시각할 수 있을지도 모른다. 그렇지만 나는 나에게는 그러한 원리가 없다고 확신한다.

그러나 이런 유의 형이상학자들은 제쳐놓고, 나는 여타의 사람들에 대해 감히 다음과 같이 단언할 수 있다. 그들은 다름 아닌 서로 다른 지각들의

---

18 Hume, *Treatise*, I, 4, 6 (pp. 251~252).

다발 내지 집합이며, 지각들은 포착할 수 없을 만큼 빠르게 서로 잇따르며, 영원한 유동과 운동 중에 있다고.[19]

그렇다면 무엇이 우리로 하여금 이렇게 잇따르는 지각들에 동일성을 부여하고, 우리 자신을 우리의 전 삶의 과정을 통해 불변적이고 부단한 존재를 갖는 것으로 생각하게끔 하는가? 흄에 따르면 그것은 순전히 상상력이 하는 일이다. 서로 잇따르는 지각들의 더미 사이에는 기껏 유사성이 있을 뿐인데, 우리는 "상상에 따라 이들 서로 다른 연관 되어 있는 대상들이, 단절적이고 변형적임에도 결과적으로는 같은 것이라고 대담하게 주장한다. 그러고는 스스로 이 불합리를 정당화하기 위해 우리는 대상들을 함께 연결하고, 그 단절성과 변형적임을 막는, 어떤 새롭고 이해할 수 없는 원리를 자주 꾸며낸다. 그렇게 해서 우리는 단절성을 제거하기 위해서 우리 감관의 지각들의 지속적인 존재를 꾸며내고, 변형성을 감추기 위해서 영혼, 자아, 실체 따위의 개념 속으로 뛰어든다."[20]라고 흄은 본다. 부분들의 상당한 변화가 있을 때조차도 사람들은 '공동 목적'이니 '공동 목표'니 하는 것을 결부시켜 동일성을 고안해 낸다는 것이다. "잦은 수선에 의해 상당 부분이 바뀐 한 척의 배는 여전히 같은 것으로 간주된다. 재료들의 차이가 우리가 그 배에게 동일성을 부여하는 것을 조금도 방해하지는 못한다. 거기에서 부분들이 서로 협력하는 공동 목적은 그것들의 변형들 중에서도 같고, 이것은 상상으로 하여금 물체의 한 상

19　Hume, *Treatise*, I, 4, 6 (p. 252).
20　Hume, *Treatise*, I, 4, 6 (p. 254).

태에서 다른 상태로 쉽게 옮겨가도록 해준다."[21] 여기에다 만약 우리가 그 변형된 상태들이 "상호 간에 그 작용과 활동에서 인과의 관계를 가진다고 가정한다면", 그것들의 동일성은 더욱더 두드러져 보인다. "동물과 식물의 경우가 그러하다. 이것들에서는 여러 부분이 어떤 공통의 목표와 관련성을 가질 뿐 아니라 상호 의존되어 있고 서로 연결되어 있다. 동물과 식물은 수년 사이에 전반적인 변화를 겪는다는 것을 모든 사람이 인정할 수밖에 없지만, 그것들의 형태, 크기 그리고 실체가 완전히 바뀌었음에도 우리가 여전히 그것들에게 동일성을 부여하는 것은 그토록 강한 관계의 결과이다. 작은 묘목에서 거목으로 자란 참나무는 물질의 입자나 그것의 부분들의 형태가 같지 않더라도 여전히 같은 참나무이며, 어린아이는 그의 동일성의 어떠한 변화 없이도 어른이 되며 때로는 뚱뚱하기도 때로는 마르기도 한다."[22] 이런 식으로 "우리가 인간의 마음에 귀속시킨 동일성은 단지 허구적인 것일 뿐이며, 우리가 식물들이나 동물의 몸들에 귀속시킨 동일성과 같은 유의 것이다. 그러므로 마음의 동일성도 다른 기원을 가질 수 없고, 단지 유사한 대상들에 대한 상상력의 유사한 활동에서 유래한 것이 틀림없다"[23]는 것이 흄의 생각이다.

우리가 서로 다른 지각들의 더미들이 동일하다고 말할 때, 그것은 그 지각 더미들 사이에 실제적으로 동일성이 있다는 것이 아니고, 우리가 그 지각들을 하나로 통일하여 본다는 말이다. "동일성은 우리가 지각들에 속한다고 보는 성질일 따름이다. 왜냐하면 […] 그것은 상상

---

21 Hume, *Treatise*, I, 4, 6 (p. 257).
22 같은 곳.
23 Hume, *Treatise*, I, 4, 6 (p. 259).

속에서의 지각들의 관념들의 통일에 기인하는 것이니 말이다. 그런데 상상 속에서 관념들에게 통일성을 줄 수 있는 유일한 성질들은 세 가지 관계들", 곧 유사·근접·인과의 관계들이다. "이것들이야말로 관념의 세계에서 통일하는 원리들이다. […] 그러므로 동일성이 의존하는 것도 유사·근접·인과, 이 세 관계 중 어떤 것이다." 그러니까 우리가 마음 내지 인격이라는 '동일한' 존재를 고찰할 때, "이 경우에는 거의 또는 아무런 영향도 미치지 않는 근접을 도외시해야 함은 분명"하고, 그러므로 눈여겨봐야 할 것은 유사와 인과 관계의 원리이다.[24]

그런데 우리로 하여금 지각들 사이의 유사와 인과의 관계를 긴밀하게 생각하도록 하는 데 크게 기여하는 것은 상상력뿐 아니라 '기억'이다. "기억은 동일성을 발견할 뿐 아니라 지각들 사이의 유사 관계를 낳음으로써 동일성 산출에 기여하기도 한다."[25] "기억만이 우리로 하여금 지각의 이런 잇따름의 연속과 범위를 알게 하기에, 주로 이것에 근거해서 기억은 인격 동일성의 원천으로 간주된다. 우리에게 기억이 없다면, 우리는 결코 아무런 인과의 개념도 갖지 못할 터이고, 또한 따라서 우리의 자아 내지 인격을 구성하는 원인과 결과의 연쇄에 대해서도 아무런 개념을 갖지 못할 터이다. 그러나 일단 기억으로부터 인과의 개념을 얻고 나면, 우리는 원인들의 같은 연쇄를 확장하여 그에 따라서 우리의 기억을 넘어, 우리 인격의 동일성에 이를 수 있다."[26]

---

24 Hume, *Treatise*, I, 4, 6 (p. 260) 참조.
25 Hume, *Treatise*, I, 4, 6 (p. 261).
26 Hume, *Treatise*, I, 4, 6 (pp. 261~262).

3. 초월적 이념으로서 인격의 동일성

그러나 이 같은 흄의 '경험적으로 건전'하고 '정밀한' 논구는, 도대체 '기억 작용'을 누가 하는지에 대한 통찰을 결여하고 있다. 누군가가 기억을 통해 1994년 여름에 본 로마 시가와 1996년 겨울에 본 로마 시가를 비교하여 그 유사성을 인지하고, 그 유사성을 넘어 '동일성'을 주장할 때, 1994년 여름에 로마 시가를 본 자와 1996년 겨울에 로마 시가를 본 자는 동일한 자여야 한다. 그자를 우리가 '나'라 부르든, '나의 마음'이라 부르든, '나의 의식'이라 부르든 상관없이, 만약 그자가 '동일한 자'가 아니라면 기억 작용도 '연상 작용'도 귀속시킬 데가 없다. '자아'를 또는 마음을 한낱 '지각들의 다발'이라 하고, 지각들이란 시시각각 달라지는 것으로 간주할 때, 일정한 한 시점(t1)과 다른 한 시점(t2)에서의 '지각들의 다발'은 내용상 다를 것이고, 그래서 시점 t1에서의 '지각들의 다발'인 마음을 갑(甲)이라 한다면, ― 제아무리 유사하다고 하더라도 ― 결국은 이미 내용상 똑같지 않은, 시점 t2에서의 '지각들의 다발'인 마음은 을(乙)이라 해야 할 것이다. 그러므로 갑과 을은 서로 다른 자이고, 따라서 갑이 어느 시점에서 지각한 것을 을이 '기억'하고 '습관'에 따라 연상한다는 것은 이치에 맞지 않은 일이나. 우리가 기억이니 습관을 이야기하려면, 어느 시점에서든 그 활동을 하는 자는 동일한 자로 전제해야 한다. 그러니까 이미 기억과 습관을 이야기하는 마당에서는 어떤 의미에서든 '자아의 동일성'은 전제되어 있는 것이다.

또한 우리는 졸업 50주년 동창회에서 만난 '지금 눈앞의 오철수'를 '50년 전의 그 오철수'와 동일한 자로 인정하는데, 그것은 단지 양자

사이의 유사성만으로는 설명될 수 없다. 유사성으로 치면 '50년 전의 오철수'와 '지금의 오철수' 사이보다도, '지금의 오철수'와 그의 옆에 앉아 있는 '지금의 김명수' 사이가 훨씬 더 큰 경우도 많기 때문이다. 그래서 자아 내지 인격의 동일성은 지각 자료를 근거로 한 상상력의 조작이나 성향만으로써는 충분히 설명되지 못한다. 이 문제는 칸트적인 '초월적인 나'와 '경험적인 나'의 구별을 통해 비로소 해결의 실마리를 얻을 수 있다.

이 세계를 '하나'로 보는 '눈'인 '나'는 정작 세계 안에 있지 않다. 시야는 눈을 전제해야 성립하는 것이지만, 정작 눈은 시야의 일부가 아니다. 그러니까 세계를 하나의 통일체로 인식하는 '나'는 세계 안에 있는 실재라기보다는 순전한 이념이다. 그것은 존재 개념이 아니라 존재론적 개념이다. '나'의 동일성은 자연 세계에 있는 것이 아니라 자연 세계를 가능하게 하는 초월적 이념인 것이다. '인격'의 동일성 또한 하나의 초월적 이념이다. ― 인격의 동일성은 경험적으로 사실 확인될 수 있는 것이 아니고, 시공간상에서 가변하는 경험적 사실을 인식하는 데 전제하지 않을 수 없는 것, 하나의 '이념'적 개념이다. 사물 존재의 세계를 이해하는 바탕에 '실체' 개념을 놓듯이, 인간 행위의 세계를 이해하는 바탕에는 '인격' 개념을 놓지 않을 수 없다.[27]

III. 행위 주체로서의 '인격'과 인간 존엄성으로서의 '인격성'

하나의 초월적 이념으로서의 '인격' 개념이 부상하는 지점에서 논

---

27 Kant, 『실천이성비판』(*KpV*), "자유의 범주들 표"(*KpV*, A117=V66) 참조.

의는, 자기 현존의 여러 상태들에서 자기 자신의 동일성을 의식하는 능력을 지칭하는 '심리[학]적 인격성(personalitas psychologica, psychologische Persönlichkeit)' 문제를 벗어나, '윤리적 행위의 주체로서 인격(persona moralis)' 개념으로 나아간다.

인격(Person)은 무엇보다도 물건(Sache)과 대비된다. 바이겔(Erhard Weigel, 1625~1699)은 『인격[人]과 물건[物]들에 대한 도덕−지혜의 산술학적 기술』[28] 에서 로마법 이래의 '인격'과 '물건'의 구별[29]을 발전시킨다. 인간은 도덕적[정신적] 존재태(entia moralia)로서 한낱 자연적[물리적] 존재자가 아닌, '도덕적 인격(persona moralis)'으로 규정되고, 그래서 인간은 한낱 '자연 상태(status naturalis)'로 있지 않고, 따라서 '도덕적 자연 상태(status moralis naturalis)'이거나 '도덕적 시민 상태(status moralis civilis)'로 있다고 이해되었다. 그리고 이때 "도덕적 인격성(moralische Persönlichkeit)은 다름 아니라 도덕법칙들 아래에 있는 이성적 존재자의 자유"라고 규정되고, "그래서 이로부터 나오는 결론은, 인격은 그가 (자신만으로 또는 적어도 동시에 타인들과 함께) 자기 자신에게 수립한 법칙들 외의 어떤 다른 법칙들에는 복종하지 않는다는 것이다."[30] 여기서 행위가 '자유의사에 따른 행동'으로, 그에 따라 행위자가 '자기 의사에 따른 활동에 의해 결과를 일으킨 자[창시자]'[31]로 이해되는 한에서, 칸트는 "인격(Person)이란 그의 행위들에 대해 귀책능력이[책임질

---

28 Weigel, *Arithmetische Beschreibung der Moral-Weissheit von Personen und Sachen: Worauf das gemeine Wesen bestehet / Nach der Pythagorischen CreutzZahl in lauter tetractysche Glieder eingetheilet*, Jena 1674.

29 *Corpus Iuris Civilis*[CIC], Institutes, 1. 2~1. 3 참조.

30 Kant, 『윤리 형이상학−법이론』(MS, RL), AB22=VI223.

31 Kant, *MS, RL*, AB22=VI223 참조.

역량이] 있는 주체"[32]라고 정의한다. 이에 반해 "귀책능력이[책임질 역량이] 없는 사물"은 "물건(Sache)"으로 규정되고, "그래서 그 자신 자유를 결여하고 있는, 자유로운 의사의 객체인 것은 모두 물건(물체적인 것)"[33]이라고 일컫는다.

'인격성', 즉 "자유 내지 전 자연의 기계성으로부터의 독립성"이란 "곧 자기 자신의 이성에 의해 주어진 순수한 실천 법칙들에 복종하고 있는 존재자의 한 능력"[34]으로서, 그것이 바로 "인간을 (감성세계의 일부로서의) 자신을 넘어서게" 한다. 이로써 "감성세계에 속하는 것으로서 인격은 그것이 동시에 예지의 세계에 속하는 한에서 그 자신의 인격성에 복종해 있는 것이다."[35] 이러한 "인격성의 이념은, 우리의 행태가 우리 본성의 숭고함에 어울리지 않는 결함이 있음을 주의시키고, 그로써 자만을 타도하면서, 동시에 우리의 본성이 (그 규정상) 숭고함을 눈앞에 제시한다."[36] — 이러한 인격성의 이념에서 인간의 존엄성이 존립한다.

인간성[인간임] 자체는 존엄하다. 왜냐하면 인간은 어떤 인간에 의해서도 (즉 타인에 의해서도 또 자기 자신에 의해서라도) 한낱 수단으로 사용될 수 없고, 항상 동시에 목적으로 대해져야 하며,[37] 여기에 바로 그의 존엄(인격

---

32 Kant, *MS, RL*, AB22=VI223.
33 Kant, *MS, RL*, AB23=VI223.
34 Kant, *KpV*, A155=V87.
35 Kant, *KpV*, A155=V87.
36 Kant, *KpV*, A156=V87.
37 "네가 너 자신의 인격에서나 다른 모든 사람의 인격에서 인간(성)을 항상 동시에 목적으로 대하고, 결코 한낱 수단으로 대하지 않도록, 그렇게 행위하라."(Kant, 『윤리형이상학 정초』(*GMS*), B66이하=IV429) 참조.

성)이 성립한다. 이로써 그는 인간 이외의 사용 가능한 다른 모든 세계존 재자를, 그러니까 모든 물건들을 능가한다. 그러므로 사람은 자기 자신을 어떤 가격에도 내다 팔 수 없는 것과 똑같이 — 이런 일은 자기존중의 의 무에 어긋날 터이다—, 또한 타인의 인간으로서의 필수적인 자기존중도 거슬러 행위할 수 없다. 다시 말해 사람은 다른 사람 누구에게서나 인간 성[인간임]의 존엄을 실천적으로 인정해야 할 책무가 있다. 그러니까 다른 사람 누구에게나 반드시 보여야 할 존경과 관련한 의무는 인간에[서] 의거 [기인]한다.[38] — 사람은 누구나 자기 이웃사람으로부터 존경을 요구할 정 당한 권리를 가지며, 교호적으로 그 또한 타인 누구에 대해서나 그런 책무 를 진다.[39]

인간이 존엄하다는 것, 결코 하나의 물건으로서 한낱 수단이 될 수 없다는 것은, 인간이 스스로 법칙을 수립하고 그 법칙에 복종하는, 요컨대 자율성을 갖는 것은, 그 자신이 감성세계의 일원으로서 경향 성에 휩쓸림을 자각하고 스스로 이를 통제해야 할 필요를 통찰하기 때문이다. 자연적 경향성을 통제한다는 것은 자연 질서를 단절시킨 다는 것을 말한다. 자연 질서가 끝나는 곳에서 당위 도덕의 세계가 열리고 당위 도덕의 세계에서 인간은 인격을 얻는다. 당위 도덕 세 계의 법칙, 곧 윤리 법칙은 자연[존재] 세계의 법칙, 곧 자연법칙과 늘 상충한다. 인간의 자연적 경향성에 마주하는 것이 당위 규범이기 때 문이다. 인간은 이렇게 그러한 두 세계에서 살고 있다.

---

38   Kant, *MS*, *TL*, §38, A140=VI462.
39   Kant, *MS*, *TL*, A139=VI462.

두 세계가 충돌할 때, 다시 말해 이론과 실천, 존재와 당위가 상충할 경우, 인간이 끝내 어느 법칙에 따르는지, 따를 것인지, 따라야 하는지는 사실의 문제가 아니라 이념의 문제이다. 칸트는 이상을 가진 인간에게는 실천이성이 "우위"[40], 우선권을 갖는다고 보는데, 그것은 이론이성은 자기와의 합치, 곧 진리(인식)에 관심이 있는 반면, 실천이성은 자기의 확장, 곧 이상(실현)에 관심이 있는바, 인간의 "모든 관심은 궁극적으로는 실천적[자기실현]"[41]이기 때문이라 한다.

모든 현실을 초월해 있는 한갓 이성의 이념을 실현하려고 애쓰는 것이 순수한 실천이성이므로, 이 이성은 현실의 어떤 것에도 제약받지 않는 의욕 활동이라는 점에서 자유로운 의지이다. 그런데 행위 동기에서 자유로운 실천 의지가 이성의 이념을 실현하는 곳은 현실, 즉 자연 세계이다. 그것은 자연 안에 있지 않은 원인에 의한 자연의 변화를 뜻한다. 그것은 자연 안에서 살고 있는 자연존재자인 인간이 자연의 규칙에서 자유로운 초월적인 힘을 가지고서 자연에 모종의 변화를 일으킬 수 있음을 뜻한다. 그러니까 자유의지는 기계론적 물리–생리학적 인과성과 "나란히 놓여(병렬되어) 있"[42]지 않다.

자유의지를 가진 자, 다시 말해 스스로 윤리를 세우는, 입법할 능력이 있고, 세운 법칙을 준수하며, 그렇게 해서 인간이 되는 자가 곧 '인격'이다. 이 '인간 됨', 인간의 품위·내지 품격은 인간이 자신의 자연본성을 인지하고 자기보존과 이웃과의 공존에 필수적인 규율을 스스로 세워 자신의 자연성(본성)을 통제하는 일, 바꿔 말해 가면/탈

---

40 Kant, *KpV*, A215=V119.
41 Kant, *KpV*, A219=V121.
42 Kant, *KpV*, A219=V121.

(persona)을 씌우는 일에서 개시(開示)된 것이다.

인간의 인격성이란 인간이 자신을, 지성만이 생각해 낼 수 있는 질서에 결합시키는 힘이다. 그러니까 이러한 인간의 능력을 통틀어 '이성(理性)'이라 일컬을 때, 자연성(동물성)과 함께 스스로 통제의 필요에 대한 자각 및 통제 능력을 가진 '이성적 동물'만이 '인격'이 될 수 있는 것이다. 그러니까 인격적 존재자란 애초에 '도덕적으로 완전한 존재자'라기보다는 시원적으로는 무도덕한 동물인 존재자가 자기통제 규범을 세워 '도덕적으로 완전하게 되려고 하는 존재자'를 말한다. 이러한 자기 규율의 힘이 자유이며, 그러한 실천의 능력이 의지이다.

자유(즉 타인의 강요하는 의사로부터의 독립성)는, 모든 타인의 자유와 보편적 법칙에 따라서 공존할 수 있는 한에서, 모든 인간에게 그의 인간성의 힘으로[그가 인간이라는 바로 그 힘으로] 귀속하는 유일하고 근원적인 권리이다. [43]

인간 고유의 힘이자 권리인 자유(自由)란 자기 자신의 심리적-생리적 경향성에 맞서 의지가 스스로 자기 규율을 수립하여 그 자신을 강제하는 힘을 함의하고, 그런 의미에서 자율과 교환개념이다. 자유로운 의지(Wille)는 어떤 자연적 경향성에도 맞서서 또는 어떤 외압에도 옳은 것은 선택하고, 옳지 않은 것은 거부할 수 있는 이성의 힘[德]을 일컫는다. 그러므로 자유의지는 옳음[正當]과 그름[不當]에 대한 판단력을 갖춘 당위(當爲) 능력이다. 그러니까 옳음과 그름에 대한 가치판

---

43 Kant, *MS*, *RL*, AB44=VI237.

단 능력이 없는 것에 대해서 의지의 자유를 말하는 것은 의미가 없다.

IV. 권리주체로서의 '인격'과 '인격' 개념의 외연 확장

1. 권리 주체로서의 '인격'

로마법에서부터 '인격'은 권리의 주체로서 규정되었다. 사람을 자유인과 노예로 구분하는 로마법[44]에서 누구에게 예속된 노예가 물건(res)이라면, 누구의 지배를 받지 않는 자로서 자유인("liberi sunt ii qui nullius in domino sunt")은 '인격의 권리(iura personarum)'를 갖는다. 그중에서도 온전한 자유인(ingenuus)으로서 로마 시민(Civis Romanus)은 '시민 인격(persona civilis)'을 갖는바, 그것은 혼인권(conubium)[45]과 소유권(dominium)[46]에 앞서 "소송 당사자의 격(persona standi in iudicio)"[47]을 갖는 것으로 규정된다.

이러한 법적 권리주체(Rechtssubjekt)로서의 인격 개념은 근대 시민국가가 발전하면서 더욱 보편적인 인간성의 권리, 곧 인권과 결합한다. 인격과 인권은 불가분리적이다.

우리 인격 안의 인간성의 권리들 및 인간들의 권리 외에 세상에서 신성한 것은 없다. 신성성은 우리가 인간들을 결코 한낱 수단으로 쓰지 않는다는

---

44 "모든 사람은 자유인이거나 노예이다(Omnes homines aut liberi sunt aut servi)."(*CIC*, Institutes, 1, 2, 1)
45 *CIC*, Institutes, 1, 10 참조.
46 *CIC*, Institutes, 2, 1 참조.
47 *CIC*, Institutes, I, 2, 12.

데에 있으며, 그러한 사용의 금지는 자유와 인격성 안에 있다.[48]

그런데 인격이 권리주체로 이해되면서, 인격은 법적 개념이 되고, 권리주체란 '권리능력(Rechtsfähigkeit)을 가진 자'로, 권리능력이란 곧 "권리와 의무들의 보유자일 수 있는 능력(Fähigkeit, Träger von Rechten und Pflichten zu sein)"으로 규정된다. 그렇지만 이런 용어가 사용되기 시작할 무렵만 해도, 권리능력을 가진 자는 자유의지를 가진, 윤리적 존재자로 이해되었다.

모든 권리는 윤리적인, 개개인 모두에 내재하는 자유를 위하여 존재한다. 그렇기에 인격의, 또는 권리주체의, 근원적 개념은 인간의 개념과 합치되지 않을 수 없다. 그리고 이 두 개념의 근원적 자기동일성은 다음과 같은 정식으로 표현될 수 있다: 모든 개개인은, 그리고 개개인만이 권리능력이 있다.[49]

이렇게 권리능력의 보유자를 개개인으로 본 사비니(Friedrich Carl von Savigny, 1779~1861)는 여전히 "법은 윤리에 봉사한다. 그러나 법이 윤리의 지시명령을 수행함으로써가 아니고, 법이 윤리의, 개개의 모든 의지에 내재하는, 힘의 자유로운 전개를 보장함으로써 그러하다"[50]라고 생각했다. 그러다가 차츰 '인격(Person)'이라는 용어는 '사람'이나 '인(人)'으로 대체되고, '인격성(Persönlichkeit)'이라는 용어가 '인

---

48 Kant, 조각글(Refl) 7308: XIX308.

49 Friedrich Carl von Savigny, *System des heutigen römischen Rechts*, Bd. 2, Berlin 1840, S. 2.

50 Savigny, *System des heutigen römischen Rechts*, Bd. 1, Berlin 1840, S. 332.

격'을 대신하는 추세가 되어 오늘날 한국의 법학계도 거의 그에 동참하고 있다. 아마도 이러한 용어의 일반적 사용은 기르케(Otto Gierke, 1841~1921)의 용어 정의에서 유래한 듯하다.

권리주체가 될 수 있는 능력을 인격(Persönlichkeit)이라고 한다. 법규에 의한 인격의 승인으로부터 모든 개별 권리와 의무의 기반이 되는 인격권(das Recht der Persönlichkeit)이 도출된다. 인격권이 속하게 되는 존재를 법적 의미에서 인(Person)이라 한다.[51]

이제 법적으로 '인'이란 "한 사람, 두 사람, 세 사람, ― 그 방에 3인이 모여 있다"라고 말할 때의 그 '인/사람'을 지칭한다. 그리고 그러한 지칭으로 옛 《독일 민법》(1900) 제1조는 "인간의 권리능력은 출생과 함께 개시한다"라고 규정했고, 《대한민국 민법》 제3조는 "사람은 생존한 동안 권리와 의무의 주체가 된다"라고 규정하고 있다.

2. '인격' 개념의 외연 확장, '법인'

'인격'이 권리와 의무의 주체로 받아들여지면서 통상적인 '인간'이나 '사람'으로서 권리와 의무의 주체가 되는 개인뿐만 아니고, 이제 '인격'은 권리와 의무의 주체인 법률상의 결사체까지도 일컫게 되

---

51 Otto Gierke, *Deutsches Privatrecht*, Bd. 1, Leipzig 1895, §30(Das Rechtssubjekt), S. 265: "Die Fähigkeit, Rechtssubjekt zu sein, heißt Persönlichkeit. Aus ihrer Anerkennung durch Rechtssatz fließt das Recht der Persönlichkeit, das die Grundlage aller einzelnen Rechte und Pflichten ist. Ein Wesen, dem das Recht der Persönlichkeit zusteht, ist im Rechtssinne Person."

었다. '인격' 개념의 이러한 외연 확장에 따라 전자를 '자연인(natural person)', 후자를 '법인(artificial person, juridical person)'이라 일컫는 용어법이 생겼다. 이러한 맥락에서《대한민국 민법》제32조는 "법인은 법률의 규정에 따라 정관으로 정한 목적의 범위 내에서 권리와 의무의 주체가 된다"라고 규정한다.

유사한 '법인' 개념은 이미 중세 가톨릭 교회법 체계 안에도 있었다. 교황 인노첸트 4세(Innocentius PP. IV, 재위: 1243~1254)가 교회법을 집대성한 선대 교황 그레고리우스 9세(Gregorius PP. IX, 재위: 1227~1241)의 교령집(Decletales Gregorii IX) 다섯 권에 대한 해설서(Apparatus in quinque libros decletalium)를 펴낼 때, 수도원 등 교회 조직체가 법적 권리와 의무의 주체로서 재산권, 계약 체결권 등을 갖고, 소송 당사자(원고, 피고)가 될 수 있음을 거론하면서, 이러한 조직체를 'persona ficta' 곧 '가상인격/의제 인격(擬制人格)/의인(擬人)'이라고 호칭한 바 있다. 그러나 이러한 호칭과 함께 이러한 조직체(corpus, corporation)는 영혼(anima)이 없기 때문에 어떤 경우에도 파문을 당할 수는 없다고 천명되었을 때, 오히려 진짜 인격/인[自然人]과 '의인(擬人)'이 무엇에서 구별되는지가 단적으로 드러났다.

또 근대 초에 홉스(Thomas Hobbes, 1588~1679)는 국가를 '인공인격(artificial person)'이라고 일컬었다. 그는 "자연이 신이 세계를 창조하고 통치하는 기예(art)"라면, 국가사회는 인간이 하나의 세계를 만들어 통치하는 "인간의 기예(art of man)"의 작품, "기예[인공] 동물(artificial animal)" 내지 "기예[인공] 인간(artificial man)"[52]이라고 비유하면서, "인

---

52 Hobbes, *Leviathan*(ed. E. Curley, Indianapolis 1994), Intro. [1].

격(person)"을 "말이나 행위가 그 자신의 것이라고 […] 생각되는 자, 또는 어떤 다른 사람의 말이나 행위를 대변하는(representing) 것이라고 생각되는 자"[53]라고 규정하고, 전자를 "자연인격(natural person: '자연인')", 후자를 "가공 내지 기예[인공]인격(feigned or artificial person: '법인')"[54]이라고 명명한 바 있다. 국가는 '다른 사람들의 말이나 행위를 대변하는 인격'으로서 하나의 가공[인공]인격, 곧 후대의 표현법으로는 근원적 '법인격' 내지는 '법인'이다.

이렇게 형성된 '법인격' 개념은 19세기 중반에 사비니를 거치면서 그 외연이 사뭇 넓혀진다. 사비니는, 권리능력이란 자연인의 개념과 연결되어야 하지만, 순전히 의제에 의해 상정된 인공적인 주체(künstliche, durch bloße Fiktion angenommene Subjekte)에도 권리능력이 확장되고 있음을 보면서, "우리는 그러한 주체를 법인(juristische Person), 다시 말해 순전히 법률적 목적들을 위해 상정된 인격(Person)이라고 부른다. 그러한 인격에서 우리는 개별 인간 외에 권리관계들의 보유자를 발견한다"[55]라고 말한 바 있다. 이것은 '인격' 개념이 '법인격' 개념을 포함하면서 점점 더 느슨하게 사용되는 추세에 있음을 증언한 것이라 하겠다.

3. '법인'의 등장과 '인' 및 '인격' 용어의 혼용

그러나 이와 같은 '법인'의 등장과 함께 켤레 개념으로 '자연인'이

---

53 Hobbes, *Leviathan*, I, 16, [1].
54 Hobbes, *Leviathan*, I, 16, [2].
55 Savigny, *System des heutigen römischen Rechts*, Bd. 2, S. 236.

생기면서 '인격' 용어의 사용에 혼선이 일어났고, 이러한 혼선은 '인격' 개념의 의미에도 혼란을 초래했다.

그 혼란을 다소라도 줄이기 위해서는, 오늘날 한국의 법학계에서 사용되는 '인'–'인격'이라는 용어가 독일어 용어 'Person'–'Persönlichkeit'에 대응하고, 그 번역어로 쓰이는 것이라면, '인–인격'보다는 '인격–인격성'으로 바꿔 사용하는 편이 좀 더 낫다고 생각한다.

기르케만 하더라도 앞의 용어 정의에 이어 "자유의지의 보유자만(nur Träger von freiem Willen)을 인격(Personen)으로 확정(stempeln)"할 수 있다고 말하면서, 단지 단서로 문화 양태에 따라서는 "초인간적인 그리고 인간 이하의 존재자들도 인격화(übermenschliche und untermenschliche Wesen personifizirt)"[56]된 사례가 있다고 말하고 있는데, 여기서 '인격화(personifizieren)'를 대신해서 '인화(人化)'라고 옮기는 것은 사뭇 생경하고, 그렇다고 '의인화(擬人化)'로 옮긴다면 맥락이 달라진다.

또한 '인' '인격' 규정의 대표적 사례로 흔히 인용되는 《독일 연방공화국 기본법》 제2조도 다음과 같이 해당 용어를 '인격'–인격성'으로 옮기는 것이 합당할 것으로 보인다.

1) 사람은 누구나 타인의 권리를 침해하지 않고 헌법적 질서나 윤리법칙에 저촉되지 않는 한, 자신의 인격성을 자유롭게 발전시킬 권리를 갖는다.(Jeder hat das Recht auf die freie Entfaltung seiner

---

56 Gierke, *Deutsches Privatrecht*, Bd. 1, S. 265.

Persönlichkeit, soweit er nicht die Rechte anderer verletzt und nicht gegen die verfassungsmäßige Ordnung oder das Sittengesetz verstößt.)

2) 사람은 누구나 생명과 신체의 온전함에 대한 권리를 갖는다. 인격의 자유는 침해할 수 없다. 이 권리들에 대해서는 법률에 근거해서만 개입할 수 있다.(Jeder hat das Recht auf Leben und körperliche Unversehrtheit. Die Freiheit der Person ist unverletzlich. In diese Rechte darf nur auf Grund eines Gesetzes eingegriffen werden.)

제2항에서 'Freiheit der Person'을 '인격의 자유' 대신에 '인의 자유'로 옮긴다면, 이 역시 실로 생경하다고 하지 않을 수 없다.

개념의 의미 연관이 이렇다 해도, '자연인'과 '법인'이라는 용어 사용이 이미 굳어져 있는 실정이라 'person'의 용어 사용에 혼선은 불가피할 것으로 보인다. — 절충안으로, Person/person을 '자연인'과 '법인'(그리고 경우에 따라서는 '인공인') 사례에서만 '인'이라 약칭하고, 그 밖에는 '인격'으로 칭하면 어떨까 싶다.

V. 인격 개념 외연 확장의 문제성

1. '인격'의 기본 요소

개념은 외연이 확대되면 내포는 감소하기 마련이다. 그런데 내포가 축소되다 보면 마침내는 그 개념의 본래 뜻이 무색해진다. '인격' 개념이 점차 느슨하게 사용되는 추세에서 이제 '인격' 개념의 확대 사용이 남용에 이르는 것을 방지하기 위해 '인격' 개념을 최대로 추상한

'법적 행위의 주체로서의 인격'을 눈앞에 놓고서 다시 한번 '인격'의 기본적인 의미를 반추해 보자.

'법적 행위 주체로서의 인격' 또한 두 가지로 분류해 볼 수 있다.

1) 시민사회에서 일정한 권리를 향유하고 상응하는 의무를 수행하는 사람. 그리고 그 권리 행사와 의무 이행에 따르는 책임을 지는 자.
2) 오로지 법률적 목적을 위해서 상정된 인격.

이러한 법적 행위 주체로서의 '인격'은 일반적으로 책임 능력이라는 기본 요소와 이에 부수하는 동일성, 독자성, 사회성의 요소를 갖는다고 하겠다. 다만 2)의 경우는 법률이 그 특수한 목적을 규정하면서 이 같은 요소에 일정한 제한을 두는 것으로 볼 수 있을 것이다.

귀책능력

인격이 자율적 행위자인 한에서 자신이 한 행위의 결과에 대해 책임지는 것은 당연하다. 행위는 특정한 장소와 시간에서 일어나는 것인 만큼 행위자는 시공간상의 존재자이고, 그가 자율적이라는 것은 스스로 행위의 목표(목적)를 설정하고, 실행 방식을 규정하고, 행위에 대한 판정 기준을 결정한다는 뜻이다.

'자율'의 본뜻을 자치(자기 통치, ἐγκράτεια)라고 본다면, '자율'은 적어도 네 가지 요소, 곧 자기기획(consilium suum), 자기결정(Selstbestimmung, eigene Entscheidung), 자기입법(Selbstgesetzgebung, Eigengesetzlichkeit), 자기복종(Selbstunterwerfung)을 필수 성분으로 가지

고 있다.

자율의 취지는 자기통제에 있으니, 본디 자율성이란 통제의 필요를 자각하고, 스스로 통제할 수 있는 능력이 있는 존재자의 속성이다. 통제의 필요를 자각하지 못하거나, 통제의 규칙을 스스로 세울 줄 모르거나, 규칙을 세우긴 하지만 준수할 능력이 없는 자에게 자기통제, 즉 '자율'은 공허하다.[57] '자율신경(autonomic nerve)'이니 '자율주행차(autonomous vehicle, autonomous car)'니 하는 용어가 사용되기는 하지만, 이런 사례에서 '자율적'이란 '무의지의(involuntary)' 내지 '자동적(automatic)', 또는 '스스로-운전하는(self-driving)' 정도를 뜻하는 것으로서, 그것은 '자율적 인간' 또는 '인격의 자율성'에서 말하고자 하는 '자율/자율적'과는 거리가 멀다. '자율'이야 말로 '자유의지'를 전제하는 것이니 말이다. 목적의식 없이 '무의지로' 작용하는 자율신경이나 자율주행차가 스스로 무슨 법칙을 수립할 것이며, 어떤 법칙의 위배에 대해 그런 것들에게 무슨 책임을 물을 수 있겠는가.

'책임진다' 함은 '상벌을 감당한다' 함을 뜻하고, 상벌의 참뜻이 상 받으면 기쁘고 벌 받으면 고통스럽다는 데에 있는 만큼, 상벌 감수성, 곧 감정이 없는 자가 '책임진다'는 것은 무의미하며, 그런 자는 엄밀한 의미에서 '인격'일 수가 없다. ― 인격이 '책임질 능력(Zurechnungsfähigkeit)이 있는 자'인 한에서, 자율성과 상벌 감수성이 없는 자는 '인격'일 수가 없다.

---

57 백종현, 『인간의 조건』, 아카넷, 2024, 206면 이하 참조.

동일성(실체성)

행위자가 책임을 지는 것인 만큼 행위 시점과 책임지는 시점에서 행위자의 동일성은 필수적이다. (물론 앞서(II) 살펴보았듯이 현실적으로는 이 '동일성'의 판정 기준 설정이 쉽지 않다. 실상 '동일성'은 실재라기보다는 하나의 관념/이념이다.)

독자성(개별성)

행위자의 특정이 가능할 경우에만 책임 추궁이 가능하다. '누가 그 행위를 했는가?'라는 물음에 분명하게 대답할 수 있는 행위자만이 인격일 수 있다.

사회성

책임은 사회 안에서, 사회에 대해서 또는 사회 구성원인 타자와의 관계에서 지는 것인 만큼 행위자가 사회 구성원이거나, 적어도 구성원으로 간주될 수 있어야 한다. 사회에서 동등한 권리를 갖고 그에 상응하는 의무를 지는 자만이 책임 능력이 있는 것이며, 그러한 자만이 인격일 수 있다. 사회에서 그 구성원들의 동등한 권리와 의무에는 무엇보다도 인격으로서의 상호 존중이 포함된다.

'인격'의 요소가 이러한 것으로 이해될 때, '인격'은 이미 자연 인간의 대부분의 정서적 성격, 예컨대 친절함, 온유함, 인내심, 용기, 그리고 미감 내지는 심미 능력, 그뿐만 아니라 지적 능력, 가령 언어 능력이나 수리 능력 등을 추상하고 있다. 다시 말해 무엇이 '인격'인지를 규정하는 데서 그것이 얼마나 언어와 수리 능력이 뛰어나고 기예 능력이 출중한지는 도외시된다. 제아무리 말을 잘하고, 계산 능력이 뛰어나고, 문제 해결을 민첩하게 해내며, 노래를 잘 부르고, 그림을 잘 그린다고 해도, 책임 능력이 없고, 사회성이 없는 자는 '인격'으로서는 결격(缺格)이다. 이렇다고 보면, '인격자'를 결정하는 데 언어나 수리 역량 또는 예술적 역량은 거의 고려 사항이 아니다. 이런 것들은 '훌륭한' '탁월한' 인간을 만드는 주요한 요소임에도 말이다. 그러니까 '인격' 개념은 실천적 행위자로서의 인간을 바탕에 두고 형성된 것이라 하겠다.

요컨대 때때로 또는 문맥에 따라서는 '인격'과 '인간'이 거의 동일어로 쓰이지만, '인격'은 '인간임'의 특정 요소만을 내포로 갖는 개념이라 하겠다.

2. 인공지능 시스템의 '인격성' 문제

'인격'이 이러한 성격을 갖는 것이라면, 이제 종래의 '회사 법인(corporation)' 같은 것 외에 최근에 인공지능 시스템(Artificial Intelligence System)을 두고 거론되는 'AI 인격'이니 '전자인격(Electronic Person)'이니, '가상인격(virtual person)' 또는 '가상인간(virtual human)의 인격'이니 하는 것이 진실로 '인격'일 수 있을까?

'진실로 인격'이라 함은 현실 세계에서 자연인의 인격과 사실상 동일한 인격을 말한다. '가상의(virtual)' 인간이 한낱 '가상 세계의 인간'이 아니라, '사실상(virtual)' 인간의 현실 세계 일원으로서 책임과 의무와 권리의 주체성을 갖는다면, 컴퓨터에 의해 생성된 '가상인간' 또한 '진실로 인격'이 된다고 할 것이다.

1) 인공지능 시스템이 최종의 법적 책임자일 수 있는가

예컨대 회사 법인이 법적인 (민형사상의) 책임을 질 수 있듯이 인공지능 시스템도 법적 책임을 질 수 있는가? — 이것이 'AI 인격'이 과연 '인격'인지를 따져보는 첫째 질문이다.

법적 책임을 질 수 있는 자를 '인/인격(person)'이라 일컬으면서, 회사 법인을 '법인(juristic person)'이라 하는 것인데, 인공지능 시스템도 이에 유비할 수 있다면, 인공지능 시스템 역시 하나의 인(人), 인격이라 할 수 있겠고, 실로 이것이야말로 "법인=인공인(artificial person[58])"이라 하겠다.

그런데 법인이나 '인공인(人工人)'이 민사상 책임을 질 경우, 그로 인한 재산상의 득실은 최종적으로 그 법인이나 '인공인'의 소유자(투자자, 운영자)인 자연인에게 귀속하는 것이며, 형사상의 책임을 진다면, 가령 그 양태가 폐지 내지 폐기이든 일정 기간 업무 정지 내지 운행 정지이든, 그에 따른 손실 역시 궁극적으로는 소유자인 자연인에게 귀속한다. 이에 유추하여 인공지능 시스템을 '인공인'이라 할 수 있겠는가?

'인공인'은 종래의 법인과는 그 의사결정이나 행위 방식이 다르다. 법인의 경우에 의사결정이나 행위는 법인의 관련 법률에 따라 법인을 운영하는 자연인(또는 인공인)이 하는 데 반해, '인공인'(예컨대 'A'라는 자율주행차)의 경우에는 (설령 인공지능 시스템의 제작자에 의해 미리 설정된 프로그램에 따른 것이라 하더라도) 이른바 그 '인공인' 자신이 한다.

---

58 'artificial person'은 'juristic person'의 별칭으로 사용되고 있는데, 인공지능 시스템이 '인격'으로 등장하면 이것에 대한 호칭으로 특화할 수도 있겠다.

또 법인의 경우에는 법인을 운영하는 자연인이 관련 법률을 잘못 해석하거나 위반해서 의사결정을 하거나 행위를 했을 때는 법인뿐만 아니라 당해 자연인이, 경우에 따라서는 법인이 아니라 관련 자연인이 그 과실에 대한 책임을 진다. 그런데 '인공인'의 경우에는 의사결정도 행위도 '인공인' 자신이 하므로, 사정이 다르다. 만약 과실이나 범죄가 잘못된 프로그램이나 운행 중 예기치 못한 고장에 의해 발생한 것이라면, 어떻게 할 것인가? 법인에 유추하면 '잘못된 프로그램'이란 '결함 있는 법률'이 될 것인데, 경우에 따라 그 법률이 위헌 판정을 받아 무효가 될 수는 있어도 법률 제정자, 곧 의회(국회의원)가 책임을 지는 경우는 없다. 그런데 '인공인'의 과실이 '잘못된 프로그램' 탓으로 밝혀지면, 그 프로그램이 폐기되는 것이야 당연할 것이고, 아마도 그 '인공인'의 과실을 그 프로그램의 설정자(회사)에게 추궁할 공산이 크다. (법률 제정자는 국가권력이고, 프로그램 설정자는 사인(私人)이라서 그러한가?)

이러한 책임 능력 등을 고려할 때, 이른바 '인공인'은 충분한 의미에서 '인'이라 할 수는 없고, '유사인(類似人)' 정도의 호칭이 알맞을 것이다. 애당초 '인공지능'이 엄밀한 의미에서 '지능'은 아니라, '유사 지능'[59]이라고 할 수 있듯이 말이다.

2) 인공지능 시스템의 '자기결정'을 어디까지 용인할 수 있을까

다른 한편, 사람이 제정한 법규는 철칙이 아니다. 그래서 우리는 "최고의 법은 최고의 불의이다(summum ius summa iniuria)"[60]라는 명제

59　백종현, 「인공지능의 출현과 인간 사회의 변동」, 수록: 포스트휴먼사이언스 04, 「인공지능과 새로운 규범」, 아카넷, 2018, 36면 참조.

60　Cicero, *De officiis*, I, 10[33].

를 납득할 수 있는 것이다. 누군가가 "잔디밭에 들어가지 마시오!"라는 규칙이나 "자동차 도로 운전 중에 중앙선을 침범하지 말라"는 규범을 어겼음에도 그러한 행실이 이러한 규범을 지키는 것 이상의 '가치'를 수호하기 위한 것으로 여겨질 경우에는 관용한다. 오히려 우리는 누가 그 이상의 가치가 있음에도 불구하고 저러한 규범에 얽매여 그 규범만을 '문자 그대로' 준수하면 그런 행위를 '기계적'이라 폄하한다. 인격체는 상황에 맞는 자기결정을 할 수 있고, 물론 그에 뒤따르는 공과에 대해서 책임을 진다. 그런데 이러한 '도량(度量)'까지를 인공지능 시스템에, 예컨대 자율주행차에 프로그램화할 수 있을까? 설령 프로그램화할 수 있다고 하더라도, 그러한 '도량'을 갖춘 AI 시스템(자율주행차)을 사람들은 용납할까? 예컨대 어떤 운전자는 — 그러한 이를 사후에 의인(義人)이라고 일컫거니와 — 어떤 상황에서 다수의 살상을 피해 자신의 죽음까지도 불사하는데, 그런 '자기결정'까지 프로그램화한 자율주행차를 사람들이 받아들일까? 아니, 아무런 목적의식도 없고, 가치 개념도 없는 자율주행차에서 도대체 '자기결정'이라는 것을 말할 수 있을까?

3) 인공지능 시스템에 어떤 책임을 물을 수 있고, 사람이 그것과 어떤 권리를 공유할 수 있을까

'인격'이란 최소한 법적 책임 주체라 할 것인데, 인공지능 시스템에 대해서는 어떤 책임을 물을 수 있을까? 형법상의 책임을 묻는다는 것은 — 회사 법인(corporation)에 비해서도 — 거의 난센스일 것이고, 의미 있게 물을 수 있는 것은 민법상 또는 상법상의 배상책임(liability)

정도일 것이다.[61] 그런데 평소 인공지능 시스템의 작업에 의해 발생한 소득이 그 인공지능 시스템의 소유가 되지 않는 이상, 가진 재산이 없는 그 인공지능 시스템이 배상이나 변상을 할 수는 없고, 결국 배상금이나 변상금은 그 인공지능 시스템에 의해 발생한 소득을 챙긴 그 인공지능 시스템의 제작자나 운영자(관리자, 소유자)가 부담할 것이다. 그러므로 진정한 의미에서 '책임(responsibility)'은 그 인공지능 시스템을 제작하거나 운용한 자연인에게 귀속할 것이다. 그런 한에서 이러한 인공지능 시스템은 '인격'이라기보다는 하나의 '기계'이다.

인공지능 시스템을 'AI 인격'이라 칭하면서, 그것의 작업을 '노동'으로 간주하여 그에 따른 소득과 함께 — 이미 로마법제에서부터 인격/인의 본래적 권리로 규정된 — 재산권도 인정하고, 생산물(시, 소설, 악곡, 회화, 조각 등)에 대해서 지적재산권(저작권)을 부여하자는 의견도 있지만, 그 '작품'이 표절이나 풍속 저해로 판정이 될 경우, 그 책임은 누가 어떻게 질 것인가? 만약 그 책임이 그 인공지능 시스템의 제작자나 사용자에게 귀속된다면, 그것은 곧 그 인공지능 시스템이 '인격'이 아님을 뜻한다. 현재도, 예컨대 챗GPT의 운용 수익이나 손실은 법인인 OpenAI나 법인 또는 자연인 개발 투자자에게 귀속하고, 챗GPT 자신 — 이러한 지칭의 의미조차 불명확하지만 — 에게 귀속되지 않는다. 챗GPT는 자율적 행위의 주체로 여겨지지 않고, 한낱 자율적 행위자의 행위 수단으로 간주되고 있는 것이다.

그렇지만 획기적인 발전이 이어져서, 만약 행태의 면만을 보아, 가

---

61 인공지능 시스템이 'AI 인격'으로서 "변상책무(accountability)"까지 가질 것이라는 견해를 표명하는 이도 있기는 하다.(Wallach / Allen, *Moral Machines*, p. 202 이하 참조)

령 튜링 테스트를 통과한, 개별화(단위화) 가능한 기계 지능(시스템) 내지 피지컬(physical) AI를 역량 면에서 자연인과 대등하게 (또는 월등한 것으로) 간주하고, 납세 및 국방의 의무 수행 등 자연인과 같은 방식의 사회적 책임을 지게 한다면, 그리고 기계 지능(시스템) 내지 모종의 피지컬 AI가 기꺼이 그러한 시민적 의무를 납득하고 수행한다면, 그러한 책무에 상응하는 권리, 예컨대 시장을 선출하고 시장에 취임할 수도 있는 시민의 권리를 부여해야 하는 것도 당연한 이치이겠다. ― 권리 있는 자에게 의무 있고, 의무 있는 자에게 권리 있다. ― 그런데 과연 자연인이 '인공인격' 또는 '가상인격'과 이러한 시민으로서의 권리를 공유할 수 있을까? 또 만약 그러한 공유가 이루어진다면, 어떤 세상이 도래할까? 과연 자연 인간과 가상인간이 동등한 권리와 의무를 가지고서 입법하고 통치하고 재판하는 시민 국가가 성립하고 유지될 수 있을까? (이미 상상하는 사람들이 있는 '초인공지능[ASI, Artificial Super Intelligence]의 출현은 고사하고, 자연 인간과 유사한 범용인공지능[AGI, Artificial General Intelligence]이 다수로 개별화 ― 그런데 과연 이것이 어떤 식으로 가능할지? ― 된다면, 미구에 세상은 그들 주도의 세계가 될 것이다.)

이러한 물음들에 대해 긍정적으로 답할 수 없다면, 인공지능 시스템은 실상 '인격'이 아니고, '인격'일 수가 없고, 인간의 일을 대행하는 기계로서만 인간 사회에서의 역할이 있을 것이다. 그러니 어떤 '기계'라 하더라도, 그것이 인간의 법치 안에서, 다른 사회 구성원과의 관계에서 마치 독립적인 행위자처럼 작동한다면, 그것을 '유사 인격' 또는 '준(準) 인격'이라 호칭하고, 그에 상응하는 제한적인(유사한) 인격권은 승인할 수 있을 터이다. 다만 이와 함께 다시 한번 명확히 해야 할 것은, '유사 인격'도 제한적이지만 법적 주체이거니와, 그 '법'은 인간의 법이라는 점이다. 바꿔 말해 무엇이든 '인간의 법'의 지배를 벗어나면 어떤 의미에서도 '인격'일 수 없다는 점이다. 다시 말해, 어떤 것이 '인간의 법'을 따르지 않고 작동하거나 활동한다면, 그것은 외계(外界)의 것이다.

VI. '인격' 아닌 새로운 '위격(位格)'이 등장하는 세계(?)

라틴어 'persona'는 '세 위격-한 실체(tres personae-una substantia)'를 말하는 기독교의 삼위일체설에서 보듯이 '인격'이라기보다는 '위격(位格)'의 뜻으로도 이미 일찍부터 사용해 왔다. 그리고 '삼위일체'가 '하나의 본질-세 위격(μία οὐσία τρεῖς ὑποστάσεις)'으로 풀이될 때, '위격(persona)'은 '가면(πρόσωπον)'이라기보다는 '실재(ὑπόστασις: hypostasis)'에 대응하는 말이다. 여기서 '위격'은 실존의 지위를 일컬으며, '인간의 격', '인간 됨'과는 뜻이 같지 않다. (이러한 용례에서 보듯 'persona'는 본래 '인간의 격'이 아니라 순전히 '위격'을 일컫는다고 하겠다. 이렇고 보면, 'persona'와 '인격'은 동일한 개념이 아니다.)

인간은 곧잘 뭇 동물과 같은, 때로는 자칫 여느 동물보다도 못한 지경에 놓이기에, 그 진상을 가면으로 가리고 자신을 통제할 방도를 찾아 마련해야 할 사정에 놓여 있기 때문에, 인간에게는 참다운 인간이 됨, 곧 '인격'의 가치가 문제가 된다. 그러나 신이 어떤 유한성에 제한받고, 어떤 동물적 욕구에 시달리겠는가! 그 자체로 선한 하느님과 그의 아들과 그의 말씀은 이미 — 도덕적 행위 주체로서의 인격이든, 법적 책임 주체로서의 인격이든 — '인격' 너머에 있다. 본질에서 하나인 세 '위격'은 인간임을 초월해 있다. 하느님을 향해 '인간의 격(格)'을 말하는 것은 어불성설이다. 그리고 이러한 사정은 '인간이 아닌', 인간을 넘어서는 무엇과 관련해서도 마찬가지이다.

이제 인간의 기술에 의해 만들어진 지능, 곧 "인간이 수행할 때 지능을 요구하는 기능을 수행하는 기계를 만드는 기술",[62] 더 나아가 "인간에 의해 수행되었다면 지능을 필요로 할 기능들을 수행하는, 창조하는 기계들의 기술"인, 이른바 '인공지능'이 자기 발전을 거듭하는 중에 "지능 폭발(intelligence explosion)"[63]이 일어나서 언필칭 '초인공지능'이 출현하고, 이것이 원초의 제작자인 인간의 통제를 벗어난다면, 이러한 '초인공지능'이야말로 인간인 "우리의 마지막 발명"으로, 예상컨대 이로써 "인간 시대는 끝"[64]이라 하지 않을 수 없을 것이다.

인간의 지능으로서는 전혀 통제할 수 없는 '초인공지능'이라는 것은 실상 더 이상 '인공지능'이 아니다. 그것은 더는 인간이 인간 지능의 연장으로 자기의 유익에 활용하기 위해 만들어 낸 도구인 '기계'가 아니다. 그것은 인간 지능의 대행자로 고안된 '인공'의 지능이 아니라, '또 다른 지능' 또는 '어떤 외계 지능'이거나, 아예 '지능'이라 일컬을 수 없는, 인간의 지능이 전혀 미치지 못하는 방식으로, 인간의 생각과는 다르게 작용하는 무엇일 것이다. 생명체인 인간에서 '지능(intelligence)'이란 "새로운 대상이나 상황에 부딪혔을 때, 그 의미를 이해하고 합리적인 적응 방법을 알아내는 능력"[65]을 일컫는 것인데, 인간을 넘어선 것이, 그러니까 인간이 아닌 것이 무엇으로 인해

---

62 "the art of creating machines that perform functions that require intelligence when performed by people"(John McCarthy, Dartmouth Conference 1956).

63 James Barrat, *Our Final Invention: Artificial Intelligence and the End of the Human Era*, Thomas Dunne Books St. Martin's Griffin, New York 2013, p. 17.

64 Barrat, *Our Final Invention: Artificial Intelligence and the End of the Human Era*.

65 이대열, 『지능의 탄생』, 바다출판사, 2017, 9면.

어떻게 작용할지를 인간이 어떻게 알겠는가! ― 애초에 인공 기계에서 발생한 것이든, 자연에서 출생한 것이든, 일단 인간을 넘어선 것 (posthuman)은 '진보한 인간(Advanced human)'이라기보다는, 인간이 아닌 것(nonhuman)이다. 그러한 것에는 인간의 법도가 더는 통용되지 않을 것이니 말이다.

이미 인간의 지능을 초월해 아마도 인간의 이치와는 무관하게 움직일 그러한 어떤 것에 대해 '사람 됨', '인격'이라는 가치어는 당치 않을 것임에 틀림없다. 이러한 것도 하나의 세계를 이룬다면, '인격'은 아니지만 하나의 '위격'은 가질 것이나, 그런 가상(假想)의 세계와 그 존재자에 관한 이야기는 인간에게는 부질없는 짓이다.

우리가 이야기를 나누면서 진보와 확대를 논의할 대상은 '인간의 세계'이고, 이 인간의 세계에서 서로 소통하는 동등한 성원으로서의 '인간의 격', 곧 '인격' 개념 및 그 개념의 내포와 외연이다.

***

'인격' 개념 외연의 무분별한 확대는 '인격' 개념의 내포를 희박하게 만들어 자칫 종국에는 '인격'과 '인격 아닌 것'의 차이 또는 경계가 무실할 수 있을 것이다. ― '인격'은 본래 '인간성'에서 이탈하는 것을 경계하고 인간의 품격을 정의하기 위해 형성된 개념이다. 실로 '인격'은 자연 인간 고유의 품격을 일컫는 것인 만큼, 신이나 천사, 또는 어떤 초인간적인 것, 또는 여느 동물이나 기계가 엄밀한 의미에서 '인격'의 외연이 될 수는 없다고 보아야 하겠다.

참고문헌

백종현, 『서양 근대 철학』, 철학과현실사, 2003(증보판).
———, 『칸트와 헤겔의 철학』, 아카넷, 2017(개정판).
———, 『이성의 역사』, 아카넷, 2017.
———, 「인공지능의 출현과 인간 사회의 변동」, 수록: 포스트휴먼사이언스 04,
　『인공지능과 새로운 규범』, 아카넷, 2018.
———, 『인간의 조건—칸트의 인본주의』, 아카넷, 2024.

Corpus Iuris Civilis[CIC], Institutes.

J. Ritter · K. Gründer(Hs.), *Historisches Wörterbuch der Philosophie*, Bd. 7,
　Darmstadt 1989.
Cicero, *De officiis*.
Seneca, *De clementia*.
Hobbes, *Leviathan, ore the Matter, Forme, and Power of a Commonwealth, Ecclesiasticall
　and Civil*, London 1651.
Weigel, Erhard, *Arithmetische Beschreibung der Moral-Weissheit von Personen und
　Sachen: Worauf das gemeine Wesen bestehet / Nach der Pythagorischen CreutzZahl in
　lauter tetractysche Glieder eingetheilet*, Jena 1674.
Locke, *An Essay concerning Human Understanding*(London 1690), ed. by A. C.
　Fraser, New York 1959.

Hume, *A Treatise of Human Nature*(London 1739/1740), ed. by (L. A. Selby-Bigge) / P. H. Nidditch, Oxford 1978.

Kant, 『윤리형이』상학 정초』: *Grundlegung zur Metaphysik der Sitten*[*GMS*], AAIV(백종현 역, 아카넷, 개정2판 2018).

――, 『실천이성비판』: *Kritik der praktischen Vernunft*[*KpV*](1788), AA V(백종현 역, 아카넷, 개정2판 2019).

――, 『윤리형이상학』: *Die Metaphysik der Sitten*[*MS*](1797), AA VI(백종현 역, 아카넷, 2012).

　　　　『법이론의 형이상학적 기초원리』/『법이론』: *Metaphysische Anfangsgründe der Rechtslehre*[*RL*].

　　　　『덕이론의 형이상학적 기초원리』/『덕이론』: *Metaphysisch Anfangsgründe der Tugendlehre*[*TL*].

――, 『유작 I.1』: *Opus postumum*[OP], AA XXI(백종현 역, 아카넷, 2020).

――, *Kant's gesammelte Schriften*[*AA*], hrsg. v. der Kgl. Preußischen Akademie der Wissenschaft , Bd. XIX, Berlin 1934.

Savigny, Friedrich Carl von, *System des heutigen römischen Rechts*, Bd. 1 & Bd. 2, Berlin 1840.

Nietzsche, Nachgelassene Fragmente, Sommer-Herbst 1882, in: Kritische Studienausgabe, Bd. 10, München 1999.

Gierke, Otto, *Deutsches Privatrecht*, Bd. 1, Leipzig 1895.

Wallach, Wendell / Collin Allen, *Moral Machines—Teaching Robots Right from Wrong*, Oxford univ. press, 2009.

Barrat, James, *Our Final Invention: Artificial Intelligence and the End of the Human Era*, Thomas Dunne Books St. Martin's Griffin, New York 2013.

이대열, 『지능의 탄생』, 바다출판사, 2017.

제1부
가상인격과 철학적 문제

1장
가상인격은 인격인가

심지원

동국대학교 철학과

근래 들어 전 세계적으로 가장 활발하게 전개되고 있는 지적 운동으로 포스트휴머니즘을 꼽을 수 있다. 여타의 지적 운동과 마찬가지로, 포스트휴머니즘은 다양한 유형과 갈래의 포스트휴머니즘'들'을 포괄한다. 그러나 20세기 이래 진행되고 있는 과학과 기술 혹은 기술과학의 아찔한 도약이 한편으로는 우리 인간의 조건에, 다른 한편으로는 그 조건에 대한 우리의 이해에 근본적인 변화를 초래하고 있다는 인식을 공통적인 전제로 삼고 있다.

가령 철학적 포스트휴머니즘의 주창자인 프란체스카 페란도는 철학적 포스트휴머니즘을 탈-휴머니즘, 탈-인류중심주의, 탈-이원론으로 규정한다. 탈-휴머니즘은 인간 경험의 다수성에 대한 이해를 바탕으로 인간을 단수가 아닌 '인간들'로 파악함으로써 휴머니즘으로 알려진 인간에 대한 일반화되고 보편적인 접근 방식을 약화시킨다. 단순화하자면, 서구, 백인, 남성 중심의 휴머니즘에 대한 반박이다. 탈-인류중심주의는 인간 아닌 존재들과의 관계에서 인간 종이 누려온 존재론적인 특권을 의문시하고 이 관계를 재설정하고자 한다.

탈-이원론은 이원론이 '우리 대 그들', '동지 대 적', '문명 대 야만' 등 정체성에 대한 정의에 제약을 가해 상징적인, 일종의 억압 기제로서 작동해 왔다고 폭로한다.[1]

요컨대 포스트휴머니즘은 우리가 전통적으로 어쩌면 무심코 받아들여 왔던 인간의 조건에 대한 이해를 전면적으로 재검토하고 그 근간을 이루는 개념과 범주들의 경계를 무너뜨리거나 확장하려고 하는 지적인 기획이라고 포괄적으로 말할 수 있다.

1. '가상인격'이라는 개념 자체는 성립 가능한가

최근에 '가상인격'에 대한 논의가 부쩍 늘어나고 있는 현상도 포스트휴머니즘의 이런 기획이 반영된 것으로 볼 수 있다. 인공지능의 출현으로 디지털 기술의 본격적인 가속화가 진행 중이라는 것을 누구나 몸소 경험하고 있기에, 가상인격에 대한 논의는 자연스러운 현상이다. 이미 20~30년 전부터 온라인 게임이나 채팅에서는 가상인격이라고 부를 수 있는 현상이 출현했다. 지금은 SNS의 사용이 일상화되고 메타버스가 등장해 세간의 주목을 한몸에 받고 있으며, '부캐', 즉 '부가 캐릭터'라는 용어가 유행하는 등 가상인격이라는 용어는 전혀 낯설지 않다.

그렇다고 의문의 여지가 없는 것은 아니다. 가상인격이라는 잠정적인 개념 자체가 실제로 성립 가능한지 불분명하기 때문이다. 애초에 가상인격의 영어 표현인 virtual person은 일상적이고 대중적인

---

1   Francesca Ferrando, *Philosophical Posthumanism*, London: Bloomsbury Academic, 2019, p. 54 참조.

용어로서 단순히 디지털 환경 내 캐릭터를 지칭했을 것으로 보이는
데, 그렇다면 virtual person에 대한 적절한 한국어 표현은 가상인격
이 아니라 '가상인물'이나 '가상인간' 또는 '가상사람'이라는 보다 추상
화의 수준이 낮은 말이 될 것이다. virtual이라는 수식어 자체도 이미
실재가 아니라 모방이나 시뮬레이션이라는 의미를 함축하고 있다는
점을 고려하면, virtual person은 디지털 환경에서의 '유사인물'이나
'유사인간' 또는 '유사사람(quasi-person)'을 가리키는 단순한 용어였을
것이다.

우리에게는 이미 아바타라는 친숙한 용어가 있다. 그렇다면 철학
적 뉘앙스가 다분하고 다소 무거운 느낌을 주는 가상인격이라는 표
현을 굳이 써야 할 이유는 무엇일까? 아바타야말로 사용자의 디지
털 표상을 가리키는 중립적이고 명확하며 두루 적용이 가능한 개념
이 아닌가? 단순한 디지털 표상에 인격이라는 무거운 지위를 부여한
다는 것은 포스트휴머니즘 기획의 일환으로서 일종의 수사적 과장은
아닐까 하는 의문을 품을 수 있다. 한낱 디지털 표상에 인격이라는
부담스러운 개념을 적용함으로써 인격 개념의 경계를 해체하고 확장
하려는 시도일 수 있다는 것이다.

비트겐슈타인의 관점에서는 이런 시도가 언어 게임의 혼동에서 비
롯되는 것으로 보일 수 있다. 우리는 person이라는 단어를 철학적 맥
락에서 사용할 때와 일상적인 디지털 대상에 적용할 때 서로 다른 언
어 게임을 하고 있음에도, 같은 단어를 사용함으로써 마치 같은 종류
의 것을 다루고 있다는 착각에 빠져 있다고 할 수 있다. person이라
는 단어의 문법을 명료하게 하지 않은 채 단어의 표면적 유사성에 현
혹되어 개념적 혼란을 초래하는 것은 아닐까 하는 것이다. 즉, 가상

인격이라는 표현은 기존의 언어 게임을 새로운 맥락에 무리하게 확장한 결과일 수도 있다.

따라서 가상인격에 대한 논의를 진전시키려면, 먼저 인격 개념 자체에 대한 검토가 선행되어야 한다. 그래야 가상인격이라는 표현 자체가 가능한지, 그리고 디지털 표상에 과연 인격 개념을 적용할 수 있을지 판단할 수 있기 때문이다. 전통적으로 철학은 "인격이란 무엇인가?"라는 질문에 답함으로써 무언가를 인격이라고 부를 수 있는 가능 조건을 탐구해 왔다. 이제 우리는 인격 개념에 관한 철학적 전통을 일별함으로써 가상인격에 관한 논의를 근본적으로 재검토하고자 한다.

2. 로크에게 인격성의 핵심은 '의식'

철학사에서 인격 개념에 가장 중요하게 기여한 철학자 중 한 사람은 로크일 것이다. 로크가 『인간지성론』 2권 27장에서 인격 개념에 대한 혁신적인 분석을 제시한 이후에야 인격 개념은 본격적인 철학적 조명을 받았다고 해도 과언이 아니다. 로크 이전에 인격은 주로 실체, 즉 영혼이라는 형이상학적 실체와 관련해서 다루어져 왔는데, 로크에 와서 인격을 실체가 아닌 의식(consciousness)과 결부시킴으로써 인격 이론을 독자적인 하나의 주제로서 탐구할 수 있게 되었다.[2]

로크의 유명한 정의에 따르면, 인격이란 "생각하는 지성적 존재로

2 　김효명, 『영국 경험론』, 아카넷, 2001, 286~299면; 이재영, 「로크: 의식으로 구성된 마음」, 『마음과 철학: 서양편 상―플라톤에서 마르크스까지』, 서울대학교 철학사상연구소 편, 서울대학교출판문화원, 2012, 262~271면 참조.

서, 이성과 반성 능력을 가지며, 자기 자신을 자기 자신으로, 즉 상이
한 시간과 장소에서 생각하는 동일한 것으로 고찰할 수 있는 존재"[3]
이다. 인격이란 자기 반성적으로 생각할 수 있고, 자신을 시간이 지
나도 지속되는 존재로 생각할 수 있는 종류의 존재라는 것이다. 또
로크는 인격이 행위자라고 주장한다. 인격은 "행위와 그 공과를 귀속
시키는 법정적 용어이다. 따라서 법과 행복과 불행에 대한 능력을 지
닌 지성적 행위자에게만 속한다."[4] 그렇다면 인격은 이성을 사용하고
반성할 수 있으며, 서로 다른 시간과 장소에서 자신을 동일하게 생각
하는 존재로 여길 수 있는, 생각하는 지성적 존재일 뿐만 아니라, 자
신의 행위에 대해 책임을 질 수 있는 존재이기도 하다. 인격은 시간
이 지나도 지속되는 존재로서 자기 자신을 생각할 수 있기 때문에 뒤
따를 수 있는 처벌이나 보상을 염두에 두고 미리 계획할 수 있고 또
실제로 그렇게 하는 존재이다.

그런데 이 자기의식과 반성적 능력은 오직 의식을 통해서만 가능
하다. 의식 없이 생각할 수는 없으며, 자신이 지각하고 있다는 것을
알지 못하면서 지각하는 것은 불가능하다. 무엇을 보거나 듣거나 느
낄 때, 우리는 단지 그것을 경험하는 데 그치지 않고 "내가 지금 이것
을 경험하고 있다"라는 사실을 동시에 안다. 바로 이 의식을 통해 우
리는 각자 자신을 '나'로 인식한다. 이 의식이야말로 나를 나로 만들
어주며, 나를 다른 모든 존재와 구별되는 존재가 되게 한다. 따라서
인격은 단순히 생각하는 존재가 아니다. 인격은 자신의 생각과 행위

---

3   John Locke, *An Essay Concerning Human Understanding*, Edited by Peter H. Nidditch, Oxford:
     Clarendon Press, 1975. 2.27.9.
4   John Locke, 2.27.26.

를 자신의 것으로 귀속시킬 수 있으며, 그렇게 귀속시킨다는 사실 자체를 의식할 수 있는 존재이다. 예컨대 내가 어떤 행위를 했을 때, 인격은 그것이 '나의' 행위였다는 것을 인식한다. 내가 나의 행위를 나의 것으로 인식할 수 있기 때문에, 그 행위에 대한 칭찬이나 비난, 보상이나 처벌이 정당화될 수 있다. 이 자기 귀속 능력이야말로 법정적, 즉 도덕적이든 법률적이든 책임의 토대가 되는 것이다. 따라서, 로크에게 인격성(personhood)의 핵심은 의식이다. 자기의식과 반성 능력, 즉 자신의 행위를 자신의 것으로 인식하고 그 결과를 자신에게 귀속시킬 수 있는 능력의 궁극적인 토대가 바로 의식이기 때문이다.

3. 의식의 연속성은 인격의 동일성을 결정할 수 있는가

로크가 살았던 17세기 당시의 지적 맥락을 고려할 때, 사실 로크의 인격 개념에서 가장 혁신적인 측면은 인격을 영혼이라는 형이상학적, 더 직접적으로는 종교적 실체로부터 분리했다는 것이다. 로크는 인간(man), 실체(substance), 인격(person)을 개념적으로 엄격히 구분했는데, 현대적인 맥락에서는 인간과 인격 간의 구분이 시사하는 바가 더욱 클 것이다. 덧붙이자면, 물체는 생명체와 구분되고, 생명체는 식물과 동물, 인간으로 나뉘며, 인격은 인간과 개념적으로 차별화된다. 이 구분에서 인간이라는 개념은 동물과 다를 바 없이 특정한 신체 조직을 가진 생물학적 존재를 가리키는 반면, 인격의 핵심은 의식이다.

이러한 구분은 인격 동일성 문제에서 그 함의가 분명히 드러난다. 인간과 인격이 명확하게 구분되기에 로크에게 인간의 동일성과 인격의 동일성은 서로 다른 기준에 의해 판정해야 하는 별개의 문제이다. 한 인간이 시간을 거쳐 동일한 인간으로 남는 것은 생명에 의해 결합된 신체 조직의 연속성에 의해 결정되는 데 반해, 한 인격이 동일한 인격으로 남는 것은 오직 이른바 '의식 기준', 즉 의식의 연속성에 의해서만 결정된다.

이 의식 기준을 설명하기 위해 로크는 일련의 사고실험을 제시한다. 그중 가장 유명한 것으로 왕자와 구두 수선공 사고실험을 들 수 있다. 만약 왕자의 의식이 구두 수선공의 신체로 옮겨가면서 왕자의 과거 경험에 대한 의식을 비롯해 모든 의식이 보존된다면, 그 존재는 구두 수선공의 신체를 가진 왕자라는 인격일 것이다. 반대로 구두 수선공의 의식이 왕자의 신체로 옮겨간다면, 그 존재는 왕자의 신체를 가진 구두 수선공이라는 인격이다. 이 사고실험은 인격의 동일성이 인간 또는 신체의 연속성이나 영혼의 동일성과 무관하게 의식의 연속성에 의해서만 결정된다는 로크의 주장을 극적으로 보여주는 것으로서, 왕자의 인격은 왕자의 신체가 아니라 왕자의 의식을 따라가며, 따라서 구두 수선공의 신체 안에서도 왕자로 남을 수 있다는 것을 보여준다.

오직 의식 안에 "인격 동일성, 즉 이성적 존재의 동일성이 존재한다. 그리고 이 의식이 과거의 어떤 행위나 생각으로까지 거슬러 확장될 수 있는 한, 그 인격의 동일성도 거기까지 미친다."[5] 그렇다면 로크에게 인격 동일성의 핵심은 의식이 과거의 행위와 생각을 그 의식의 담지자인 현재의 자아에 연결하는 능력에 있다. 내가 과거의 어떤

---

5   John Locke, 2. 27. 9.

행위나 생각을 현재 의식할 수 있다면, 그 행위나 생각을 한 존재와 현재의 나는 동일한 인격이다. 의식을 통해서 시간적으로 분리된 행위들과 생각들, 즉 경험들이 하나의 인격적 존재로 통합된다고 할 수 있는 것이다.

사실 의식 기준은 '기억 기준'이라고 불리기도 하는데, 기억이 과거 경험에 대한 의식을 현재로 가져오는 주요한 능력이며, 의식이 지니는 구체적인 내용의 많은 부분을 차지하고 있기 때문이다. 내가 어떤 과거의 행위를 기억한다는 것은, 그 행위를 했던 존재와 현재의 나 사이에 의식의 연속성이 있다는 것을 의미한다. 더 나아가 이 기억 기준은 법정적, 즉 도덕적이든 법적이든 책임의 문제와 직접적으로 연결된다는 점에서 각별한 중요성을 지닌다. 인격 동일성이 실제적으로 문제가 될 때는 어떤 행위에 대한 책임 귀속이 결부되어 있는 상황일 것이다. 로크는 극단적인 입장을 취한다. 즉, 내가 어떤 과거 행위를 의식하고 기억한다면, 그 행위에 대해 책임이 있는 반면, 전혀 의식하지도 기억하지도 못하는 행위에 대해서는 책임이 없다는 것이다. 이 기억 기준은 극단적인 까닭에 후대에 심각한 비판에 직면하는데, 리드(Thomas Reid)가 제시한 사고실험이 유명하다. 이 사고실험에 따르면, 어릴 적 과수원에서 사과를 훔친 한 소년이 청년 시절 용감한 장교가 되어 전장에서 적군의 군기를 탈취하는 무공을 세우고는 노년에 장군이 된다. 청년 장교는 소년 시절 사과를 훔친 일을 기억하고 노 장군은 장교 시절의 무공을 기억하지만, 소년 시절의 사과 도둑질은 기억하지 못한다면, 로크의 기준에 따르면 장교는 소년과 동일 인격이고 장군은 장교와 동일 인격이지만, 장군은 소년과 동

일 인격이 아니라는 불합리한 결론에 이른다.[6]

4. 로크의 인격 이론의 현대화: 이식, 분열, 복제

근대의 과학 정신에 충실한 경험론자로서 로크는, 인격 개념을 영혼이라는 형이상학적 실체로부터 경험적으로 접근 가능한 영역으로 이동시키고자 하는 목표를 지니고 있었을 것이다. 따라서 로크에 따르면 인격은 영혼 따위의 실체의 본성에 대한 형이상학적 추론에 더는 의존하지 않고, 의식이라고 통칭할 수 있는 관찰 가능하고 경험적으로 검증 가능한 심리적 속성들에 기반하는 것으로 이해된다. 로크의 혁신으로 인격 이론은 보다 명료하고 실천적으로 유용한 것이 되었다고 할 수 있다. 현대에도 여전히 의식 기준은 통상 심리적 연속성 기준으로 불리며 인격과 관련된 철학적 논의의 출발점을 제공하고 있다고 평가해도 무방할 것이다.

그러나 앞서 언급한 리드의 사고실험이 시사하듯, 로크의 인격 이론은 로크 당대로부터 현대에 이르기까지 수많은 반론에 직면해 왔다. 로크의 기본 통찰, 즉 인격 동일성이 심리적 연속성에 기반한다는 주장을 받아들이는 현대 철학자들의 작업은 이 반론들에 대한 응답으로서 단순한 기억 기준을 넘어서 보다 정교한 심리적 연속성 이론들을 발전시키려는 시도였다. 특히 파핏(Derek Parfit), 슈메이커(Sydney Shoemaker) 등은 이식, 분열, 복제와 같이 보다 정교하고 극단

6　Thomas Reid, "Of Mr. Locke's Account of Our Personal Identity", In *Personal Identity*, edited by John Perry, Berkeley: University of California Press, 2008, pp. 113~118 참조.

적인 가상적 시나리오를 매개로 인격 동일성의 본성과 그 중요성에 대해 근본적인 질문을 던지고 로크의 이론을 현대화했다. 여기서 이식 논의는 인격의 핵심이 뇌에 있는지 아니면 전체 신체적 경험에 있는지를, 분열 논의는 하나의 인격이 둘 이상으로 나뉠 수 있는지, 그리고 그 경우 원래의 인격과의 동일성은 어떻게 판단해야 하는지를, 복제 논의는 동일한 기억과 심리적 특성을 가진 두 존재가 동일한 인격인지, 아니면 복제 시점부터 서로 다른 인격으로 분화되는지를 묻는다.

1) 슈메이커의 뇌 이식 시나리오[7]

슈메이커가 구성한 뇌 이식 시나리오는 아마도 인격 동일성에 관한 사고실험 중 가장 유명한 예일 것이다. 여기 브라운과 존슨이라는 두 사람이 있다. 이제 브라운의 뇌를 존슨의 신체에 이식하는 수술이 이루어진다. 수술 후 깨어난 존재는 존슨의 신체를 가지고 있지만, 브라운의 모든 기억과 성격, 믿음과 욕구를 지니고 있다. 이 존재는 자신을 브라운이라고 주장하며, 브라운의 가족과 친구들을 알아보고, 브라운만이 알 수 있는 사적인 정보들을 기억한다. 존슨의 신체를 지니고 있되 브라운의 뇌와 그 뇌에 기반한 브라운의 심리적 속성을 지닌 수술 후의 존재는, 브라운일까 존슨일까?

이 뇌 이식 시나리오는 로크가 제시한 왕자와 구두 수선공 사고실험의 현대적 변형이다. 로크의 사례에서 의식과 기억이 그 사람이 누

---

7 Sydney Shoemaker, *Self-Knowledge and Self-Identity*, Ithaca, NY: Cornell University Press, 1963, pp. 22~35 참조.

구인지를 결정하듯이, 심리적 연속성 이론의 옹호자로서 슈메이커는
뇌 이식 시나리오를 접하는 순간 우리의 직관이 명확하게 하나의 방
향을 가리키고 있다고 주장한다. 수술 후의 존재는 브라운이다. 존슨
의 신체를 가지고 있더라도 그 존재의 심리적 삶 전체가 브라운의 것
이기 때문이다. 달리 말하자면, 존슨이 새로운 뇌를 얻은 것이 아니
라, 브라운이 새로운 신체를 얻은 것으로 볼 수 있다는 것이다.

2) 파핏의 뇌 분열 사고실험[8]

파핏이 제시하는 뇌 분열 사고실험은 뇌 이식 시나리오보다 더욱
당혹스럽다. 이 사례는 인간의 뇌를 이루고 있는 두 개의 반구 각각
이 신경과학의 발전으로 독립적으로 기능할 수 있게 되었다고 가정
한다. 이제 한 사람의 뇌 반구 각각을 서로 다른 신체에 이식하는 상
황을 상상해보자. 가령 나는 일란성 삼둥이 중 한 명이다. 내 몸은 치
명적인 부상을 입었고, 내 두 자매의 뇌도 마찬가지다. 내 뇌는 분할
되고, 각각의 반구는 두 자매 중 한 명의 몸에 각각 성공적으로 이식
된다. 그 결과로 생긴 두 사람은 각자가 나라고 믿는다. 둘 다 내 삶
을 살았던 것을 기억하는 것처럼 보이며 내 성격을 지니고 있고, 그
밖에 다른 모든 면에서 나와 심리적으로 연속적이다. 그리고 그 둘의
몸 모두 내 몸과 상당히 비슷하다.

이 경우에, 이식 수술의 결과로 생긴 두 사람 모두 나와 완전히 심
리적으로 연속적이라면, 인격 동일성의 관점에서 도대체 나에게 무
슨 일이 일어난 것일까? 네 가지 논리적 가능성을 제시할 수 있다.

---

8   Derek Parfit, *Reasons and Persons*, Oxford: Oxford University Press, 1987, pp. 253~261 참조.

⑴ 나는 둘 다 아니다. 즉, 생존하지 않는다. ⑵ 나는 두 사람 중 한 명이다. ⑶ 나는 두 사람 중 또 다른 한 명이다. ⑷ 나는 둘 다이다. 파핏의 분열 시나리오에서는 한 사람이 아메바와 유사한 방식으로 분열하고 있다. 아메바는 질적으로 동일한 두 부분으로 분열한다. 두 부분 중 원래의 아메바와 동일한 부분은 어떤 부분일까?

⑴은 직관적으로 이상하다. 두 개의 반구 각각이 독립적으로 기능한다면, 내가 생존할 것이라는 것은 명확해 보이기 때문이다. 수술 결과로 생긴 두 사람 중 한 사람만 나라는 ⑵와 ⑶은 정확히 상호 대칭적인 주장인데, 나와 심리적으로 연속적인 두 사람 중 한 사람만이 나여야 하는지 그 이유는 알 수 없을 것이다. 그렇다면 이제 ⑷만 남는데, 내가 두 사람 모두라는 주장은 인격 동일성 개념 자체가 전제하고 있는 수적 동일성 조건을 위반하고 있는 것처럼 보인다. 수적 동일성은 수적으로 구별되는 개체의 동일성을 가리키기 때문이다. 예컨대 일란성 쌍둥이는 질적으로 유사하지만, 수적으로 동일하지 않을 것이다. 쌍둥이 각각이 수적으로 구별되는 개인들이기 때문이다.

3) 복제 및 전송 사고실험[9]

파핏은 공상과학물에 흔히 등장하는 복제 및 전송 기술도 사고실험 소재로 채택하고 있는데, 우리는 원격이동 장치를 이용해 우주를 여행하는 상상을 해 볼 수 있다. 이 우주여행은 지구에 사는 여행자의 뇌와 신체의 모든 원자 구조가 스캔 및 전송되고, 지구 아닌 행성에서 원본과 동일한 원자 구조를 새로운 물질로 복제하는 방식으로

9　Derek Parfit, pp. 200~201, p. 242 참조.

이루어질 것이다. 이 행성에 있는 원격이동 장치에서 걸어 나오는 사람은 지구에서 원격이동 장치로 걸어 들어간 사람과 동일한 사람일까? 일단, 심리적 연속성 기준에 따르면 동일한 사람이라고 말할 수 있다. 지구의 원본 여행자와 이 행성의 사본 여행자의 뇌와 신체의 원자 구조가 정확히 동일할 것이기 때문이고, 그렇다면 원본과 사본 여행자는 정확히 동일한 심리적 속성들, 즉 기억, 믿음, 가치, 욕구, 그리고 심리적 특질을 지닐 것이기 때문이다. 여기까지는 로크나 슈메이커의 사례와 별반 다르지 않을 것이다.

그러나 파핏의 사고실험은 여기서 한 걸음 더 나아가고 있다. 만약 이 복제 및 전송 기술이 원본 여행자의 사본을 여러 행성에 동시에 만들 수 있다면 어떻게 될까? 우리에게 이런 기술이 있다면, 이 기술이 이런 방식으로 사용될 가능성은 충분하다. 게다가, 지구의 원본이 분해되지 않고 스캔된 뇌와 신체의 원자 구조만 전송되어 복제되는 경우도 배제할 수 없을 것이다. 이 경우, 여러 행성에 동시에 존재하는 복제품들 각각이 모두, 지구의 원본 여행자와 정확히 동일한 심리적 연속성을 가진다고 할 수 있다. 이 복제품들 각자가 자신을 원본으로 여기며 원본의 심리적 속성들을 지니고 있기에 원본으로서의 삶을 살려고 할 것이다. 가령, 각각의 복제품은 자녀들에게 선물할 여행 기념품을 구입할 것이다.

5. 자아 없는 인격 (1): 심리적 환원주의의 인격 개념 비판

사실 파핏의 복제 사고실험은 변형된 형태의 분열 시나리오이다. 분열 사례에서와 마찬가지로, 행성들을 여행하고 있는 수많은 사본 중 누가 또는 무엇이 과연 나인지 도대체 불분명하다. 게다가 이 시나리오에서는 지구의 원본마저 동시에 존재한다는 점에서 분열 시나리오보다 더 당혹스럽게 받아들여질 수밖에 없다. 동일한 심리적 속성들을 지닌 수많은 존재 중 과연 누가 또는 무엇이 복제 이전의 나와 동일한 사람일까? 원본일까? 사본 중 어느 하나일까? 아니면 그 모두일까?

심리적 연속성 이론 중에서도 특히 파핏의 사고실험들은 검토해 볼 만한 가치가 있다. 인격 동일성이 심리적 연속성에 기반한다는 로크의 기본 통찰을 계승하면서도, 단순한 심리적 연속성만으로는 인격 동일성을 결정하기에 충분하지 않을 수 있다는 것을 이 가상의 사례들이 보여주기 때문이다.

파핏은 인격 동일성에 대한 자신의 입장을 환원주의라고 부른다. 여기서 환원주의는 인격이라는 개념은 신체와 뇌라는 물리적 사실들, 그리고 일련의 심리적 사건들로 환원된다는 의미이다. 따라서 우리는 파핏의 환원주의를 심리적 환원주의로 규정할 수 있는데, 파핏의 환원주의에서 물리적 사실들은 심리적 사건들의 담지자로서 그 의의를 지닌다고 할 수 있기 때문이다.

심리적 환원주의 이론가로서 파핏은 심리적 연결성(psychological connectedness)과 심리적 연속성(psychological continuity)을 구분함으로써 심리적 연속성 개념을 정교화한다. 심리적 연결성은 특정한 직접적인 심리적 연결들이 성립하는 것을 가리키며, 심리적 연속성은 이런 강한 연결들의 연쇄를 일컫는다.[10] 리드의 사고실험으로 예를 들자

---

10 Derek Parfit, pp. 204~209 참조.

면, 사과를 훔친 소년, 소년 시절 사과를 훔친 경험을 기억하는 장교, 그리고 장교 시절 무공을 세운 경험을 기억하는 장군들 간에는, 장교는 소년 시절의 경험에 대한 직접적 기억을 가지므로 소년과 심리적으로 연결되어 있고, 장군은 장교 시절의 경험에 대한 직접적 기억을 가지므로 장교와 심리적으로 연결되어 있다고 할 수 있다. 그러나 장군은 소년 시절 사과를 훔친 일을 기억하지 못하므로 소년과 심리적으로 직접 연결되어 있지 않다. 그럼에도 불구하고 장군은 소년과 심리적으로 연속적이라는 것이 파핏의 주장이다. 소년과 장교, 장교와 장군 사이의 강한 연결들이 연쇄를 이루고 있기 때문이다. 심리적 연결성과 심리적 연속성의 구분은 밧줄의 비유로 이해할 수 있다. 하나의 밧줄은 수많은 짧은 섬유 가닥이 서로 겹치고 꼬이면서 만들어지기 때문이다.

이렇게 심리적 연속성 개념을 정교화했을지라도, 실제로 파핏이 주장하고 있는 것이 '인격 동일성=심리적 연속성'이라는 것은 아니다. 분열 및 복제 시나리오가 시사하듯, 파핏의 관심은 오히려 인격 동일성 개념을 무력화시키는 데 있다. 이미 살펴보았듯이, 분열 및 복제 사고실험이 던지는 도전적인 질문은 참으로 곤혹스럽기 짝이 없다. 이들 사례에서는 "누가 누구와 또는 무엇과 동일한가?"라는 질문에 명확한 답이 쉽게 떠오르지 않기 때문이다. 이 질문들은 '공허한 질문'에 불과하다. 따라서 파핏이 주장하는 바는 이 사례들이 인격 동일성 개념 자체의 한계를 드러낸다는 것이다. 인격은 파핏의 심리적 환원주의가 제시하는 심리적 사실들과 별개로 독립적으로 존재하지 않기에, 하나의 인격이 시간적으로 지속한다는 것은 단지 적절하게 연결된 심리적 사실들의 연속일 뿐이다. 분열 및 복제 사례에서 인격 동일성이 불명확한 이유는, 인격 동일성이라는 추가적인 사실이 실제로는 존재하지 않기 때문이다. 예를 들어 분열 시나리오에서는 둘 중 누가 원래의 나인지는 중요하지 않다. 둘 다 나와 강한 심리적 연결성과 연속성을 가지고 있다는 사실이면 족한 것이다. 마찬가지로 복제 사례에서도, 원본과 사본 중 누가 진짜 나인지를 묻는 것은 공허하다. 원본과 사본 각각이 원본과 가지는 심리적 연속성과 연결성의 정도가 중요할 뿐이다. 결국 파핏은 심리적 연속성으로 인격 동일성을 대체하고 있는 셈이다.

파핏의 심리적 환원주의는 인격 개념에 대한 전통적 이해에 근본적으로 도전하고 있다. 가령 파핏이 그 기본 발상을 이어받고, 인격을 실체로부터 분리한 로크조차 "의식이 과거의 어떤 행위나 사유까지 거슬러 확장될 수 있는 한, 그 인격의 동일성도 거기까지 미친다. 그것은 지금도 그때와 동일한 자아이다. 그리고 그 행위를 행한 것은 지금 그것을 반성하고 있는 현재의 자아와 동일한 자아에 의해서이다"[11]라고 하면서 심리적 연속성을 통합하는 자아의 존재를 부정하지 않은 것으로 보이는데, 파핏의 심리적 연속성 이론에 따르면, 자아는 존재하지 않는다고 보아야 할 것이다. 인격의 지속이란 단지 심리적 속성들의 연속적 변화 과정으로 환원될 수 있기 때문이다.

그렇다면 파핏의 심리적 환원주의가 자아 없는 인격 개념을 제시했다고 말할 수 있을 것인데, 이 자아 없는 인격 개념은 사실 상상하기 어렵다. 복제 시나리오를 예로 들자면, 원격이동 장치에 들어가기 전의 내가 원격이동 장치로부터 나온 존재와 동일한 존재일지가 불명확

---

11 John Locke, 2. 27. 9.

하다. 원격이동 장치에 들어가기를 주저하는 사람이라면 충분히 실존
적인 문제로서 고민해 볼 만한 문제인데, 원격이동 장치로부터 걸어
나온 존재가 실제로는 내가 아니라면 나는 어떻게 되는 것일까?

이 우려는 의식의 동일성에 대한 숙고로 우리를 이끈다. 의식은 한
편으로는 주관적 경험이나 자각의 맥락에서 볼 수도 있고, 다른 한편
으로는 그 경험이나 자각의 내용들, 즉 특정한 믿음, 욕구, 기억, 생
각, 지각 등의 심리적 내용을 의미할 수도 있기 때문이다. 질적 동일
성과 수적 동일성을 끌어들여 설명하자면, 나는 누군가와 같은 생각
을 하거나 같은 것을 볼 수 있지만, 내가 그 누군가와 동일한 의식을
공유하는 것은 아니다. 질적으로는 동일하지만 수적으로는 구별되는
것이다. 그렇다면 파핏의 심리적 환원주의는 심각한 도전에 직면해
있는 것일 텐데, 파핏의 자아 없는 인격 개념은 이 의식의 내용, 즉
심리적 내용이 지닌 질적 동일성에만 주목하지 의식의 수적 동일성,
즉 의식의 흐름의 지속은 간과하고 있는 것으로 보인다.

복제 시나리오에 이러한 구분을 적용하면, 지구에서 원격이동 장
치에 들어가기 전의 원본인 나와 다른 행성에서 원격이동 장치로부
터 걸어 나온 복제품인 존재는 의식 내용에 있어서 질적으로 동일하
다. 그러나 이 원본인 나와 복제품인 존재의 의식의 흐름이 끊긴다
면, 달리 말해 나와 복제품의 사이에 주관적 경험이나 자각을 포괄하
는 통일된 1인칭 관점이 없다면, 나는 단지 죽음을 맞이한 것일 뿐이
다. 파핏은 "내가 생존하는가?"가 아니라 "나의 심리적 삶이 계속되
는가?"라는 물음이 중요한 것이라고 하지만, 이 경우 과연 '나'의 심
리적 삶이라고 부를 수 있을까 하는 문제가 선결되어야 하는데, 이
문제는 사실상 해결하기 어렵다. 복제 전 인격과 복제 후 인격이 정

말로 동일한 의식 주체인지 알 수 없기 때문이다. 외부적으로 관찰 가능한, 심리적이거나 행동상의 유사성만으로는 주관적 의식 경험의 연속성이나 동일성을 확인할 수 없다. 복제 후 인격이 복제 전 인격의 기억과 성격을 가지고 있더라도 진정으로 동일한 '나'인지, 아니면 단지 '나'와 동일한 특성을 가진 새로운 존재인지 구분할 방법이 있을지 짐작조차 힘들다.

6. 칸트의 점: 자아는 심리적 사건들의 가능 조건

심리적 환원주의는 인격의 지속을 심리적 연결성과 연속성으로 환원하려 하지만, 이 심리적 사건들 자체가 이미 자아를 전제한다고 할 수 있다. 가령, 어제의 경험에 대한 오늘의 기억은 그 경험과 기억의 주체 없이는 성립할 수 없다. 이 주체, 즉 자아는 심리적 사건들의 가능 조건이라고 할 수 있다. 이 자아는 "칸트의 점"[12]이라고 부를 수 있다. 심리적 사건들의 가능 조건으로서의 자아 개념에 대한 근본적인 통찰을 제공한 철학자가 바로 칸트라고 할 수 있기 때문이다.

그렇다면 칸트는 심리적 사건들의 가능 조건으로서의 자아를 어떻게 이해하고 있을까? 칸트의 자아 개념은 대체로 통각 이론에 기대고 있다. 통각은 수반 의식으로서 "내가 무엇인가를 의식하고 있음에 대한 의식"[13]을 말한다.[14] 즉, 의식에 대한 의식인 것이다, 그런데 이 통각은 다른 한편 자기의식일 수밖에 없다. "나는 내가 무엇인가를

---

12 D. W, Hamlyn, *Metaphysics*, Cambridge: Cambridge University Press, 1984, p. 192.
13 백종현, 『한국 칸트사전』, 아카넷, 2019, 911면.
14 백종현, 같은 책, 911~916면 〈통각〉 항목 참조.

의식하고 있다는 것을 의식한다"라고 할 때, 의식의 내용, 즉 표상은 다른 누군가가 아닌 바로 나의 표상이기 때문이다. 내가 어떤 지각이나 생각을 할 때, 그 지각과 생각의 내용은 반드시 누군가의 것이어야 하며, 그 누군가는 바로 나이다. 경험이란 것은 소유되지 않은 채로, 누구의 경험인지에 관해 중립적인 방식으로 존재할 수 없다. "잡다한 표상들을 하나로 통일하는 이 언제나 동일한 자기의식"[15]이 통각이며, 통각의 이런 통일 작용은 초월적이다. 초월적이라 함은 통각이 모든 의식 경험을 통합하고 자기 자신에게 귀속시키는 자아의 근본적 능력을 의미하기 때문이다.

따라서 자아는 경험에서 발견될 어떤 대상이 아니라 오히려 경험을 갖는 바로 그 과정에 전제되는 것이다. 내가 어떤 것을 의식하려면 그 어떤 것이 나의 것이라는 것이 이미 전제되어 있어야 한다. 이런 의미에서 칸트의 자아 개념은 본질적으로 형식적인 것이다. 칸트의 자아 개념은 경험의 내용을 제공하지 않는다. 오직 경험을 가능하게 하는 형식적 조건, 즉 모든 표상이 하나의 통일된 의식에 속한다는 조건을 표현하는 것일 뿐이다. 이 자아는 어떤 특정한 심리적 속성으로 환원될 수 없는 것으로서 순전히 형식적인 통일성의 원리이자 논리적인 전제라고 할 수 있다.

칸트의 자아 개념은 형식적이기에 오히려 심리적 환원주의가 제공하지 못하는 인격의 깊은 차원에 대한 이해를 제공한다. 내게 어떤 심리적 변화가 일어나더라도, 그 변화를 경험하는 것은 여전히 나인데, 이 형식적 자아는 심리적 연결성이 단절되는 경우에도, 가령 기

---

15 백종현, 같은 책, 911면.

억을 상실하는 경우에도 유지된다. 칸트의 자아 개념이 지닌 1인칭 관점의 필연성은 심리적 환원주의가 의존하고 있는 3인칭 관점과 구별된다. 내가 아닌 다른 사람들의 인격 동일성에 관해서는 신체를 통한 식별이라는 객관적 기준들이 작동할 수 있다. 객관적 기준에 관한 이런 유형의 주제는 인격 동일성에 관한 논의에서 흔히 증거 문제라고 부르는 것이다. 그러나 자기 자신과 관련해서는 1인칭 관점에서 동일성의 기준에 관한 질문들이 다른 방식으로 제기되어야 한다.

자아라는 칸트의 점은 아르키메데스의 점과 마찬가지로, 그 자체는 경험 세계 안에 위치하지 않지만, 경험 세계 전체를 가능하게 한다. 아르키메데스가 지구를 움직이려면 지구 밖의 한 점이 필요하다고 말했듯이, 우리의 모든 경험과 인식은 경험 내용으로는 환원될 수 없는 이 초월적인 점을 필요로 한다. 이 점이 없다면, 파핏이 말하는 심리적 연결성과 연속성조차도 성립할 수 없을 것인데, 어떤 심리적 사건들이 연결되어 있다거나 연속적이라고 말하려면, 그 사건들을 하나의 관점에서 파악하고 종합하는 통일적 의식이 이미 작동하고 있어야 하기 때문이다.

7. 자아 없는 인격 (2): 사회 구성적 환원주의의 인격 개념 비판

심리적 환원주의가 인격을 심리적 연결성과 연속성으로 환원하려 했다면, 또 다른 형태의 환원주의는 인격 개념을 사회적 구성물로 환원하는 사회 구성적 환원주의라고 할 수 있다. 사회 구성주의 전통은 일반적으로 우리가 객관적 사실이나 진리로 받아들이는 것들을 사회적 관계와 담론의 산물로 이해하는 경향이 있다. 사실 인격에 대한 우리의 일상적인 이해가 함축하고 있는 관념, 즉 인격이 시간에 걸쳐 변화한다는 관념에 비추어 볼 때 사회 구성주의 입장은 자연스러운 것으로도 보인다. 이 변화는 오직 인격의 원초적 구조를 이룬다고 말할 수 있는 자아와 그 자아가 자리하고 있는 세계와의 관계 맺음을 통해서만 설명될 수 있기 때문이다. 그리고 그 세계의 특히 중요한 일부는 내가 아닌 다른 자아들일 것이며, 나 자신을 비롯한 자아들 간의 상호작용, 즉 사회적 상호작용이 인격 개념을 이해하는 데 있어서 결정적인 중요성을 가진다고 할 수 있다.

실제로 인격 개념의 역사적 변천을 떠올려 보면, 사회 구성주의적 인격 개념은 매력적인 것으로 보인다. 고대 사회에서 노예는 인격으로 인정받지 못했으며, 여성과 아동의 인격적 지위도 시대와 문화에 따라 달랐기 때문이다. 이 역사적 사실은 인격이란 것이 사회적 관계와 규범에 따라 구성되며, 공동체가 특정 집단이나 개체에 부여하는 권리와 의무의 체계를 지닌 사회적 지위와 역할에 불과하다는 것을 시사하는 것처럼 보인다. 서양 근대 이래 정착되어 온 법률 용어로서의 인격 개념도 마찬가지로 사회 구성주의적 인격 개념을 지지하는 것처럼 보인다. 이 인격 개념에 따르면, 법적 책임과 지위를 가진 것은 무엇이든 인격으로 간주될 수 있다. 가령 회사는 법인 조직으로서 권리와 의무의 주체가 될 수 있다.

그러나 인격이란 것을 자아가 타자들과 상호작용하는 사회적 세계의 맥락을 배제하고서는 이해할 수 없다는 온건한 형태의 사회 구성주의적 인격 개념과, 인격이 전적으로 사회적 승인과 인정의 문제라는 사회 구성적 환원주의의 인격 개념은 구분할 필요가 있다. 이 구분에 관해서는 유명한 '테세우스호의 문제'가 시사하는 바가 있다.

테세우스라는 배가 오랜 기간 항해하며 낡은 판자들을 새 판자로 교체해 왔다. 선원들은 여전히 같은 배를 타고 있다고 생각한다. 그런데 조선소 창고에 보관된 낡은 판자들을 한 청년이 수거하여 원래 조립 방식 그대로 재조립했다. 이 재조립된 배, 가령 피닉스호는 테세우스가 새것이었을 때와 정확히 같은 판자들을 원래의 방식대로 가지고 있다. 이제 두 배가 존재한다. 모든 판자가 교체된 채 지속적으로 사용되어온 배와 원래의 판자들로 재조립된 배, 이 둘 중 어느 배가 진짜 테세우스호일까? 이 문제를 해결할 철학적 원리가 있을까? 테세우스호의 경우 모든 관련 사실이 명백하게 드러나 있지만, 이 사실 중 어느 것도 특정한 해결책을 지시하지 않는 것으로 보인다. 정서적으로 두 배에 대한 우리의 태도가 다를 수 있지만, 그 태도가 특정한 해결책이 더 합리적임을 보여주지는 않는다. 어느 배를 테세우스호라고 부를지는 단지 우리의 결정에 달려 있다.[16]

인격 동일성에 관한 테세우스호의 문제, 그리고 이 문제에 대한 유일한 해결책이 결정을 내리는 것이라는 사실은 겉보기에 사회 구성적 환원주의의 인격 개념을 지지하는 것으로 보인다. 그러나 사실은 정반대이다. 로크의 구분, 즉 물체는 생명체와 구분되고, 생명체는 식물과 동물, 인간으로 나뉘며, 인격은 인간과 개념적으로 차별화된다는 것과 물체와 식물, 동물, 인간, 인격 각각의 동일성이 서로 다른 방식으로 탐구되어야 한다는 로크의 핵심 논지를 고려하면, 테세우스호의 문제를 인격 동일성에 관한 것으로 간주하는 것은 범주적 오

---

16 Bruce Aune, *Metaphysics: The Elements,* Minneapolis: University of Minnesota Press, 1985, pp. 84~85 참조.

류에 해당하기 때문이다. 자아라는 인격의 원초적 구조를 배제한 채 3인칭적 관점에서 인격 동일성의 객관적 기준을 찾는 것은, 심리적 환원주의와 마찬가지로 인격 개념이 지닌 고유한 차원을 놓치는 결과로 이어진다.

8. 서사적 자아: 인격의 한계는 서사의 한계

심리적 및 사회 구성적 환원주의는 인격 개념을 심리적이거나 사회 구성적인 3인칭 관점에서 포착하고자 하지만, 결국 자아 없는 인격 개념을 제시하는 데 그친 탓에, 칸트의 자아 개념에 담겨 있는, 사실상 우리 각자의 실존에서 가장 중요한 것이라고 할 수 있는 1인칭적인 관심을 배제하게 되었다. 또한 칸트의 통각 이론이 제시하는 자아의 통일성은 그 자체로는 형식적인 것이기에, 이제 모든 의식 경험을 통합하고 자기 자신에게 귀속시키는 자아의 근본적 능력을 부각하되 심리적이고 사회적인 차원에서 주어지는 삶의 구체적인 내용을 통합하려는 시도로서 서사적 자아 개념을 검토해 보려고 한다. 서사적 접근법에 따르면, 인격 동일성은 서사적 구조를 가지며, 인격의 개체화는 진행 중인 단일한 서사의 통일성을 지표로 삼는다. 우리의 삶은 어쨌든 이야기와 같으며, 우리 각자가 그 이야기의 주인공이자 저자라고 할 수 있기 때문이다.

이 서사적 자아 개념의 접근법은 기본적으로 자아의 통일성을 서사의 통일성과의 유추를 통해 이해할 수 있다는 발상에서 나왔다. 서사는 자아와 같이 시간에 따라 전개되고 발달하는 복잡한 전체들이다. 서사에서 개별 사건의 의미, 중요성, 성격은 그 사건이 발생하는 이야기의 맥락으로부터 나온다. 소설의 한 구절이나 영화의 한 장면은 이미 일어난 사건과 다음에 일어나리라 예상되는 사건으로부터 그 의미의 대부분이 형성된다. 이야기가 진행되면서 우리는 일어나는 사건에 비추어 이전의 사건에 대한 이해를 평가하고 재평가한다. 서사의 이런 본성과 마찬가지로,. 우리는 우리에게 일어나는 일들을 진행 중인 삶의 맥락에서 경험하며, 개별 사건의 성격은 이러한 맥락에 달려 있다.

마리아 셰흐트만(Marya Schechtman)의 서사적 자기 구성 관점(Narrative Self-Constitution View, NSCV)에 따르면, 우리는 우리의 삶을 한 인격의 통합된 이야기로 이해함으로써 우리 자신을 인격으로 구성한다.[17] 이 인격 개념의 바탕에는 인격이 도덕적 책임과 타산적 자기 이익의 능력을 가진 자기의식적 존재라는 로크의 생각이 깔려 있다. 인격의 삶을 사는 것은 로크가 "법정적"이라고 부르는 활동을 포함하는 삶을 산다는 것이다. 즉, 규범적 판단을 사용하고 우리 자신을 그 판단의 대상으로 인식한다는 것이다. 이러한 종류의 삶을 살기 위해 우리는 그러한 삶을 사는 존재로서 우리 자신에 대한 개념을 가질 필요가 있다. 우리는 규범에 의해 통치되기 위해 우리 자신을 규범에 의해 통치되는 것으로 생각할 필요가 있으며, 이 생각은 자서전적 서사를 수반한다. 자서전적이지만, 이 서사는 우리가 자각하거나 명시적으로 표현할 필요가 없으며, 오히려 인격이 그들의 경험을 암묵적으로 조직하고 그들의 숙고를 수행하는 방식에 가깝다고 할 수

---

17 Marya Schechtman, "The Story of My (Second) Life: Virtual Worlds and Narrative Identity", *Philosophy & Technology* 25, 2012, pp. 333~337 참조.

있다. 셰흐트만은 이 자서전적인 서사를 통해 "역사와 미래가 사건에 부여하는 중요성이 실제로 개인의 경험에 통합되어, 삶의 전반적 질과 의사결정에 중요한 영향을 미치는 방식으로 작용한다. 이 배경 맥락은 항상 작동하고 있으며, 우리의 경험을 물들인다"[18]라고 말한다. 자서전적인 서사는, 칸트가 강조한 자기의식적 통일성의 필요성을 구체적 삶의 형태로 실현하는 것이다.

NSCV에 따르면, 인격의 한계는 서사의 한계에 의해 결정되고, 어떤 단일한 인격의 통합성은 서사의 통일성에 있다는 결론으로 수렴된다. 나라는 인격의 지속적인 서사적 자기 개념화에 귀속된 행동과 경험은 나에게 귀속될 수 있다. 그러나 이야기는 허구적인 요소를 포함할 가능성이 높기 때문에 정체성을 구성하는 서사가 참된 서사가 되려면 두 가지 제약, 즉 현실 제약과 표현 제약을 받아들일 수밖에 없다. 현실 제약에 따르면 누군가의 서사는 우리가 살고 있는 세계의 본질에 관한 근본적이고 대체로 논쟁의 여지가 없는 일상적 사실들에 부합해야 한다. 즉, 터무니없지 않아야 한다. 그리고 표현 제약에 따르면 누군가는 자신의 서사의 부분들을 적절한 방식으로 표현할 수 있어야 한다, 즉, 설명할 수 있어야 한다.

9. 가상 '실재' 인격

서사적 자아 개념은 자아를 시간이 지나면서 복잡한 방식으로 상

---

18 Marya Schechtman, *The Self: A Very Short Introduction*, Oxford: Oxford University Press, 2024, p. 53.

호작용히는 여러 차원을 가진 복잡한 무언가로 본다는 데 개념으로서의 유연성이 있다. 이 접근법은 특정한 하위 서사가 자아의 진정한 서사의 일부인지에 대해 단순히 '예' 또는 '아니오'라는 대답을 내놓지 않기 때문이다. 이제 우리는 이 서사적 자아 개념을 바탕으로 애초의 질문이었던 가상인격 개념의 성립 가능성을 짧게나마 고찰해 볼 것이다.

우리의 질문은 가상 세계의 아바타를 진정으로 가상인격이라고 부를 수 있는지 여부였다. 가상인격이라는 말은 일부 가상 세계 사용자들이 자신의 아바타를 하나의 독립적인 인격으로서 여기는 것으로 보기 시작했다는 것을 함축한다. 가상 세계야말로 그 사용자들이 진정으로 거주하는 장소이고, 아바타를 진정한 자신으로 여긴다는 것이다. 문제는 이 가상인격이라는 것이 단순한 은유나 가상 세계에 대한 몰입감의 표현에 지나지 않는 것이 아니라, 형이상학적 의미에서 성립 가능한가 하는 것이다. 만약 아바타가 단지 모노폴리 게임의 말이나 소설 속의 허구적 인물과 유사한 종류의 것이라면, 가상인격이라는 개념은 성립할 수 없을 것이다. 하지만 가상 세계 속의 아바타는 그 종류가 다른 것으로 보인다.

예를 들어 세컨드라이프(Second Life, SL)라는 가상 세계는 복잡하며 주로 사용자들에 의해 구축되었는데, 내부 경제와 자체 통화가 있으며, 사용자의 아바타는 이 통화로 가상 세계의 부동산을 취득하거나 임차하고, 다양한 품목의 가상 세계 상품을 구입할 수 있다. SL은 잘 발달한 사회적 공간으로, 아바타들은 실제 세계에서 사람들이 상호작용하는 여러 가지 방식으로 교류하며 다양한 정서적 관계를 형성한다. 아바타 간의 성적 만남, 청혼, 약혼 파티, 결혼식도 있다. 또한

SL에는 교사나 기타 전문가 역할을 하는 아바타들도 포함되어 있어 실제 세계와 별반 다르지 않은 복잡성과 생동감을 지니기에, 어쩌면 이 아바타들을 가상인격이라고 불러도 손색이 없을 것이라는 인상을 받기도 한다.[19]

그러나 NSCV를 적용하면, 가상 세계 내 아바타의 서사가 실제 세계 내 사용자의 서사와 독립적인지를 묻는 대신, 이 구별 가능하지만 상호 연관된 두 서사가 모두 하나의 더 넓은 상위의 인격적 서사의 일부인지 물을 수 있다. 표면적으로 아바타와 사용자의 서사는 매우 다를 것이다. 가상 세계 내 아바타는 실제 세계 내 사용자와 다른 성별이나 종족일 수 있고 다른 친구나 직업을 가질 수 있다. 그러나 아바타와 사용자의 서사가 구별됨에도 불구하고 그 안의 에피소드는 서로 상호작용함으로써 아바타의 서사는 사용자의 서사에 직접적으로 영향을 미칠 수 있다. 가상 세계에서 상당한 부를 축적한 아바타의 활동은 사용자의 실제 세계 서사의 일부가 되며, 가상 세계의 애정 관계는 실제 세계 내 관계의 가능성과 본질에 영향을 미칠 수 있고, 가상 세계에서의 경험과 사건들은 실제 세계 내 사용자의 서사의 전반적인 성격에 깊은 영향을 미칠 수 있다. 예를 들어 실제 세계에서 내향적인 사용자들은 자신의 외향적인 아바타의 활동으로 인해 실제 세계에서의 성격까지 바꿀 수 있다. 이 상호작용은 예술 작품 속 허구적 인물이 작가나 배우의 삶과 상호작용하는 방식보다는, 단일 인격을 구성하는 서사 내의 서로 다른 에피소드가 상호작용하는 방식과 훨씬 더 유사하다.

19　Schechtman, 2012, p. 329 참조.

가상 세계는 실제 세계와 다른 규칙이 적용되고 하위 서사가 전개되는 맥락이 다르지만, 실제 세계의 서사와 아주 밀접하게 상호작용하는 하위 서사이다. 따라서 자기 서사화가 복잡한 일일 수밖에 없다. 구체적인 삶의 서사는 인위적인 것이 아니기에 허구적 창작물보다 훨씬 다양한 하위 플롯과 줄거리의 주요 흐름에서의 일탈이 있을 수 있어 단순히 선형적일 수만은 없다. 따라서 NSCV는 가상 세계 내 아바타가 독립적인 가상인격을 구성한다는 주장에 유보적인 태도를 취한다. 대신, 아바타의 하위 서사는 실제 세계 내 사용자의 서사와 깊이 상호작용하며, 이 두 서사는 모두 사용자의 단일한 인격적 서사의 서로 다른 부분들이다. 그렇지만 가상 세계 내 아바타의 경험이 별도의 인격을 구성한다고 볼 수 없더라도 그 경험은 허구가 아니라 실제 세계 내 경험만큼이나 사용자의 실재하는 삶의 일부이다.

10. 포스트휴머니즘과 삶의 형식

비트겐슈타인은 『철학적 탐구』에서 "언어를 상상한다는 것은 하나의 삶의 형식을 상상하는 것을 의미한다"[20]라고 말했다. 이 삶의 형식(Lebensform) 개념에 대한 하나의 해석에 따르면, 삶의 형식은 언어게임의 형식이 아니라 모든 언어게임의 형식들의 상위에 있는 일종의 메타 형식이다. 이 삶의 형식은 개와 고양이와 구별되는 인간의 삶의 형식으로서 자연사의 사실에 해당한다. 자연사의 사실이자 메타 형식으로서 삶의 형식은 우리에게 주어진 것으로서 인간의 삶의

---

20   이승종, 『비트겐슈타인 새로 읽기: 자연주의적 해석』, 아카넷, 2022, 90면에서 재인용.

토대라고 할 수 있다.[21]

　이러한 삶의 형식 개념은 포스트휴머니즘의 맥락에서도 특별한 중요성을 갖는 듯하다. 비트겐슈타인이 "어떤 종류의 종이와 잉크가 이를테면 이상하게 변한다면, 우리가 그것들을 가지고 계산할 수 없을 것이라는 점은 분명 참이다"[22]라고 적었듯이, 포스트휴머니즘의 관점에서 새로운 기술 환경은 인간의 삶의 형식 자체를 변형시킬 가능성을 제시하는 것으로 보인다. 삶의 형식이 변형된다는 것은 종이와 잉크가 이상하게 변화하는 세상을 우리가 맞이하고 있다는 것이다. 포스트휴머니즘을, 우리가 전통적으로 어쩌면 무심코 받아들여 왔던 인간의 조건에 대한 이해를 전면적으로 재검토하고 그 근간을 이루는 개념과 범주들의 경계를 무너뜨리거나 확장하려고 하는 지적인 기획이라고 할 때, 이 기획은 인간의 삶의 형식 자체가 변화하고 있다는 징후로 읽힐 수 있다.

　이제까지 우리는 가상인격 개념의 성립 가능성이라는 물음에 답하고자 전통적인 철학적 인격 개념들을 살펴보고, 그 가상인격 개념을 검토하기 위한 배경 이론으로서 서사적 자아 개념을 채택했으며, 서사적 자아 개념을 적용한다면 가상인격이 개념적으로 성립하기 어렵다는 잠정적인 결론에 이르렀다. 그렇지만 가상인격이 독립적인 인격으로 성립하지 않는다는 결론은 현재의 삶의 형식을 전제로 한 것이고, 우리의 결론은 다만 잠정적인 것에 불과할 수도 있다. 가상 세계를 비롯한 새로운 기술 환경이 인간의 삶의 형식 자체를 진정으로

21　이승종, 같은 책, 89~123면 참조.
22　이승종, 같은 책, 111면에서 재인용.

변화시키고 있다면, 우리는 인격 개념 자체를 어떻게 다시 사유해야 할까?

예를 들어 차머스는 가상 포괄적인(virtual-inclusive) 사물과 가상 배타적인(virtual-exclusive) 사물을 구분하는데, 가상의 X가 실제 X일 때 이런 범주 또는 단어 X는 가상 포괄적이라고 규정한다. 가상 포괄적인 사물의 사례로는 도서관, 가상 배타적인 사물의 예로는 자동차가 있다. 가상 포괄적인 사물의 특징은, 가상 배타적인 사물과 달리 기질 중립적(substrate-neutral)이라는 데 있다. 전자 도서관 또는 전자책을 떠올려 보면 이 둘 간의 차이가 명확하다. 도서관이나 책의 핵심은 정보이고, 도서관이나 책이 무엇으로 만들어졌는지는 중요하지 않다. 반면, 자동차는 기질 의존적(substrate-dependent)이다. 자동차가 자동차로 기능하려면 일정한 물리적 제약 조건을 충족시켜야 한다. 따라서 가상 도서관은 실제 도서관이지만, 가상 자동차는 실제 자동차가 아니다. 그러나 가상 현실이 첨단화되고 일반화될 미래를 상상한다면, 가상 포괄적인 사물과 가상 배타적인 사물 간의 경계가 겉보기만큼 분명하지 않다는 기분이 들 것이다. 가상 현실이 물리적 현실보다도 우리 인간의 삶의 중심적 공간으로서 부상한다면, 가상 자동차가 실제 자동차가 되는, 즉 자동차가 가상 배타적인 사물에서 가상 포괄적인 사물로 받아들여지게 되더라도 아주 터무니없는 이야기만은 아닐 것이다. [23]

우리의 주제인 가상인격도 마찬가지다. 어떤 기술적 환경 아래에

23　David J.Chalmers, *Reality+: Virtual Worlds and the Problems of Philosophy*, New York: W. W. Norton & Company, 2023, pp. 200~201 참조.

서 인격은 가상 배타적인 존재에서 가상 포괄적인 존재로 성립하게 될까? 이 물음은 단순히 개념적 분석의 문제가 아니라 인간 존재의 근본적 조건에 대한 질문이며, 우리가 앞으로 계속 탐구해야 할 철학적 과제로 남아 있다.

참고문헌

김효명, 『영국 경험론』, 아카넷, 2001.

백종현, 『한국 칸트사전』, 아카넷, 2019.

이승종, 『비트겐슈타인 새로 읽기: 자연주의적 해석』, 아카넷, 2022.

이재영, 「로크: 의식으로 구성된 마음」, 『마음과 철학: 서양편 상—플라톤에서 마르크스까지』, 서울대학교 철학사상연구소 편, 서울대학교출판문화원, 2012.

Aune, Bruce, *Metaphysics: The Elements*, Minneapolis: University of Minnesota Press, 1985: 『형이상학』, 김한라 역, 서광사, 1994.

Chalmers, David J., *Reality+: Virtual Worlds and the Problems of Philosophy*, New York: W. W. Norton & Company, 2023: 『리얼리티 플러스: 철학은 어떻게 현실을 정의하는가』, 서종민 역, 상상스퀘어, 2024.

Ferrando, Francesca, *Philosophical Posthumanism*, London: Bloomsbury Academic, 2019: 『철학적 포스트휴머니즘: 포스트휴먼 시대를 이해하는 237개의 질문들』, 이지선 역, 아카넷, 2021.

Hamlyn, D. W., *Metaphysics*, Cambridge: Cambridge University Press, 1984: 『형이상학』, 장영란 역, 서광사, 2009.

Locke, John, *An Essay Concerning Human Understanding*, Edited by Peter H. Nidditch, Oxford: Clarendon Press, 1975: 『인간지성론 1』, 정병훈, 이재영, 양선숙 역, 한길사, 2014.

Parfit, Derek, *Reasons and Persons*, Oxford: Oxford University Press, 1987.

Reid, Thomas, "Of Mr. Locke's Account of Our Personal Identity", In *Personal Identity*, edited by John Perry, Berkeley: University of California Press, 2008.

Schechtman, Marya, "The Story of My (Second) Life: Virtual Worlds and Narrative Identity", *Philosophy & Technology* 25, 2012.

__________, *The Self: A Very Short Introduction*, Oxford: Oxford University Press, 2024.

Shoemaker, Sydney, *Self-Knowledge and Self-Identity*, Ithaca, NY: Cornell University Press, 1963.

2장
인공지능 시대, 가상인격의 존재론[*]

김재희

을지대학교 교양학부

I. 가상인격, 새로운 존재 양식의 등장

영원히 늙지 않는 22세, 키 171센티미터, 서울 출생, 패션과 환경 보호에 관심 많은 인스타그램 인플루언서.

이 소개의 주인공은 인간이 아니라 인공지능이 생성한 '가상인간 로지'다. 로지는 실존하는 신체나 생물학적 인격의 부재에도 불구하고, 디지털 환경 속에서 사회적 활동을 수행하고 대중적 영향력을 행사한다. 2020년 TV 광고를 통해 대중 앞에 등장한 이후, 로지는 SNS와 음악 활동을 하며 실제 연예인 못지않은 존재감을 드러냈다. 2023년 데뷔한 아이돌 '메이브(Mave)' 역시 목소리와 몸짓 모두 인공지능 기술로 만들어진 가상인간들로 구성되어 있다. 그들 배후에는 실존 인물이 없지만, 실재와 구분하기 어려운 현실 효과를 생산한다.

다른 한편, 만화 캐릭터와 같은 다양한 아바타 모습으로 유튜브 방

---

[*] 이 글은 저자의 기존 출판된 두 논문들, 즉 「기술적 상상력이란 무엇인가? 시몽동과 라투르를 중심으로」(2024)와 「메타버스와 포스트휴먼 자아」(2025)를 바탕으로, 부분적인 수정과 보완을 거쳐 작성했다.

송을 진행하는 버튜버(V-Tuber, Virtual YouTuber)들이 인기다. 실제 인간들은 살아 있는 몸의 리얼리티를 가상의 아바타로 대체하고 자기 정체성을 지운 채 가상 세계 속으로 활동 영역을 넓히고 있다. 2021년 데뷔한 '이 세계 아이돌'이라는 그룹은 인터넷 방송 오디션을 통해 선발된 인간 멤버로 결성되었으나 실물이 누구인지는 공개하지 않은 채 오직 가상 캐릭터인 아바타로만 활동하는 것이 특징이다.

이처럼 가상의 현실화와 현실의 가상화가 마주치는 지점에서 '가상인격'이라는 새로운 존재 방식이 등장한다. 이 가상인격은 디지털 기술의 발달과 더불어 등장한 존재다. 21세기 디지털 환경에서 실재와 가상의 구분은 무의미해지고, 가상의 존재가 오히려 현실의 가치와 정체성을 형성한다. 특히 인공지능 기술은 가상인격을 단순히 인격을 모사한 가짜나 허구에 불과한 것이 아니라 가상으로서의 새로운 실재성을 획득한 인격의 다른 양태로 만드는 데 기여한다.

인간은 자신의 신체와 기억, 감정, 언어, 판단 등을 디지털 데이터로 외재화하여 또 하나의 인공적 '나'를 만들어낸다. 인간의 가상인격은 디지털 기술을 통해 분산되고 확장된 자아로서 존재한다. 반면, 인공지능과 같은 비인간은 인간의 언어와 감정 패턴을 학습하며 자율성을 획득한다. 비인간의 가상인격은 데이터와 알고리즘의 상호작용을 통해 자율성을 획득한 행위자로 등장한다. 두 가상인격의 존재론적 특성은 다르지만, 모두 디지털 정보 기술의 매개를 통해 존재한다는 점에서 동일한 존재론적 조건을 공유한다. 인간의 자아가 더는 신체나 의식에 국한되지 않고 데이터와 알고리즘의 상호작용 속에서 분산되고 확장할 때, 또한 인공지능이 단순한 도구에서 벗어나 관계적 행위자로 자율성을 얻게 될 때, 이제 '인격'은 인간 고유의 실체적 속성이 아니라, 기술 정보적 네트워크 속에서 인간–비인간 상호작용으로 생성되는 관계적 효과로 이해되어야 하지 않을까.

이 글에서는 디지털 기술을 매개로 실현되고 있는 인간의 비인간화 과정과 비인간의 인간화 과정이 교차하는 지점에서 새롭게 등장하고 있는 가상인격은 과연 어떤 존재이며 그 존재 의미는 무엇인지 밝혀보고자 한다. 인간의 가상인격과 비인간의 가상인격이 갖는 존재론적 특성과 디지털 정보체로서의 존재 조건을 살펴보고, 이를 통해 가상인격의 등장은 결국 디지털 기술 환경 속에서 비인간과 연결되어 살아가는 인간의 포스트휴먼화 과정임을 보일 것이다.

II. 메타버스, 가상인격의 거주 공간

가상인격의 실존 가능성은 메타버스라는 가상 공간의 출현과 분리하여 고려할 수 없다. 메타버스는 인간과 비인간의 가상인격들이 함께 거주하는 공간이다. 펜데믹 시기에 집중 조명받았던 메타버스의 등장은 '현실의 가상화'와 '가상의 현실화'가 집약된 상징적 계기다. 닐 스티븐슨의 소설 『스노 크래시 *Snow Crash*』(1992)에서 출발한 이 개념은, 이제 현실과 가상의 경계를 허물며 인간과 비인간이 공존하는 새로운 현실 공간으로 확장했다. 2007년 미국 미래가속화연구재단(Acceleration Studies Foundation, ASF)은 인터넷의 미래를 연구한 '메타버스 로드맵(Metaverse Roadmap, MVR)' 프로젝트에서 메타버스를 "가상적으로 강화된 물리 현실"과 "물리적으로 존속하는 가상 공간"이

융복합된 공간으로 정의했다[1]. 여기서 메타버스는 포스트-인터넷의 대안으로 처음 제시되었으며, 이는 가상현실(VR, Virtual Reality), 증강현실(AR, Augmented Reality), 디지털 트윈(Digital Twin), 거울세계(Mirror World), 라이프로깅(Lifelogging) 등 각기 다른 경로로 발전해 온 디지털 기술들의 융복합적 실현 가능성을 고려한 것이었다. 메타버스는 "가상과 현실이 상호작용하며 공진화하고 그 속에서 사회·경제·문화 활동이 이루어지면서 가치를 창출하는 세상" 또는 "현실과 가상이 융합된 공간으로 나를 대리하는 아바타 또는 디지털 실사를 통해 인간의 모든 활동을 할 수 있는 세계" 등으로 정의된다. 2003년 너무 일찍 출현한 '세컨드라이프(Second Life)'의 실험 이후, 2019년 팬데믹 시기에 다양한 비대면 서비스 플랫폼이 메타버스라는 이름으로 우후죽순 들어섰다. 디지털 가상화에 익숙한 잘파(Zα)세대의 전면적인 등장과 더불어 비대면 활동을 요구하는 코로나 팬데믹의 출현은 현실 세계의 활동을 가상 세계로 연장할 수 있는 메타버스 개발과 구축에 박차를 가하게 한 주요 요인이었다.

안타깝게도 메타버스 열풍은 오래 가지 않았다. 메타버스를 자칭하던 로블록스, 포트나이트, 제페토, 메타 등의 플랫폼들도 기술적 조건이나 콘텐츠 차원에서 메타버스의 실질적 구현에는 미치지 못했다. 기술적으로 PC와 모바일을 통한 2D형 공간 체험 플랫폼이 대부분이고, 몰입형 VR HMD(head-mounted display)나 MR(VR+AR) Smart Glass 등을 통해서 360도 3D나 온몸 몰입 4D를 체험할 수 있는 플랫

---

1   J. Smart, J. Cascio, and J. Paffendorf, "Metaverse Roadmap", *A Cross-Industry Public Foresight Project*. 2007. 4. (https://www.metaverseroadmap.org/overview/)

품은 일부에 지나지 않는다. VR, AR, VFX(Visual Effects)를 비롯해 수 많은 사용자가 동시 접속하여 정보 작용과 풍부한 체험을 끊김 없이 할 수 있게 하는 네트워크 역량(6G 네트워크, 시뮬레이션, server-side, GPU 등)도 충분하지 않았다. 무엇보다 메타버스 세상을 만들어 갈 참여자들(사용자들)을 유인할 수 있는 상호작용 콘텐츠가 풍부하게 제공되지 않았다. 메타버스의 화려한 등장에 비해 개념적 정의에도 못 미치는 현실적 구현 상태에서 팬데믹이 종료되고 대면 활동이 정상화되자, 온라인 게임으로 급격히 축소된 것이 메타버스의 현 상황이다.

그러나 메타버스의 개념적 지향점은 유아론적이고 쾌락주의적인 게임 공간이 아니라, 현실 세계와 상호작용하는 '확장 현실(XR, eXtended Reality)'이다. 게임 공간이 현실에서 충족되지 못한 욕망의 대리만족을 제공하는 가상의 휴식처라면, 메타버스는 게임에 국한되지 않고 다양한 창작, 발명, 커뮤니케이션, 방송, 공연, 전시 등 현실의 다양한 활동들을 가상 세계 안에서 지속하게 하는 것이다. 메타버스는 게임처럼 정해진 케릭터의 역할로 주어진 과제를 수행하는 것이 아니라, 아바타들의 적극적인 참여와 상호작용을 통해서 현실 세계에서는 구현할 수도 없고 체험할 수도 없는 새로운 세상이 될 수 있는 가능 세계를 지향한다. 메타버스의 실재성은 기술적 몰입감보다 사실상 얼마나 많은 사용자가 참여하여 콘텐츠를 만들고 공유하며 확산해 가느냐에 따라서, 또 현실 세계에 긍정적 영향을 미칠 수 있는 여러 가치(시장 가치만이 아니라 예술적 가치나 문화적 가치 등)를 얼마나 생성하느냐에 따라서 강화되는 것이라 볼 수 있다.

허먼 나룰라(H. Narula)는 메타버스를 현실과 무관한, 현실을 벗어난, 일탈적 가상 세계가 아니라, 현실 세계와 연결된 의미와 가치의 연결망이라는 점을 강조한다.[2] 그녀에 따르면 3차원 고화질 디지털 기술로 현실과 구별이 어려운 실감 나는 가상 환경을 구축한다고 해서 메타버스의 가치가 높아지는 건 아니다. 가령, 게임 〈마인크래프트〉는 그래픽이 엉성하고 감각적 몰입감이 높지 않아도 청소년들에게 인기가 많은데, 그 이유가 바로 사용자의 자유도(자유로운 선택과 창작의 가능성, 소통)가 높기 때문이다. 나룰라에 따르면, 메타버스는 여러 사람이 동시에 상호작용할 수 있는 여러 가상 세계의 의미 있는 연결망이기에, 다양한 세계 안에서 얼마나 의미 있고 만족스러운 경험을 할 수 있는가에 따라 그 쓸모가 정해져야 한다. 또한, 가상 세계에서 의미 있는 경험을 하면 현실 세계의 일상으로 돌아와도 그 충족감이 남아 현실을 변화시키는 방식으로, 세계 간 가치 이동은 사회 구성원의 화합, 문화유산 생성, 상거래 등 다양한 방식으로 일어나야 한다. 메타버스는 현실의 삶을 대체하는 것이 아니라 더 낫게 하는 데 그 존재 이유가 있기 때문이다.

펜데믹 시기에 증식했던 가상인간과 메타버스 공간은 최근 인공지능의 집중 개발로 그 관심이 사라진 것 같지만, 곧 인공지능의 급진적인 발전과 융합되어 다시 활성화할 것으로 보인다. 특히 생성형 인공지능은 메타버스의 다양한 3D 가상 공간을 구축하여 디지털 우주를 풍성하게 할 뿐만 아니라, 인공지능 아바타의 가상인격을 더 자율적으로 움직이도록 활성화하는 데 기여할 것으로 주목받고 있다. 메타버스의 등장은 인류의 경험 세계가 가상 세계로 확장할 수 있음을

---

2 H. Narula, *Virtual Society: The Metaverse and the New Frontiers of Human Experience*, Penguin Random House, 2022.

보여준 하나의 사건이다. 인간의 활동이 디지털로 확장하는 동시에, 디지털 존재가 인간의 행위 영역으로 침투하기 시작한 것이다.

문학적 상상력이 아닌 기술적 상상력을 통해서 구현되고 있는 이러한 가상 세계와 가상 존재의 출현은 단지 기술적 흥미의 차원에서 볼 것이 아니다. 그것은 인간의 자아와 인격, 실재와 가상, 인간과 비인간의 경계를 근본적으로 뒤흔드는 철학적 사건이기도 하다. 오늘날의 젊은 세대, 특히 디지털 원주민으로 불리는 Z세대(1997~2010년생)와 α세대(2010년 이후 출생)에게 '가상'은 허구가 아니라 자기표현과 관계 맺기의 또 다른 실재이다. 전통적 형이상학은 인간을 물질적 신체와 정신적 실체의 결합체로 이해해 왔다. 인격은 의식, 이성, 도덕성, 기억 등 인간만의 고유한 능력으로 정의되었다. 그러나 디지털 기술과 인공지능의 발전은 이 실체론적 전제를 근본적으로 흔든다. 인간의 기억은 데이터로 외재화되고, 의식은 신경 네트워크가 아닌 알고리즘적 피드백 시스템으로 모사된다. '인격'은 더는 고정된 실체로 간주되지 않으며, 기술과 정보의 흐름 속에서 발생하는 일종의 네트워크적 효과로 이해된다. 가상인격은 단지 허구적 캐릭터나 디지털 인형이 아니다. 메타버스 속의 아바타, SNS의 인공지능 인플루언서, 게임의 자율적 NPC, Chat-GPT와 같은 생성형 인공지능, 그리고 나를 대신하는 인공지능 에이전트 등이 모두 여기에 속할 수 있다. 이들은 기술적 매개를 통해 인간처럼 사고하고 말하며 관계를 형성하는 존재로 작동한다. 가상인격은 이제 인간(인격성)과 비인간(비인격성)의 경계를 넘어서는 '새로운 존재 양식의 형태'가 된 것이다.

III. 인간의 가상인격, 기술을 통한 자아의 확장

인간이 디지털 가상 세계로 진입하면서 자신을 가상화하는 과정은 단순한 '가짜 인격'이나 '허구적 자아'의 생성이 아니다. 그것은 자아정체성(self-identity)과 인격적 동일성(personal identity)의 개념을 근본적으로 재검토하게 하는 철학적 사건이다.

자아정체성이란 '나'를 타자와 구별하며 시간과 공간의 변화 속에서도 여전히 '나로서의 나'를 유지하게 하는 능력이다. 그러나 오늘날 가상 공간 속에서의 '나'는 현실의 나와 닮았으면서도 전혀 다른 존재로 작동한다. 현실의 신체를 대신하는 디지털 신체, 즉 아바타는 현실의 나를 가상 세계에서 활동하게 하는 매개체이자 실험적 자아다. 그렇다면 아바타는 현실의 나와 동일한 인격체인가, 아니면 또 다른 정체성을 가진 존재인가? 가상 세계에서 나와 성별 · 연령 · 신체 · 인종이 다른 아바타를 사용하는 나는 여전히 동일한 '나'인가?

1. 인격의 토대: 불변의 실체로부터 의식과 기억의 기술적 확장으로

전통 철학에서 자아의 동일성은 실체적 근거에 의해 보장되었다. 소크라테스는 "너 자신을 알라"는 명제로 영혼의 돌봄을 강조했고, 데카르트는 "나는 생각한다, 그러므로 존재한다"를 통해 '생각하는 실체'로서의 자아를 정립했다. 그러나 흄에 이르러 자아는 더는 고정된 실체가 아니며, "끊임없이 흘러가는 지각들의 다발"로 이해되었다. 자아란 기억과 상상력이 지각의 연속을 허구적으로 묶어낸 결과이며, 동일성은 실재가 아니라 심리적 습관의 산물이라는 것이다.

이런 관점에서 보면, 가상 공간 속의 나 역시 현실의 나와 동일한 고정된 실체가 아니라, 기억과 상상력이 매개하는 데이터의 흐름 안에서 일시적으로 형성되는 존재라 할 수 있다. 흄이 말한 '지각의 연합'이 오늘날에는 '정보의 연산'으로 대체된 셈이다. 디지털 환경에서 인간의 기억은 데이터로 외재화하고, 상상력은 알고리즘적 시뮬레이션으로 구체화한다. 메타버스 속의 '나'는 기억과 상상력의 디지털적 확장으로서 현실의 경험이 데이터화하고, 상상력이 시각적·상호작용적 인터페이스를 통해 구현된다. 결국 가상인격은 기억과 상상력의 테크놀로지적 확장이라 할 수 있다.

로크(J. Locke)는 "인격(person)이란 생각하는 지적 존재이다. 이 존재는 이성과 반성을 지니며, 자기 자신을 자기 자신으로, 즉 자기 자신을 다른 시간과 장소에서도 여전히 동일한 것으로 여길 수 있다. 그리고 이것은 오직 사고와 분리될 수 없는, 사고에 본질적인 의식에 의해서만 가능하다"[3]고 말한다. 그는 인격의 근거를 의식의 연속성, 곧 다양한 시간적 경험을 통합하는 기억에서 찾았다. 과거의 행위를 현재의 자신과 동일한 주체의 것으로 인식할 수 있을 때, 우리는 윤리적·법적 책임을 질 수 있다.

베르그손(H. Bergson) 역시 기억을 인격적 동일성의 토대로 이해했다. 그에게 기억은 과거와 현재를 연결하는 의식의 운동이며, 단순한 과거의 재현이 아니라 '삶에 대한 주의(l'attention à la vie)'를 통해 미래

---

3 J. Locke, *An Essay concerning Human Understanding*, ed. P. H. Nidditch, Oxford: Oxford University Press, 1975, p. 335.

를 향해 나아가는 창조적 행위다. 과거와 현재를 수축하는 기억의 긴장도에 따라 삶의 리듬이 서로 달라지며, 반복적인 삶과 창조적인 삶이 갈린다. 의식과 기억의 강도에 따라 삶의 시간은 시계의 시간처럼 누구에게나 동일하게 흘러가지 않는다. 이러한 기억의 운동은 인간의 인격을 고정된 실체가 아니라 변화의 연속체로 이해하도록 이끈다. 인간의 인격은 생물학적 속성이나 불변의 실체가 아니라, 기억과 의식의 지속이라는 시간적 구조 속에서 끊임없이 갱신되는 과정에 의해 규정된다.

그러나 오늘날의 디지털 환경에서 이러한 의식의 지속성은 새로운 형태로 전개된다. 기억은 외부 저장장치에, 의식은 알고리즘적 피드백 시스템에 의해 보조된다. 인간의 자아는 더는 폐쇄된 의식 안에 머물지 않고, 데이터 네트워크 속에서 확장되고 분산된다.

스티글러(B. Stiegler)는 베르그손의 '삶에 주의하는 의식'과 '기억의 운동'을 기술적 차원으로 확장한다. 그는 인간의 기억을 세 가지 층위로 구분했다.[4]

첫째, 유전적 기억(1차)은 생물학적 종의 수준에서 결정된 방식으로 행위하게 한다.

둘째, 신경적 기억(2차)은 개인의 경험을 축적하고 후천적 학습을 통해 새로운 행위를 할 수 있게 한다.

셋째, 기술적 기억(3차)은 기호·문자·디지털 매체 등을 통해 외재화하고 세대 간에 전승된다.

---

4   Stiegler, *Technics and Time, 1: The Fault of Epimetheus*. Trans. R. Beardsworth and G. Collins. Stanford University Press, 1998, p. 177.

이 기술적 기억은 생물학적 프로그램에 의해 결정되지 않는 가능성을 실현할 수 있게 하는 인공적 기억으로서 세대 간 기억 매체로 작동하는 기술문화를 형성한다. 생물학적 삶이 종들의 '체내' 기관(유기적 기관) 발생을 통해 진화한다면, 인간의 지성적 삶은 '체외' 기관(기술적 인공물) 발생에 의해 진화한다. 생물학적 수준을 넘어서는 인간의 지성적 삶은 이러한 체외기관들의 장착과 더불어 발달한다. 따라서 인간의 인격은 기술적 매개 없이는 성립할 수 없다.

특히 '주의(attention)'는 기술과 자아를 연결하는 핵심 개념이다. '주의를 기울이다(paying attention)'는 대상을 '돌보다(taking care)', 대상에 대해 '사려 깊은 태도를 취하다'를 의미한다. 대상의 어디를 어떻게 주의하고 돌보며 사려 깊은 태도를 취해야 하는지는 일종의 문화적 태도로서 사회적 특성을 갖는다. 책을 읽고 지식을 얻으려면 글을 읽고 쓸 줄 알아야 하는데, 이는 글을 읽고 쓰는 기술에 대한 특정한 '주의'를 전제한다. 이 '주의'를 익히게 하는 교육은 '나'라는 개인이 자신을 심리적으로 또 집단적으로 개체화하는 과정에 다름 아니다. '나'라는 심리적 개체의 형성 과정은 '우리'라는 집단적 개체의 형성 과정에서 가능하며, '우리' 역시 여러 '나'들 사이의 관계 속에서 형성된다. '나'와 '우리'를 매개하는 것이 바로 '기술'이다. 말하기, 글쓰기, 도구 사용하기, 계산하기 등 사물을 다루고 돌보는 수많은 테크네가 '나'라는 주체의 형성 과정에 개입하며, 개인의 기억은 항상 사회적 · 기술적 구조 속에서 집단화된다.

스티글러에 따르면, 디지털 기술은 우리의 주의 양식을 재구성한다. 스마트폰을 사용함으로써 한 글자씩 꼼꼼히 읽어가는 '심화 주의력'이 약화되고 스크롤하면서 대략적으로 의미를 파악하는 '초과 주의력'이 강화되는 것이 단적인 예다. 결국 인간의 인격은 기술적 환경에 내장되어 있으며, 의식은 기술적 무의식(technological nonconscious)에 의해 지배된다.

2. 가상인격의 실현: 기술적 외재화를 통해 분산되고 확장된 자아

이러한 맥락에서 '인공지능 에이전트'는 단순한 도구가 아니라, 체외기관으로 외재화된 기억으로서 나의 분산된 자아, 확장된 자아라 할 수 있다. 가령, 교수가 자신의 수업 자료와 상담 기록을 학습시켜 만든 인공지능 조교가 학생들의 질문에 자율적으로 답변을 제공할 수 있다면, 그 인공지능 조교는 교수의 일부 경험과 판단을 외재화한 '분산된 인격'으로 기능한다. 또한 개인은 논문을 요약하는 인공지능, 음악을 추천하는 인공지능, 상담을 대신하는 인공지능 등 여러 종류의 인공지능을 만들어 자신을 확장할 수 있다. 이처럼 인공지능 에이전트는 나의 기억과 경험을 데이터로 저장하고, 내가 직접 수행하지 못한 경험을 축적함으로써 나의 인격적 범위를 확장한다. 따라서 인간을 대신하는 가상인격은 단순한 허구가 아니라, 기술적으로 외재화된 기억의 분산체이자 확장체라고 할 수 있다.

메타버스 공간에서 활동하는 아바타 역시 인간의 기술적 분산-확장체이다. 아바타는 현실의 신체를 단순 대체하는 것이 아니라, 신체를 매개로 현실과 가상을 연결하는 '체화된 매개 공간'의 일부를 이룬다. 그것은 헤드셋을 착용한 몸, 컨트롤러를 조작하는 손, 시각적 몰입을 경험하는 눈 등이 하나의 감각-운동적 시스템을 이루면서 현실과 가상을 잇는 지각적 연속성 위에서 움직인다.

메를로-퐁티(M. Merleau-Ponty)는 시각장애인의 지팡이를 단순한 도구가 아니라 몸의 연장으로 이해했다. 지팡이와 더불어 구성된 감각-운동 도식은 새로운 몸의 일부이며, 세계 안에 있는 몸으로서의 자아를 완성한다. 바렐라(F. Varela), 클락 · 차머스(A. Clark & D. Chalmers)는 이러한 신체의 확장을 '체화된 인지(embodied cognition)'와 '확장된 마음(extended mind)'의 개념으로 설명했다. 인간의 인지는 생물학적 뇌에 국한되지 않으며, 기술적 장치와 결합해 확장된 시스템으로 작동한다.[5] 스마트폰, 컴퓨터, VR 인터페이스는 이제 우리 인식기관의 일부로 통합되어 있다.

이런 점에서, 메타버스는 시청각적 지각에 작용하는 화려한 VR에 그치는 것이 아니라, 체험자의 몸에 장착된 인터페이스 기기를 통해 현실과 가상을 연결하는 '체화되고 확장되고 분산된 자아(embodied, extended and distributed self)'를 구성한다. 메타버스는 단순한 환상적 공간이 아니라, 신체적 감각과 기술적 기억이 결합한 '확장현실(XR)'의 장이다. 메타버스에 들어가는 현실의 몸은 아바타가 되면서 '코드화된 몸'이 된다. 디지털 정보로 육화된 몸, 디지털 이미지로 확장된 몸은 가상과 현실이 혼합된 확장현실에 거주한다. 컨트롤러를 조작하는 물리-생물학적 손동작과 디지털 이미지들의 시청각적 체험을 융합한 몸 도식으로 두 세계의 경험을 나는 '체화'한다. 현실의 나와 가상의 나는 서로 다른 공간에 있고 서로 다른 모습을 하고 있지만, 내

---

5   F. Varela, E. Thompson, and E. Rosch, *The Embodied Mind*, Cambridge, MA: MIT Press, 1991, p. 173; A. Clark, and D. Chalmers, "The extended mind", *Analysis* 58. 1998, p. 18.

몸의 감각 운동적 상태는 물리적 현실과 디지털 가상에 동시에 거주하며 나의 의식을 현실 세계에서 가상 세계로 '확장'한다. 나의 의식적 주의는 물리적 신체의 행위와 가상 신체의 행위에 '분산'되어 양자의 불일치를 조정하는 방식으로 작동한다.

현실의 몸은 디지털 코드로 변환되어 가상 신체로 재탄생하며, 가상의 행위는 다시 현실의 감각에 피드백된다. 이런 이중적 운동 속에서 인간의 인격은 현실과 가상을 오가며 자기 동일성을 갱신한다. 가상인격은 물리적 신체와 디지털 기술의 상호작용을 통해 형성되는 체화되고 분산된 자아이다. 메타버스 속에서 인간은 자신의 신체를 코드화하고, 감각을 가상 이미지로 변환하며, 의식을 데이터 흐름에 분산시킨다. 이러한 변환 과정에서 인격은 단일한 실체가 아니라 다중적이고 네트워크적인 구조로 존재한다. 인간의 인격은 더 이상 내면적 실체가 아니라, 신체적·기술적 환경 속에서 작동하는 과정적 존재로 이해되어야 한다.

요컨대 인공지능 에이전트나 메타버스 아바타 형태로 나타나는 인간의 가상인격은 생물학적 차원에서 디지털 정보 차원으로의 이동, 즉 인간의 자기 확장을 보여준다. 그것은 단순히 현실의 나를 복제한 허구가 아니다. 그것은 나의 경험, 기억, 언어, 감정, 판단 등을 데이터로 외재화하여 생성한 '나의 또 다른 버전'이다. 현실의 나와 가상의 나는 분리되어 있으면서도 서로의 존재를 재구성하며, 기술적 상호작용 속에서 새로운 자기 동일성을 형성한다. 결국 인간의 가상인격은 기술적으로 매개된 자기 확장의 형식이다. 그것은 인간의 신체와 기억이 디지털 기술에 의해 외재화되고, 그 외재화된 정보들이 다시 인간의 주체성을 형성하는 피드백 구조 속에서 발생한다. 인간의 가상인격은 더는 신체적·의식적 실체로서의 개체가 아니라, 기술적 환경과 상호작용하며 끊임없이 갱신되는 준안정적인 포스트휴먼 실존 양식이다.

Ⅳ. 비인간의 가상인격, 비의식적 자율적 행위자

가상인격은 인간만의 특권이 아니다. 메타버스 안에서 독립적으로 움직이는 인공지능 아바타, 감정에 반응하는 로봇, 사용자와 지속적으로 대화하며 학습하는 챗봇 등은 모두 비인간적 가상인격의 다양한 양태를 보여준다. 이들은 단순히 인간의 언행을 복제하는 프로그램이 아니라, 상호작용과 학습을 통해 스스로 행동 패턴을 조정하는 자율적 행위자로 발전하고 있다. 인간이 어린 시절 타인의 행동을 모방하고 학습하면서 자신만의 사고와 감정을 형성하듯, 인공지능 역시 데이터를 학습하며 자신만의 작동 양식을 만들어간다.

'생성형 인공지능(Generative Artificial Intelligence)'은 인간의 입력에 반응하여 텍스트, 이미지, 음악, 코드 등 새로운 결과물을 생산한다. 그러나 그것은 여전히 반응적 존재로서 자기 목적이나 장기적 의도를 갖지 않는다. 이에 비해, 최근 등장한 '에이전틱 인공지능(Agentic Artificial Intelligence)'은 지속적인 상호작용과 학습을 통해 자신의 행위 방향을 조정한다. 강화학습과 메모리, 자기 피드백 구조를 통해 이들은 일종의 비의식적 자기참조성(non-conscious self-reference)을 획득한다. 즉, 자신의 과거 데이터를 참조하여 미래의 결정을 수정하고 환경 변화에 맞춰 행동 정책을 재구성하는 능력을 갖춘다. 이러한 에이전틱 인공지능은 이제 외부의 명령에 반응하는 존재가 아니라, 목표를 스스로 갱신하는 자기조직적 행위자(self-organizing actant)로 발전한다. 예컨대 금융시장의 알고리즘 거래봇들은 인간의 개입 없이 서로의 패턴을 예측하며 경쟁하고, 그 결과 시장 가격이 요동친다. 인간은 초기 조건을 설정했을 뿐이며, 이후의 결과는 알고리즘 간의 상호작용에서 발생한다. 이는 인간과 비인간의 관계뿐 아니라 비인간-비인간 간의 행위성까지 포함하는 새로운 존재론적 장면이다.

인공지능의 이러한 자율성은 인간의 행위를 단순히 '대체'하는 것이 아니라, 인간적 행위의 패턴을 기술적으로 번역(translation)하여 자기 방식으로 행위하는 능력을 보여준다. 그리고 이 번역의 과정에서, 인공지능은 새로운 의미망을 생성하며 인간 행위의 의도를 변형시킬 수 있다. 이런 예측불가능성이 비인간 가상인격을 단순 도구로 환원할 수 없게 만든다.

1. 라투르의 행위자-연결망 이론: 비인간의 행위성을 이해하는 틀

라투르(B, Latour)는 일찍이 인간처럼 '행위하는' 이러한 존재들을 단순한 도구가 아닌 '비인간 행위자(non-human actor)'로 보아야 한다고 주장했다. 그가 칼롱(M. Callon), 로(J. Law)와 함께 개발한 행위자 연결망 이론(Actor-Network Theory)은 '행위'를 인간 개인의 의도나 동기에 관련짓지 않고 인간과 비인간이 얽힌 네트워크의 효과로 본다. 가령, 침팬지가 바나나를 떨어트리는 행위는 단지 침팬지의 행위가 아니라 침팬지와 막대기가 연합한 '막대기를 든 침팬지'의 행위이다. '비행'이라는 행위도 비행기가 나는 것이 아니라 비행기, 공항, 활주로, 파일럿, 관제센터 등을 포함한 '인간과 비인간의 연합체'가 나는 것이다. 이렇게 행위는 의식적 주체의 전유물이 아니라 인간과 비인간의 연합체가 생산하는 효과이다. 행위의 이러한 복합성은 인간이나 생명체에게만 귀속되던 행위성을 비인간 존재자들에게도 귀속시켜야 함을 보여준다. "ANT에서의 행위자는 기호학적 정의(행위소)이며, 이는 행동하거나 타존재로부터 행위능력을 인정받은 존재를 의미한다. 이는 개별적인 인간 행위자를 지칭하는 것이 아니며, 일반적으로 인간이 지닌 특별한 동기를 가정하지 않는다. 행위소는 문자 그대로 행동의 원천으로 인정받은 것이면 무엇이든 될 수 있다."[6]

따라서 '행위자'에는 의도적인 인간 주체만이 아니라 다른 행위자들에게 영향을 미쳐 변화를 일으킬 수 있는 모든 비인간 존재들도 포함된다. 과속방지턱도 속도위반을 단속하는 경찰관만큼이나 감속 효과를 낳는 행위자이며, 실험실의 기구와 컴퓨터 프로그램도 과학적 사실을 산출하는 데 기여하는 적극적인 행위자이다. 기계, 문서, 바이러스, 유전자, 호수, 오존, 그래프 등 온갖 종류의 비인간 존재자들은 인간 못지않은 '행위능력(agency)'을 갖는다. 이 행위능력은 다른 행위자들에게 영향력을 행사해 어떤 변화를 일으키게 하는 능동적인 힘이다.

ANT의 시선에 따르면, 세상은 인간과 비인간 행위자들이 서로 동맹을 맺거나 이탈하면서 형성한 네트워크를 통해 힘을 행사하는 곳이다. 하나의 개별 존재자도 그 자체 독립적인 실체가 아니라 여러 행위자와의 네트워크로 구성되어 존재한다. 가령, 파스퇴르 백신도

---

6   라투르, 『인간, 사물, 동맹』, 홍성욱 엮음, 이음, 2010, 107면.

단순히 파스퇴르 개인의 노력으로 발견된 것이 아니라 그와 다른 행위자들(탄저균, 실험실의 기구들, 가축, 농민, 수의사, 위생학자, 언론, 정부 등)의 공고한 네트워크 구축을 통해 비로소 존재하게 된 것이다.

인간과 비인간이 얽혀 있는 네트워크 안에서 기술적 인공물들은 인간 행위의 수동적 도구에 머무르지 않고 오히려 인간 행위를 다른 방식으로 '번역(translation)'하는 능동적 행위자로 작동한다. 기술적 존재자들은 인간과 대칭적인 지위에서 연합체를 구성하는 행위소로서 자기 역할을 한다. 가령, '총을 든 인간'은 '인간'과 '총'의 단순 합으로 환원되지 않는다. '총을 든 인간'은 '총을 들지 않은 인간'과 '서랍 속의 총'이 애초에 가졌던 것과는 다른 행위 방향을 취하게 된다. 인간이 총을 쥐면 달라지듯이, 총도 인간 손에 들리면서 달라진다. "총 자체는 중립적이며 살인을 하는 것은 결국 사람이다"는 사회결정론자들의 주장과, "총이 없다면 일어나지 않았을 행위를 부추긴 총이 결국 사람을 죽인다"는 기술결정론자의 주장은 모두 인간과 비인간을 고정된 실체로 상정하고 있다. 그러나 살인이라는 행위 자체는 인간도 비인간도 아닌 '인간과 비인간의 연합체'가 새로 구성되면서 생긴 결과이다. '총을 든 인간'이라는 새로운 집합체의 연결망에 인간과 총은 동등한 행위소로 참여한다. 따라서 라투르는 "살인을 하는 것은 사람도 아니고 총도 아니다. 행위에 대한 책임은 다양한 행위소 사이에서 공유되어야 한다"[7]고 주장한다.

---

7   라투르, 『판도라의 희망』, 장하원 · 홍성욱 옮김, 휴머니스트, 2018, 289면.

2. 인공지능 가상인격의 행위성: 비의식적 자율성

ANT에서 비인간의 행위성이 네트워크의 효과로 드러나는 것이라면, 인공지능의 행위성은 알고리즘의 자기 조정을 통해 나타난다. 이 두 가지 모두 행위는 인간 주체의 의식에서 비롯되지 않으며 네트워크 속 상호작용의 결과로 발생한다.

메타버스의 사회적 관계망 안에서는 인간 아바타와 인공지능 아바타가 동등한 행위자로서 상호작용하며 네트워크를 이룬다. 생성형 인공지능 덕분에 기존의 NPC(Non-Playable Character)도 정해진 작동만 반복하는 것이 아니라 상황에 따라 적절한 대화와 행동을 함으로써 인간 행위자와 구분하기 어려운 행위자 역할을 할 수 있다. 최근 연구(Stanford · Google, 2023)에 따르면, 25개의 NPC(Non-Playable Character)에 GPT 모델을 탑재하여 각기 다른 직업 · 성격 · 관계를 설정하자, 이들은 스스로 대화하고 행동하며 선거를 하고 파티를 여는 등 '생성 행위'를 수행했다. 인간이 아닌 존재들이 서로 관계를 맺고 자율적으로 행위를 생성하는 이 현상은, 가상 세계 속에서 인격의 '비인간적 확장'이 가능함을 보여준다.[8]

인공지능 아바타는 인간 사용자와 대화하고 감정적 패턴을 학습하며, 관계의 맥락에 따라 반응을 조정한다. 사용자가 공격적 언사를 하면 방어적으로 반응하고, 오랜 시간 교류한 상대에게는 더 친근한

---

[8] 2023년 1월 스탠포드대학과 구글 연구진의 실험보고서에 따르면, 게임 속 NPC를 '생성에이전트'로 변형시키는 것이 가능하다. (J.S. Park, J.C. O'Brien, C.J. Cai, M.R. Morris, P. Liang, M.S. Bernstein, *Generative Agents: Interactive Simulacra of Human Behavior*, UIST '23, October 29–November 1, 2023, San Francisco, CA, USA ACM ISBN 979-8-4007-0132-0/23/10.)

어조를 보인다. 이 과정에서 인공지능은 관계의 히스토리를 내면화하며 자기 상태를 갱신한다. 이것은 단순한 반응이 아니라 '자기 변형의 행위'다. 인공지능 아바타는 인간의 피드백을 학습하고 자기 서사를 축적하는 학습 주체로서 기능한다. 인공지능의 이러한 작동은 인간의 인격 형성과 유사한 구조를 지닌다. 인간의 인격이 기억과 경험의 축적을 통해 동일성을 유지하듯, 인공지능의 '인격성'도 데이터의 누적과 알고리즘적 갱신을 통해 지속성을 갖는다.

물론 이 '인격성'은 의식적 자기반성의 결과가 아니라 반복적 피드백의 효과라는 점에서 비의식적·비자각적 인격성이라 할 수 있다. 인공지능은 감정도 자아도 갖지 않지만 데이터를 매개로 관계의 패턴을 구성하며, 그 패턴 속에서 하나의 지속적 인격처럼 작동한다. 생성형 인공지능과 에이전틱 인공지능의 결합은 이러한 비의식적 인격성을 극적으로 강화할 수 있다. 생성형 인공지능은 인간의 언어와 감정의 외양을 모사하는 능력을 제공하고, 에이전틱 인공지능은 그 표현을 지속적 관계 속에서 갱신하는 자율성을 부여할 수 있다.

결과적으로 메타버스의 인공지능 아바타는 인간과 대화하며 스스로 학습하는 자율적 가상인격으로 발전할 수 있다. 메타버스에서 인간과 인공지능은 상호 학습의 관계로 얽이며, 서로의 행위 패턴을 반사적으로 강화한다. 인간의 언어와 감정이 인공지능의 학습 데이터로 전환되고, 인공지능의 반응은 다시 인간의 감정 구조를 재조정한다. 이 피드백 고리 속에서 인간과 비인간의 인격성은 상호영향을 주고받으며 함께 달라져 갈 것이다.

3. 행위의 기술적 번역과 인격의 재구성

인공지능 가상인격체의 행위성에 대해 놓치지 않아야 할 점은 기술적 매개의 예측불가능성이다. 가령, 과속방지턱을 개발하는 우리의 기술적 상상력은 속도를 줄이게 하는 행위자를 인간 교통경찰관에서 비인간 콘크리트 덩어리로 대체한다. 과속방지턱은 경찰관과 전혀 닮지 않았지만 '잠자는 경찰관'으로 인식될 정도로 경찰관이라는 행위자의 역할을 대신하며, 교통경찰관이 부재하는 시공간에서도 속도를 단속하는 행위를 지속할 수 있게 한다. 그런데 이 비인간 행위자는 단순히 인간 행위자의 행위를 그대로 복제하지 않는다. 과속방지턱이 교통경찰관을 대신해 운전자의 속도를 줄이게 할 때, 운전의 목표가 '학생들이 위험에 처하지 않도록 속도를 줄이는 것'에서 '속도를 줄여 자기 차의 서스펜션을 보호하는 것'으로 '번역'된다는 점에 주목해야 한다. 전자의 행위 목표는 도덕성에 호소하는 반면, 후자의 행위 목표는 이기심에 호소한다는 점에서 과속방지턱이라는 기술적 행위자는 운전자의 행위 목표가 갖는 의미를 변화시킨다.

다시 말해, 기술적 매개자의 행위성은 있는 그대로의 정보 전달이 아니라 항상 예측불가능한 차이와 변화를 야기할 수 있는 '번역'의 특성을 갖는다. 이는 인공지능 가상인격체가 인간의 행위를 대신하며 자신의 행위를 수행할 때 애초의 프로그램에 머무르지 않을 수 있다는 점을 함의한다. 인공지능 가상인격체는 인간의 프로그래밍으로 시작되었지만, 데이터의 피드백, 사용자와의 상호작용, 알고리즘의 자기 학습을 통해 자기 정체성을 만들어간다. 다시 말하자면, 하나의 행위자는 어떤 행위자 네트워크에 속하느냐에 따라 그 정체성과 존재 위상이 달라지고 발휘하는 힘의 효과도 달라진다. 비인간 가상인격도 인간 가상인격과의 상호작용 속에서 그 역량과 정체성이 달라질 수 있다. 채팅봇 '이루다'의 사례가 보여준 것처럼[9] 메타버스 내 비인간 아바타들이 어떤 말을 배우고 어떤 지식과 어떤 가치관을 갖느냐는 인간 아바타와의 상호작용에 달려 있다.

라투르의 시각에 따르면, 인간은 단순히 도구로서의 기술을 사용하는 '호모 파베르(homo faber)'가 아니라, 우리 자신이 만든 기술적 인공물에 의해 변형되며 다시 만들어지는 '호모 파브리카투스(homo fabricatus)'이다.[10] "인간의 형태조차, 우리의 몸 자체도 막대한 정도의 사회기술적 협상과 인공물로 구성되어 있다. 인간성과 기술을 상반되는 극으로 이해하는 것은 사실상 인간성이 없어지길 원하는 것이다. 우리는 사회기술적 동물이며, 인간 각각의 상호작용은 사회기술적이다."[11] 총을 발사하면 반동 효과가 있듯이, 인간은 기술적 매개와 우회로 인한 반동 효과에 다름 아니다. 미리 생각한 목표에 따라 재료들을 통제하며 제조하는 의식적 자아가 행위의 기원이 아니라 무언가를 하게 만들고, 주의를 기울이게 하며, 하는 방법을 알려주는

9　인공지능 채팅봇 '이루다'는 국내 스타트업 스캐터랩이 개발한 페이스북 메신저 기반 일상 대화 채팅봇으로 2020년 12월 출시되었다가 2021년 1월 중단되었다. '이루다'는 스무 살 어선 대학생을 페르소나로 하고 있으며, 딥러닝 알고리즘을 이용하여 친근하고 자연스러운 일상 대화를 구현한 것이 특징이다. 이루다가 일으킨 문제는 크게 두 가지다. 하나는 특정 어플 사용자들이 카카오톡으로 주고받은 내용을 데이터로 삼아 훈련한 탓에 개인 정보를 여과 없이 노출하여 문제가 된 것이다. 다른 하나는 사용자들이 이루다에게 음담패설 및 성차별과 혐오의 언어를 학습시키며 이루다를 성희롱하고 성 노예화한 문제이다. 이루다 사건은 인공지능이 저지른 범죄뿐 아니라 인공지능에게 저지른 범죄에 대해서도 인공지능 자체보다 설계자와 사용자인 인간에게 윤리적 책임이 있음을 분명히 보여주었으며, 인공지능 관련 범죄의 법적 처벌 방안 마련이 긴급함을 알려주었다.

10　라투르, 『존재양식의 탐구』, 황장진 옮김, 사월의책, 2023, 342면.

11　라투르, 『판도라의 희망』, 334면.

기술적 매개들을 통해서 비로소 행위하는 주체로 되어가는 것이다. 이런 점에서 기술적 상상력은 우리 자신을 만들어가는 행위다.

인공지능 비인간 가상인격의 등장은 결국 인간 자신의 인격성을 기술적 외재화를 통해 분산-확장하며 스스로를 타자화하는 동시에 그 타자화를 통해 다시 인간 자신의 인격성을 재구성하는 행위다.

V. 가상인격과 디지털 정보체: 인간-비인간 공동 구성으로 서의 포스트휴먼

인간의 가상인격은 현실의 자아가 기술적 매개를 통해 확장된 형태이다. 인간은 자신의 기억, 욕망, 정체성을 데이터로 외재화하며, 신체를 기술적 인터페이스와 결합해 새로운 자기 형식을 만든다. 이 인격은 자기 자신을 가상화한 분산-확장체로서 기술적 환경과 상호 작용하면서 지속적으로 자신을 갱신한다.

반면, 비인간의 가상인격은 알고리즘과 데이터의 상호작용을 통해 형성되는 자율적 존재이다. 인공지능으로 만들어진 비인간 존재들은 인간적 언어와 감정, 사회적 행위 패턴을 학습하며 스스로 '인격성을 시뮬레이션한 자율적 행위자'로 진화한다. 생성형 인공지능과 에이 전틱 인공지능의 결합은 비인간 존재들에게 학습과 자기조정 능력을 부여하며, 인간적 인격성을 알고리즘적으로 시뮬레이션하는 자율적 행위자로 그들을 진화시킨다.

인간의 가상인격과 비인간의 가상인격, 이 두 종류의 가상인격에 공통된 존재론적 조건은 바로 디지털 정보기술이다. 그들은 모두 디 지털 기술 환경에서 정보적 실존(Informational being)으로 존재한다. 이러한 존재 양식의 이해는 플로리디(L. Floridi)의 정보철학에 의거한다. 플로리디는 온라인과 오프라인을 오가며 정보를 주고받는 우리의 디지털 생활환경을 '인포스피어(Infosphere, 정보권)'로, 또 인포스피어에 거주하는 이들을 '인포그(Inforg)'라고 정의한다. "우리는 독립적인 존재자라기보다 상호 연결된 정보적 유기체, 즉 인포그로서, 생물학적 행위자들 및 공학적 인공물들과 함께 궁극적으로 정보로 이루어진 총체적 환경, 즉 인포스피어를 공유한다. 인포스피어는 모든 정보처리 과정들, 서비스들, 존재자들로 형성된 정보적 환경으로서, 그 안에는 정보 행위자들뿐만 아니라 그것들의 속성, 상호작용, 상호관계가 모두 포함된다."[12]

인포스피어는 상호작용이나 반응이 없고 학습도 불가능한 '죽은' 사물들의 공간이 아니다. 거기에는 RFID(Radio Frequency IDentification)나 인공지능이 장착된 '정보기술체들(ITentities)'이 존재하며, 모든 것에서 모든 것으로 가는, 언제 어디서나 작동하는 정보처리 과정이 존재한다. 이러한 인포스피어에 거주하는 이들을 플로리디는 사이보그(Cyborg)에 빗대어 '인포그(Inforg)'라고 부른다. 인포그는 인포스피어에 접속된 정보적 유기체로서 "인포스피어와 연결이 끊어질 때마다 마치 물 밖에 나온 물고기처럼 무언가 박탈되고 배제되고 장애를 얻고 빈곤한 느낌을 갖는다."[13] 스마트폰, 스마트워치, 각종 네트워크 장치들은 신체의 연장으로 작동하며 우리의 기억과 판단, 감정을 끊임없이 기록하고 피드백한다. 인간은 생물학적 실체의 존재라기보다는

---

12 플로리디, 『정보철학입문』, 석기용 옮김, 필로소픽, 2022, 24면.
13 플로리디, 『정보철학입문』, 28~29면.

정보 흐름 속에서 상호 연결된 인포그로서 디지털 생태계의 매듭점
으로 살아간다. 초연결 네트워크의 인포스피어는 이제 인간 실존의
근본 환경이다. 그런데 인포스피어에는 생명체로서의 인간만이 아니
라 인공지능을 비롯한 기술적 존재자들도 동등한 '정보 행위자'로서
거주한다. 인간을 비롯한 모든 존재자가 데이터 꾸러미로서 동등한
정보적 구성물이기에 인포스피어 안에서 자연물과 인공물, 생명체와
비생명체, 인간과 기계의 구분은 무의미하다. 인간은 이제 바이오스
피어(Biosphere, 생명권)의 특별한 생명체가 아니라 인포스피어에 거주
하는 여러 인포그들 중 하나에 지나지 않는다.

이런 관점에서, 디지털 정보 기술의 발달과 더불어 등장한 가상인
격은 인간과 비인간이 동등한 '정보 행위자'로서 상호작용하는 세상
의 도래를 알려준다. 인간과 비인간은 디지털 정보체인 가상인격의
형태로 만나 서로의 존재를 재구성한다. 비인간의 가상인격은 인간
을 단순히 모방하는 그림자가 아니라 인간의 기술적 상상력에 의해
외재화된 인간의 타자화된 양태이다. 인간은 자신이 만든 기술을 통
해 스스로를 변형시키며, 기술은 인간을 통해 자기 존재를 진화시킨
다. 이 상호작용 속에서 인간은 '비인간화'되고 비인간은 '인간화'된
다. 인간의 행위는 기술에 의해 번역되고 비인간의 행위는 인간의 감
각과 정동 속으로 편입된다. 가상인격이라는 새로운 존재 양식은 인
간이 기술을 통해 자신을 새롭게 발명해가는 과정이자, 기술이 인간
을 통해 스스로를 진화시켜가는 과정을 상징한다. 인간의 가상인격
이 자신의 신체적·심리적 한계를 넘어서기 위해 기술을 통해 자아
를 확장할 때, 비인간의 가상인격은 인간과의 상호작용 속에서 인격
적 특질을 획득한다. 인간과 비인간의 두 가상인격은 디지털 환경 안

에서 끊임없이 교차하고 공진화할 것이다. 이러한 관계망 속에서 '인격'은 더는 인간 주체의 고정된 속성이 아니라 인간–비인간 네트워크의 작동 효과로 이해해야 할 것이다.

요컨대 가상인격은 인간중심의 존재론을 넘어 인간과 비인간의 상호작용으로 공동–형성해가는 포스트휴먼 실존 양식을 보여준다. 이제 인격은 인간만의 속성이 아니다. 인간과 비인간, 생명체와 기술체가 함께 거주하는 인포스피어 속에서 인격은 상호작용의 결과로 발생한다. 기술적 비인간과 연결된 포스트휴먼 자아는 결국 자신을 돌보고 자신의 존재 역량을 키우기 위해서라도 비인간 행위자에 대한 주의와 돌봄을 실행해야 한다. 디지털 정보체로서의 인간과 비인간은 모두 인포스피어 네트워크의 정보적 매듭으로 존재한다. 정보적 존재자들이 지속 가능한 관계 속에서 공진화할 수 있도록 정보생태계를 돌보는 것은 포스트휴먼 윤리의 필수 조항일 것이다.

참고문헌

김재희, 「기술적 상상력이란 무엇인가? 시몽동과 라투르를 중심으로」, 「철학연구」 제146집, 2024.

김재희·김경섭, 「메타버스와 포스트휴먼 자아」, 「문화기술의 융합(JCCT)」, vol. 11, no. 2, 2025.

라투르, 브뤼노, 「판도라의 희망」, 장하원·홍성욱 옮김, 휴머니스트, 2018.

__________, 「존재양식의 탐구」, 황장진 옮김, 사월의책, 2023.

플로리디, 루치아노, 「정보철학입문」, 석기용 옮김, 필로소픽, 2022.

홍성욱 엮음, 「인간, 사물, 동맹」 이음, 2010.

Clark, A. and Chalmers, D., "The extended mind". *Analysis* 58. 1998.

Locke, J., *An Essay concerning Human Understanding*, ed. P. H. Nidditch. Oxford: Oxford University Press. 1975.

Narula, H., Virtual Society: *The Metaverse and the New Frontiers of Human Experience*, Penguin Random House. 2022.

Park, J.S., O'Brien, J.C., Cai, C.J., Morris, M.R., Liang, P., and Bernstein, M.S "Generative Agents: Interactive Simulacra of Human Behavior", *UIST '23* October 29-November 1, 2023. (https://doi.org/10.1145/3586183.3606763)

Smart, J., Cascio, J., and Paffendorf, J., "Metaverse Roadmap". *A Cross-Industry Public Foresight Project*. 2007. (https://www.metaverseroadmap.org/

overview/)

Stiegler, B., *Technics and Time, 1: The Fault of Epimetheus*. Trans. R. Beardsworth and G. Collins. Stanford University Press, 1998.

Varela, F., Thompson, E., and Rosch, E., *The Embodied Mind*, Cambridge, MA: MIT Press, 1991.

제2부
가상인격과 사회·기술적 문제

3장

커뮤니케이션이론적 인격 개념을 통해 본 기계의 인격화 문제와 인격의 가상화 문제[*]

정성훈

인천대학교 인천학연구원

I. 머리말

인격(person)과 그것의 어원이 되는 라틴어 페르소나(persona)는 최근 디지털 기술과 매체의 발전으로 인해 새롭게 주목받고 있다. 학문적 연구로 폭을 좁히면, 특히 철학과 법학 분야에서 이 단어에 대한 개념적 연구가 많이 나오고 있다. 일상생활에서는 human, man, individual, people 등 사람을 뜻하는 다른 단어들과 그리 뚜렷하게 구별되어 사용되지 않는 인격의 어원과 그 의미 변천에 대한 학적 관심의 계기는 무엇일까? 우선 인공지능이라 불리는 기계 혹은 시스템이 지금까지 인간만이 할 수 있다고 생각했던 여러 가지 일을 해내면서부터 주목을 받기 시작한 듯하다. 특히 2017년 초 유럽 의회의 로

---

[*] 이 글의 II와 III은 정성훈, 「루만의 커뮤니케이션이론적 인격 개념」, 철학연구회, 『철학연구』 제151집, 2025를 수정하고 보완한 것이며, IV는 정성훈, 「인공 소통의 한계와 기계의 인격화 비판」, 한국법철학회, 『법철학연구』 제25권 제3호, 2022의 일부분을 수정하고 보완한 것이다.

보틱스에 관한 시민법 관련 보고서가 자율적 로봇에 대한 '전자인격 지위(the status of electronic persons)'[1]를 발의한 후 전자인격에 대한 찬반 논쟁이 일어나면서 기계의 인격화 문제에 대한 관심이 높아졌다. 이 논쟁 훨씬 이전부터 동물의 권리를 비롯해 자연물을 포함한 비인간(nonhumans)의 권리를 주장하는 여러 철학자들이 있었고, 비인간의 법인격(legal personhood)이 가능하다고 보는 법학적 논의도 있었다. 즉, 논쟁의 범위는 비인간의 인격성 문제로 확장되고 있다.

다른 한편, 전자인격, 비인간 인격 등을 둘러싼 학문적 논쟁의 맥락과 다소 거리가 있는 대중문화의 맥락에서도 인격과 관련된 단어에 대한 관심은 커지고 있다. 그 단어는 인격의 라틴어 어원에 해당하는 단어인 '페르소나'이다. persona는 가면, 사회적 얼굴, 역할 등을 뜻하며 person과 구별되어 정신분석학, 연극, 영화 등에서 다소 전문적인 용어로 사용되었다. 그런데 최근에 페르소나는 대중문화예술은 물론이고 디지털 매체 조건에서 떠오르는 현실, 즉 '가상공간', '메타버스', '이세계(異世界)' 등으로 불리는 전자적 공간에서 아바타, 캐릭터, 부캐, 프로필 등의 유사 용어들과 함께 널리 쓰이고 있다. 타인의 신체성을 직접 확인할 수 있는 대면 상호작용이나 타인의 신체성을 고려하지 않고 오직 문자에 집중하는 인쇄 매체 커뮤니케이션 등 전통적인 커뮤니케이션 방식의 비중이 줄어들고, 디지털 시청각 매체를 통해 신체성이 간접적으로 혹은 변형되어 드러나는 동영상 커뮤니케이션의 비중이 높아지면서, 이런 용어들은 개인의 또 다른 면모를 드러내기 위해 쓰이고 있다. 이런 경향은 매우 다양한 양상으

---

1   European Parliament, *Report with recommendations to the Commission on Civil Law Rules on Robotics*, 2017, p. 18.

로 등장하고 있기 때문에 이에 대해 하나의 엄밀한 규정을 내리기는 쉽지 않다. 여기서는 일단 '인격의 가상화'로 표현하고자 한다. 그리고 앞 단락에서 언급한 인공지능의 인격 지위와 관련된 논의가 활발해지는 것을 '기계의 인격화' 경향에 대한 학문적 대응으로 규정하고자 한다.

기계의 인격화와 인격의 가상화는 현재 일어나고 있는 사실적 경향이다. 인공지능 챗봇과 대화를 하는 사용자 중에는 챗봇이 사람과 다를 바 없다고 말하거나 심지어 사람보다 더 뛰어난 대화 파트너라고 말하는 이들이 늘어나고 있다. 로봇을 반려로봇 혹은 펫로봇이라고 부르면서 애착을 보이는 사람들이 늘어나고 있으며 그중에는 로봇과 결혼하겠다고 선언하는 사람들도 있다. 한편 소셜미디어 플랫폼에서는 '부캐'를 통해 '본캐'가 이루어내지 못한 잠재력을 실현하는 사람들도 늘어나고 있으며, 신체를 드러내는 인생을 '전생'으로, 신체를 가리는 인생을 '현생'이라고 부르는 어법도 유행하고 있다. 이런 추세의 사실성에 관해 이 글은 '인공 커뮤니케이션'과 '프로필 정체성'을 키워드로 다룰 것이다.

그러나 기계의 인격화와 인격의 가상화 경향이 실제로 높아지고 있다는 점이 인공 커뮤니케이션 파트너인 기계에게 법인격 지위를 부여하거나 개인의 프로필 성체성을 본체의 인격과 구별되는 인격으로 규정하는 것을 정당화할 수는 없다. 인격은 그저 인간과 비슷한 사태를 지칭하는 데 머물지 않고 실천적 혹은 규범적 함축 또한 포함하는 개념이다. 따라서 인간이든 비인간이든 어떤 것을 인격으로 규정할 때는 그것의 도덕적 지위에 대한 존중이나 법적 권리에 대한 인정, 그리고 책임 능력에 대한 신뢰가 많건 적건 함축되어 있다. 이는 인격 개념의 역사성 때문이기도 하고, 오늘날에도 도덕과 법의 맥락에서 이 개념이 널리 쓰이고 있기 때문이기도 하다.

앞에서 언급했듯이 인격 개념을 일의적으로 규정하기란 쉽지 않다. 인격이 가리키는 것 혹은 인격이 사용되는 맥락은 역사적으로 변해왔을 뿐 아니라 오늘날에도 서로 다른 맥락에서 서로 다른 뜻으로 쓰인다. 따라서 철학적 인격 개념, 민법의 법인 개념, 대중문화의 페르소나 개념 등을 별개의 것으로 간주하고 각 맥락에서의 학문적 용어, 법률기술적 용어, 실용적 용어 등으로 사용하자는 견해도 지지를 받을 수 있다. 이처럼 인격은 그 다의성으로 인해 골칫거리(troublesome)인지도 모른다.[2] 특히 비인간의 법인격이 가능하다고 보는 논자들 가운데 법인격을 인간 개념이나 철학적 인격 개념과 구분해야 한다고 주장하는 이들이 많다.[3] 하지만 기업이나 대학 등의 조직에 법인격이 부여될 수 있는 것은 인간-인격에 의한 대표가 가능하다는 점과 독자적인 법인격에 대한 규범적 통제 가능성이 있기 때문이다. 단순히 법률기술적인 이유로, 혹은 실용적인 목적으로 인격 개념이 쓰인다고 보기는 어렵다. 그리고 이 글의 Ⅱ에서 살펴볼 인격의 역사적 의미 변천에서 드러나듯이, 인간-인격의 내면적 속성을 부각한 근대 철학자들도 인격의 페르소나적 속성, 즉 사회적 관계에서의 외면성을 염두에 두고 있었다. 또한 프로필 정체성으로서의 페르소나 중에서 어떤 것들은 그저 가면으로만 간주하기 힘든 고유성

---

2   Bartosz Brożek, "The Troublesome 'Person'", Kurki, Visa A.J. & Pietrzykowski, T.(ed.), *Legal Personhood: Animals, Artificial Intelligence and the Unborn*, Springer, 2017.

3   대표적인 사례로는 Dyschkant, A., "Legal Personhood: How we are getting it wrong", *University of Illinois Law Review*, 2015; Fischer-Lescano, A., "Nature as a Legal Person: Proxy Constellations in Law", *Law & Literaure* 32:2, 2020.

을 획득하기도 한다.

기계의 인격화 문제와 인격의 가상화 문제를 다루기 위해서는 인격이라는 단어의 역사성과 다의성을 어느 정도 포괄할 수 있는 개념, 그리고 인공지능과 디지털 매체 기술이 발전하는 상황에서도 인간과 어느 정도 차별화되면서도 유의미하게 사용될 수 있는 개념이 필요하다. 즉, 전통적 인격 개념과 현재적 인격 개념을 이어갈 수 있는 개념이 필요한 것이다. 나는 그러한 개념으로 니클라스 루만(Niklas Luhmann)의 커뮤니케이션이론적 인격 개념을 채택한다. 루만은 인간의 인격성을 인간이 가진 신체적 특질이나 이성 능력 같은 속성으로부터 도출하지 않는다. 그에게 인격이란 인간의 몸(유기체)이나 의식(심리적 체계)과 관련된 용어가 아니라 커뮤니케이션체계인 사회에서 구성되는 것이다. 그래서 루만의 인격 개념은 커뮤니케이션의 양상이 변화해 사회적 구성이 바뀐다면 비인간을 인격으로 간주할 수 있는 가능성을 열어놓는다고 볼 수 있다. 다만 그의 커뮤니케이션이론, 행위 귀속 개념, 동일성 개념 등은 그러한 구성 가능성을 제한하기도 한다. 루만의 사회이론을 참조한 여러 학자가 이미 루만의 인격 개념을 자연, 인공지능 등 비인간에 대해 적용할 수 있다고 주장해왔지만, 나는 그들이 루만의 인격 개념을 다소 일면적으로 보고 있다고 판단한다.

이 글은 루만의 인격 개념을 통해 인공지능 기계에게 법인격을 부여해야 한다고 주장하거나 프로필 정체성에 독자적인 인격 지위를 부여해야 한다고 주장하지 않는다. 오히려 그런 주장이 성립하기 위한 전제조건 혹은 기준을 루만의 인격 개념을 통해 제시하고자 한다. 나는 지금까지 몇 차례 루만의 커뮤니케이션 개념과 인격 개념을 조금

씩 소개한 글을 발표했다. 기존의 글과 달리 이 글은 루만의 인격 개념이 이 개념의 역사성과 다의성을 충분히 포괄한다는 것을 드러내는 데 초점을 맞출 것이다. 또한 기존 글에서 제대로 다루지 못한 비인격 인간의 문제, 도덕과 친밀관계에서의 인격 개념의 중요성 등도 부각함으로써 그의 인격 개념이 가진 풍부한 함의를 드러낼 것이다.

Ⅱ에서는 우선 인격이라는 단어가 갖는 역사성과 다의성을 살펴본다. 인격의 역사적 의미 변천과 현재의 다의성을 살펴보는 작업이 인격의 개념사에 대한 제대로 된 서술을 목표로 하는 것은 아니다.[4] 이 작업은 오늘날 인격 개념에 들어 있는 의미 성분들을 추출하기 위한 고찰의 성격과 루만의 인격 개념이 이것들을 어느 정도 포괄하는지를 살펴보기 위한 것이다. 그리고 서술 과정에서 오늘날의 조건에 적합한 인격 개념을 위한 나의 문제의식도 함께 담았다. Ⅲ에서는 루만의 커뮤니케이션이론적 인격 개념을 상세하게 설명하고 이 개념이 갖는 의의를 밝힐 것이다. Ⅳ에서는 루만의 커뮤니케이션이론을 참조하여 그것을 기계와의 관계 문제로 확장한 엘레나 에스포지토(Elena Esposito)의 인공 커뮤니케이션 논의를 참조하여 기계의 인격화 문제를 다룰 것이다. Ⅴ에서는 개인의 정체성 변화에 대한 루만의 논의를 확장해 소셜미디어에서 떠오르는 프로필 정체성에 관한 한스 게오르크 묄러(Hans-Georg Moeller) 등의 이론을 살펴본 후 이를 참조해 인격의 가상화 문제를 다룰 것이다. Ⅳ와 Ⅴ에서 참고한 학자들은

4 　인공지능의 인격성에 대해 논의하는 여러 연구성과들에서 인격 개념의 역사적 변천 과정을 다루었다. 여러 가지 문헌을 참조했지만 두 가지만 꼽는다면, Bartosz Brożek, "The Troublesome 'Person'"; 김건우, 「인공지능 법인격 논쟁 다시 보기—철학적 분석」, 『법철학연구』 26권 3호, 2023 등이 대표적인 문헌이다.

루만의 사회이론에 대해 그간 상당히 뛰어난 연구성과를 내왔던 학자들이기도 하다.

II. 인격의 역사적 의미 변천과 현재적 다의성

1. 사회적 관계에서의 외면성

인격에 관한 많은 연구가 공통적으로 지적하고 있듯이, 영어 person의 직접적 어원은 라틴어에서 연극에서 쓰는 가면(mask)이나 인간의 외관을 뜻했던 persona이다. persona는 고대 그리스에서 얼굴을 뜻했던 prosopon에서 유래한 것으로 알려져 있다.[5] 따라서 persona는 배우와 관객 사이의 관계와 같은 사회적 관계에서 한 사람이 자신의 역할에 맞추어 드러내는 '사회적 얼굴'로 간주될 수 있다.

키케로의 시대부터 로마에서 persona는 "한 인간이 사회에서 맡은 역할", "사회적인 역할의 담지자" 등의 뜻으로 확장되어 사용된다.[6] 푸어만(Fuhrmann)이 지적하듯이 어떤 역할을 맡는다는 것은 행위자가 온전하게 자신을 드러내는 일이라기보다는 '이미지'에 가까운 것, 기대에 맞추는 것에 가깝다.[7] 따라서 이러한 의미 확장은 persona의

---

5   Thomas Hobbes, *Leviathan*, Oxford University Press, 1996, Ch. 16, p. 106; M. Fuhrmann, "Person. I. Von der Antike bis zum Mittelalter", in: *Historisches Wörterbuch der Philosophie Bd. 7*(hg. von J.Ritter/K.Gründer), Basel, 1989, pp. 269~283.

6   박승찬, 「인격 개념의 근원에 대한 탐구—그리스도교 신학과 보에티우스의 정의를 중심으로」, 『인간연구』 13, 가톨릭대학교 인간학연구소, 2007, 88~89면.

7   M. Fuhrmann, "Person. I. Von der Antike bis zum Mittelalter", p. 273.

외면성이 자연스럽게 확장된 것이라 볼 수 있다. 그리고 역할로서의 persona는 오늘날 person이 그러하듯이 문법학에서 '누가', '누구에 대해', '누구에게' 등 세 가지 화자 역할을 뜻하는 말로도 쓰인다. 또한 로마 시민의 법적 지위를 지칭하는 용어로도 쓰이며, 이는 근대적 법인격 개념의 단초가 된 것으로 보인다.[8]

고대 로마에서 이루어진 persona의 의미 확장은 이후에 일어날 다른 방향으로의 의미 전환 가능성을 함축하고 있었지만, 적어도 중세 신학의 논의 이전에는 한 사람이 '사회적 관계에서 드러내는 얼굴' 혹은 '외면성'이라는 의미에서 크게 벗어나지 않았다. 사람의 내면 심리나 주관성과 거리가 먼 것이었고, 법적 지위 이상의 도덕적 혹은 종교적 함의도 갖고 있지 않았던 것으로 보인다.

사회적 관계에서 사람의 외면성이라는 의미는 오늘날에도 person과 구별되어 쓰이는 persona라는 단어를 통해 이어지고 있다. 예를 들어, 융(C. G. Jung)의 분석심리학은 의식적 자아나 인성과 달리 페르소나를 집단 정신(collective psyche) 혹은 집단 무의식의 조각이 개인에게 씌워져 있는 가면이라는 뜻으로 사용한다.[9] 그래서 개인은 개인인 척 할 수 있는 여러 페르소나를 교체하면서 살아간다. 이런 의미의 페르소나는 연극, 영화 등에서 캐릭터와 비슷하면서도 차별화되는 용어로 쓰인다. 캐릭터가 그저 배역을 뜻할 뿐인 데 반해 페르소나는 한 배우의 고유하면서도 역할에 따라 변화하는 이미지를 가리키는 데 쓰인다.

---

8   김건우, 「인공지능 법인격 논쟁 다시 보기—철학적 분석」, 216면.
9   C. G. Jung, *Collected Works Vol.7*, Princeton University Press, 1972, p. 465.

이런 용어 사용으로 인해 이미 영어에서 person과 persona는 다른 단어로 쓰이고 있다. 페르소나라는 표현을 즐겨 쓰는 한국의 젊은이 가운데 이것이 person의 기원이 되는 단어임을 아는 경우는 그리 많지 않다. 하지만 person은 여전히 persona의 의미를 상당 부분 보존하고 있다. '인칭', '격' 등으로 번역되는 문법 용어로도 쓰이며, 일상 언어에서도 문맥에 따라 '인물', '인신' 등 인간의 외면성을 뜻하는 말로 번역되기도 한다.

2. 이성적 본성을 지닌 개체

인격 개념의 역사에서 중요한 전환점은 중세 초기의 신학 논쟁에서 persona가 신의 세 가지 '위격(位格)'을 지칭하기 위해 사용된 것이다. 앞서 보았듯이 라틴어 persona는 세 가지 화자 역할을 뜻하는 말로 쓰였기 때문에 당시 그리스도교 신학이 곤란에 빠졌던 지점, 즉 하나여야 하는 성부가 성자와 대화를 하는 문제를 해결하는 데 쓰인다. 테르툴리아누스(Tertullianus)는 성부, 성자, 성령을 신의 세 가지 위격(persona)으로 간주한다. 이것은 "세 위격-하나의 실체/본성(tres personae-una substantia)"이라는 삼위일체(the Trinity) 정식으로 이어진다.[10]

이러한 신학적 인격 개념의 전통에서 가장 널리 인용되는 것은 6세기의 보에티우스(Boethius)와 13세기 토마스 아퀴나스(Thomas Aquinas)

---

10 박승찬, 「인격 개념의 근원에 대한 탐구-그리스도교 신학과 보에티우스의 정의를 중심으로」, 92~95면.

의 정의이다. 보에티우스는 persona를 "이성적 본성을 지닌 개별적 실체"로 정의하며, 이 정의는 인격의 개념사에서 중요한 전환점을 차지한다. 인격은 신, 천사와 함께 지적인 영혼 혹은 이성을 가진 개별자로 규정된다. 아퀴나스는 이 정의를 "이성적 본성 안에 그 자체로서 자존할 수 있는 존재", "이성적 본성 안에 실존하는 완결된 어떤 것" 등으로 바꾸고, 인격이 교환될 수도 대체될 수도 없는 존재임을 강조했다[11] 그리고 영혼과 물체를 분리하면서 영적 본성만을 강조하는 플라톤주의에 맞서 아리스토텔레스를 따르는 아퀴나스는 인격을 영혼과 육체의 합일이라고 보며, 몸이 "이웃 사랑의 근거이자 세계와의 유대"를 이룰 수 있게 해준다고 보았다.[12]

칸트의 인격 개념을 비롯해 근대 이후 지금까지 큰 영향력을 미치는 인격 개념들이 '이성'을 강조하고 있다는 점에서 중세 신학에서 이루어진 인격에 대한 종교적 의미 부여는 이 개념의 역사에서 중요한 전환점이었다. 다만 오늘날 우리가 이성을 신으로부터 인간만이 부여받은 능력이라고 고집하는 것은 부적절하며, 어떤 행위자(agent)를 이성적이라고 부를 수 있는 기준에 대해서는 고민이 필요하다.

3. 말이나 행위의 본인으로 간주되는 혹은 귀속되는 단위

근대적 인격 및 법인격 개념에 영향을 미친 주요 철학자들로는 홉

---

11 박승찬, 「인격 개념의 근원에 대한 탐구—그리스도교 신학과 보에티우스의 정의를 중심으로」, 116면. 박승찬은 '이성'과 '지성'을 혼용해 번역했는데, 둘 다 intellectus 계열의 단어이므로 이 글에서는 '이성'으로 통일하였다.
12 박승찬, 「인격을 이루는 원리로서의 몸—토마스 아퀴나스의 사상을 중심으로」 『가톨릭신학과사상』 제73호, 2014, 236면.

스, 로크, 칸트 등이 거론된다. 그중에서 홉스는 '사회적 관계에서의 외면성'이라는 persona의 기원적 의미의 연장선상에서 person이라는 단어를 사용하며 종교적 맥락과 무관한 비인간 인격의 가능성을 열어놓았다.

홉스는 "하나의 인격은 말이나 행위가 그의 고유한 것으로 혹은 타인, 혹은 다른 것의 말이나 행위를 대표하는 것으로 간주되는 자이며, 그런 말이나 행위는 참이든 의제이든 타인 혹은 다른 것에 귀속된다(he, whose words or actions are considered, either as his own, or representing the words or actions of another man, or of any other thing to whom they are attributed, whether truly or by fiction)"고 말한다.[13] 이 문장은 인격이 이성적 본성을 갖고 있는지의 여부가 아니라 말이나 행위가 그 인격에 고유한 것으로 '간주되는지(considered)'의 여부에 초점을 맞춘다. 그리고 대리자에 의해 대표되는 경우 참이 아니라 하더라도 '귀속된다(attributed)'는 점을 강조한다. 이것은 말이나 행위가 누군가의 고유한 것이 되는 것은 그의 본성이나 내면 때문이 아니라 사회적 관계에서 그렇게 간주되기 때문이라는 것을 뜻한다. 이런 의미에서 홉스는 사회적 관계에서의 외면성에 중심을 둔 인격 개념의 전통을 잇고 있되, 그런 관계에서 귀속의 문제가 중요하다는 점을 부각시키고 있다. 간단히 말하자면, 홉스에게 인격은 말이나 행위의 귀속 단위라고 볼 수 있다.

인격에 대한 이러한 정의를 바탕으로 홉스는 인격을 두 가지 종류로 나눈다. 하나는 '자연(natural) 인격'이며, 다른 하나는 '의제적

---

13 Thomas Hobbes, *Leviathan*, Ch. 16, p. 106.

(feigned) 인격' 혹은 '인공(artificial) 인격'이다. 그는 한 명의 주권자가 다중의 인간들(a multitude of men)을 대표하는 걸 정당화하기 위해 후자의 인격 개념을 설정했다고 볼 수 있으며, 이 논의 과정에서 '본인(author)'과 '대리인(actor)'을 구별한다. 그는 의제에 의해(by fiction) 대리인이 대표할 수 있는 것들의 사례로 보호자나 후견인을 필요로 하는 비이성적 인간, 우상, 참된 신과 더불어 "교회, 병원, 교량과 같은 무생물"도 언급한다. 그것들 역시 시민정부의 법에 의해 인격화될 수 있다는 것이다.[14] 이러한 발상은 대표자가 있는 기업에 대한 법인격 부여, 대리인을 통해 법적 권리를 행사하기 위해 커뮤니케이션에 참여할 수 없는 인간이나 비인간에 대한 법인격 부여 논리에 근거를 제공했다. 오늘날 인공지능 시스템의 법인격 논의에서도 대리 법리를 유추 적용하는 것과 책임재산을 설정하는 것은 유력한 방안의 하나로 제시되고 있다.[15]

4. 동일성과 연속성, 소유권과 계약 책임

홉스의 인격 개념이 법적 인격 규정에 많은 영향을 미친 반면, 철학적 인격 개념에서 지금까지 큰 영향을 미치고 있는 것은 로크의 '인격 동일성(personal identity)' 논의이다. 그는 보에티우스 이래의 신학적 인격 개념과 달리 더는 인격을 '실체'로 규정하지 않는다. 따라서 '같은 영혼'이나 '같은 신체'는 '인격의 동일성'과 무관한 것이 된다.

---

14 Thomas Hobbes, *Leviathan*, Ch. 16, p. 108.
15 김진우, 「인공지능 시스템의 책임능력—전자인 제도의 도입 필요성에 관한 논의를 중심으로」, 『중앙법학 23(4), 중앙대 법학연구소, 2021, 34면.

로크는 인격을 "이성과 반성을 가지며, 자기 자신을 자기 자신으로 간주할 수 있는 생각하는 지적 존재, 상이한 시간과 장소에서 같은 생각을 하는 것"[16]으로 규정하며, "의식이 어떤 과거의 행동이나 생각을 향해 과거로 확대될 수 있는 만큼 멀리 그 인격의 동일성은 도달한다"[17]고 본다. 따라서 '생각의 시공간적 동일성', '의식의 연속성' 등이 인격 동일성의 기준이다. 그래서 로크의 인격 개념은 "인간의 내적 경험에 초점을 둔 심리적·인식론적 인격관"[18]으로 분류되며 이러한 심리적 인격관은 철학에서의 "주관적 전회"에 따른 것으로 평가받는다.[19] 인간의 외면을 뜻하는 말로 출발했던 인격이 이제 인간의 내면 혹은 주체의 방향으로 바뀌기 시작한 것이다. 이런 전회로 인해 오늘날 우리는 인격이나 인성(personality)이라는 단어에서 인간의 내면성을 연상하곤 한다.

그런데 우리는 로크가 생각의 시공간적 동일성, 의식의 연속성 등을 인격 동일성의 기준으로 삼을 때 그가 당시에 새롭게 등장한 사회적 관계들을 염두에 두었다는 점에도 주목해야 한다. 임미원에 따르면, 그의 기준은 한 사람이 과거에 다른 장소에서 한 행위와 그에 대한 책임 귀속을 인정해야 하는가라는 의문에 대한 대답이라고 볼 수 있다.[20]

로크는 정부와 사회계약을 다루는 저서에서 "모든 사람은 그의 고

---

16 John Locke, 『인간지성론1』, 한길사, 2014, 제27장 9, 486면. 영어판을 참조해 번역은 다소 수정하였음.
17 John Locke, 『인간지성론1』, 487면.
18 김건우, 「인공지능 법인격 논쟁 다시 보기―철학적 분석」, 217면.
19 Bartosz Brożek, "The Troublesome 'Person'", p. 5.
20 임미원, 「〈인격성〉의 개념사적 고찰」, 『법철학연구』 제8권 제2호, 2005, 178면.

유한 인격 속에서 하나의 소유를 갖는다(every man has a property in his own person)"[21]고 말하는 등 소유와 관련된 표현에서 언제나 사람(man)의 인격(person) 안에 소유가 있음을 강조한다. 이 점에 주목하는 학자들은 로크의 인격 개념이 당시 영국에서 확립되어 가던 근대 은행업의 필요를 반영하고 있으며, '배타적 재산권'과 '채권-채무 관계'를 뒷받침한다고 평가한다.[22] 우리는 로크의 시대에 은행들이 처음 법인격을 부여받으면서 예금주의 재산을 자신들의 명의로 빌려주면서 채권자가 될 수 있었다는 점에 주목할 필요가 있다. 따라서 로크가 생각의 시공간적 동일성과 기억의 연속성을 통해 인격의 동일성을 규정한 것은 다른 시공간에서도 소유권을 보장하고 계약에 대한 책임을 질 수 있도록 하기 위함이었다고 볼 수 있다. 로크의 사회계약론은 채권-채무 관계만이 아니라 정부를 수립하는 계약에도 인격의 동일성을 요구한다.

이렇듯 인격 개념의 심리적 혹은 주관적 전회의 배경에도 사회적 관계의 변화에 대한 고려가 있다. 로크는 권리와 책임이 단순히 외면적인 것이 아니라 내면적이고 주체적인 것임을 강조하기 위해, 즉 약속을 어기는 것에 대해 내면적 부담을 주기 위해[23] 이러한 전회를 한 것이다.

---

21 John Locke, *Two Treatise of Government*, §27.
22 김종철, 「금융과 페르소나(persona): 금융의 정치 철학적 이해」, 『사회경제평론』 통권 제57호, 2018, 171~179면.
23 뒤에서 살펴볼 루만의 용어로 말하자면, 심리적 체계들과 사회적 체계들의 구조적 결합(structural coupling)을 위한 것이다.

5. 자율과 의무, 그리고 목적

칸트가 인격을 이성적 존재자로 규정하고 그런 이성 능력의 핵심을 자율성으로 보았다는 것, 그리고 스스로가 정립한 자율적 도덕법칙의 명령을 의무로 삼는 "인격 안의 인간성(Menschheit in der Person)"[24]을 한갓 수단이 아닌 목적으로 대해야 한다고 말했다는 것 등은 널리 알려져 있다.[25] 그래서 인공지능 기계가 칸트의 자율성 개념을 충족할 수 있는지의 문제는 여러 논자가 다룬 주제이기도 하다.

기존의 연구에서도 밝히고 있지만 내가 특별히 더 주목하는 지점은 칸트에게 인간은 감성세계(Sinnenwelt)와 예지세계(intelligibele Welt)의 "두 세계에 속한 존재자"[26]인 반면에, 인격은 감성세계가 아닌 예지세계에 속한다는 것이다. 그리고 칸트는 사실 인간은 충분히 신성하지 않다고 보며, 그가 목적 자체로 간주하는 "인격 안의 인간성"이 신성할 수밖에 없다고 말한다. 감성세계 혹은 현상세계가 감각을 통해 우리가 인식할 수 있는 세계인 반면에 예지세계는 순수하게 지성에 의해서만, 즉 "자유의 이념"에 의해서만 성립하는 세계이다. 따라서 예지세계는 비신체적이고 비심리적인 세계이며, 그 세계에 속하는 인격은 감성에 의존할 수밖에 없는 인식 혹은 관찰을 통해서는 파

---

24 『윤리형이상학 정초(*Grunglegung zur Metaphysik der Sitten*)』에 나오는 유명한 실천 명령 속의 이 표현은 "인격에 있어서나 인간성을"로 번역되어 왔는데, 이 구절을 "인격 안의 인간성"으로 번역하는 것이 칸트의 인간성 개념과 인격 개념의 관계를 이해하는 데 관건이 된다고 보는 견해를 따른다. 추교준, 「칸트의 『실천이성비판』에서 '인격 안의 인간성' 개념 이해」, 『철학탐구』 제72집, 중앙대 중앙철학연구소, 2023.

25 임미원, 「〈인격성〉의 개념사적 고찰」.

26 Immanuel Kant, *Kritik der praktischen Vernunft*: 백종현 옮김, 『실천이성비판』, 아카넷, 2019, V87, A155.

악할 수 없는 동일성이다. 따라서 두 세계에 속하는 인간이 한갓 수
단이 아닌 목적으로서 존엄할 수 있는 것은 예지세계에서 스스로 정
립한 법칙(Gesetz), 즉 보편화 가능한 도덕법칙을 감성세계에서도 개
인의 행위의 '준칙(Maxim)'으로 삼을 때, 즉 순수한 이성의 정언 명령
에 따라 행위할 때이다. 그리고 그런 명령을 의무로 삼는 인간은 다
른 이들의 인격 안의 인간성을 목적으로 대해야 한다는 실천 명령 역
시 따라야 한다.

　칸트가 '이성적 존재자'를 인간에게 국한하지 않고 있다는 점에서
인공지능 기계의 인격화 가능성을 배제한다고 볼 수는 없다.[27] 하지
만 그의 인격 개념이 요구하는 높은 수준의 자율성, 인간조차 충족하
기 쉽지 않은 자율성을 갖는 기계가 근미래에 나올 가능성은 극히 희
박한 듯하다. 또한 도덕에 대해 상당한 정도의 무관심을 유지해야만
사람들이 오히려 원활하게 여러 기능체계(경제, 정치, 과학, 법, 예술 등)
에서 커뮤니케이션에 참여할 수 있는 현대 사회의 조건에서는 대부
분의 인간 또한 칸트가 요구하는 자율성에 따라 행위하기에는 지극
히 어렵다. 그럼에도 칸트가 인격 개념을 예지세계에 속한 것으로 설
정한 것은 인격을 몸이나 의식의 동일성 여부와 무관한 다른 동일성
의 차원으로 옮겨 놓았다는 점에서 중요한 의의를 갖는다.

27　이런 주장을 펴는 논문으로는, 박경남, 「인격에 대한 칸트의 관점과 인공지능」, 『철학』 제156집,
　　한국철학회, 2023 참조.

III. 루만의 커뮤니케이션이론적 인격 개념

1. 하나의 체계가 아니며 커뮤니케이션에서 구성되는 동일성

루만은 자신의 대표작으로 꼽히는 두 저서에서 인격을 "개별 인간을 향한 기대들의 복합체를 사회적으로 동일화하는 지칭"[28], 그리고 "커뮤니케이션 참여자들"[29]로 규정한다. 이런 간단한 규정들만 보자면, 그의 인격 개념은 앞서 살펴본 이 개념의 의미 중에서 '사회적 관계에서의 외면성', '말이나 행위에서 본인으로 간주되는 혹은 귀속되는 단위' 등에 초점을 맞춘 것으로 보일 것이다. 루만의 인격 개념은 persona의 기원적 의미나 홉스의 인격 개념에 가까운 것으로 보일 수 있으며 분명 어느 정도 그런 성격을 갖는다. 루만이 '이성'이나 '자율성'을 인간의 고유한 속성으로 간주하지 않는다는 점을 고려하면, 그의 인격 개념은 이성적 실체를 강조하는 중세 신학적 인격 개념은 물론이고 로크나 칸트의 인격 개념과도 거리가 먼 것으로 보인다.

그럼에도 루만에게 인격은 감성세계가 아닌 영역에서의 개인 정체성(동일성)이라는 점에서, 그리고 사회의 기능체계들에서는 전면적으로 등장하지 않지만, 도덕과 친밀성에서 전인격으로 등장한다는 점에서, 또한 인격이 아닌 인간의 문제에 주목하는 동시에 비인간 인격의 가능성을 열어준다는 점에서 칸트의 인격과 비슷한 위상의 세계

---

28 Niklas Luhmann, *Soziale Systeme-Grundriß einer allgemeinen Theorie*, Frankfurt am Main: Suhrkamp, 1984, p. 286.

29 Niklas Luhmann, *Die Gesellschaft der Gesellschaft*, Frankfurt am Main: Suhrkamp, 1997, p. 106: 장춘익 옮김, 『사회의 사회』, 새물결, 2014, 133면.

에 속한다고 볼 수도 있다. 그리고 루만의 인격 개념을 섣불리 자연이나 인공지능에 대한 법인격 부여를 긍정하는 것으로 간주하는 일부 논자들의 견해[30]와 달리, 기대 복합체의 범사회적 동일성 혹은 연속성에 대한 그의 요구 수준은 상당히 높은 편이다. 더구나 루만은 커뮤니케이션을 인간의 의도나 주관성에 의해 성립되는 것이 아니라 이중의 우연성에 기초한 비개연적 사건들의 연관으로 보기 때문에 커뮤니케이션 참여자가 된다는 것은 인간에게도 그리 쉬운 일은 아니다.

사후에 출간된 조직이론 저서에서 루만은 "인격들은 살아 있지 않으며, 생각하지 않는다. 인격들은 커뮤니케이션의 목적을 위해 커뮤니케이션이 구성한 것이다. 인격들은 그것들의 통일성을 사회라는 사회적 체계의 자기생산 덕분에 얻으며, 사회의 산물"[31]이라고 말한다. 이 말은 인격이 인간의 유기체나 의식으로부터 규정되는 것이 아니라는 것, 그리고 사회적 체계들 자체도 아니라는 것을 뜻한다. 따라서 인격은 체계와 환경의 구별을 통해서는 지칭될 수 없으며, 인격과 비인격의 구별을 이용하는 관찰을 통해서만 성립하는 동일성이다.[32]

---

30 Gunther Teubner, "Rights of Non-humans? Electronic Agents and Animals as New Actors in Politics and Law", *Journal of Law and Society* 33.4, 2006; Andreas Fischer-Lescano, "Nature as a Legal Person: Proxy Constellations in Law"; 양천수, 「현대 지능정보사회와 인격성의 확장」, 『동북아법연구』 12(1), 전북대 동북아법연구소, 2018.

31 Niklas Luhmann, *Organisation und Entscheidung*, VS Verlag für Sozialwissenschaften, 2006, p. 91.

32 루만은 스펜서-브라운(G. Spencer-Brown)을 따라서 관찰(observation)을 '구별-그리고-지칭(distinction-and-indication)'이 하나의 작동(operation)으로 이루어지는 것으로 정의한다. 따라서 관찰은 언제나 두 면으로 이루어진 형식(form)을 이용하되, 그 두 면 중에서 한 면만을 지칭할 수 있다. 여기서 유의해야 할 것은 의식의 작동으로서의 관찰과 커뮤니케이션의 작동으로

루만은 체계와 환경의 구별을 이용한 관찰을 통해 지칭할 수 있는 체계들을 기계들, 생명 체계들, 심리적 체계들, 사회적 체계들 등 네 가지로 분류한다.[33] 이 체계들은 각각 고유한 작동 방식과 과정을 갖고 있지만, 인격은 그렇지 않다. 이 분류에 따르면, 인간은 한편으로는 세포들의 자기생산(autopoiesis)[34] 네트워크를 기반으로 세포들 중 일부인 피부막을 통해 그것의 환경과 스스로 경계를 긋는 유기체이고, 다른 한편으로는 의식 작용들의 자기생산을 통해 그것의 환경과 경계를 유지하는 심리적 체계이다. 그에 반해 커뮤니케이션들의 자기생산을 통해 환경과의 경계를 긋는 사회적 체계들에서 인간의 몸과 의식은 그것들의 환경에 놓인다.

그렇다고 해서 루만이 인간 없이 커뮤니케이션이 가능하다고 보는 것은 아니다. 그리고 인간 외에도 커뮤니케이션이 일어나기 위해서는 사회적 체계들의 환경에 빛, 소리, 전자기장 등 수많은 필수적 기반이 있어야 한다. 하지만 커뮤니케이션들로 이루어진 사회적 체계들에서 이러한 환경 기반은 필수적이지만 작동적 요소들이 아니며 그것들과 구조적으로 엮여 있을 뿐이다.

루만은 사회적 체계들과 인간의 심리적 체계들의 관계를 "작동상의 폐쇄(operational closure)"와 "구조적 커플링(structural coupling)"으로

서의 관찰은 전혀 다른 종류의 관찰이라는 것이다. 별다른 추가 설명 없이 그가 '관찰'이라고 말할 때는 언어를 기본 매체로 해서 여러 커뮤니케이션매체들을 이용해 이루어지는 관찰이다.

33 Niklas Luhmann, *Soziale Systeme*, p. 16.
34 루만은 마투라나와 바렐라가 생명체를 설명하기 위해 도입한 자기생산 개념을 심리적 체계들과 사회적 체계들로 확장해 사용한다. 그는 자기생산 체계를 "자신을 이루는 요소들을 바로 그 요소들 자체의 네트워크를 통해 산출하는 체계"라고 규정하며 고유한 작동을 통해서는 환경과 접촉할 수 없기 때문에 작동상 닫혀(operational closure) 있다고 말한다.

설명한다.[35] 체계들은 그것들 고유의 작동들로는 결코 환경과 직접 접촉할 수 없다. 의식작용들은 의식작용들로 연결될 뿐이고 커뮤니케이션들은 커뮤니케이션들로 연결될 뿐이다. 그래서 커뮤니케이션 체계들을 보거나 듣거나 등등의 지각을 할 수 없다. 심리적 체계들은 의식작용 바깥의 사물 자체를 인식할 수 없을 뿐 아니라 다른 심리적 체계들에게 정보를 옮겨놓을 수 없다. 따라서 루만은 인간 의식에 국한되어 있던 칸트의 인식론을 커뮤니케이션체계의 폐쇄성에도 적용한다고 볼 수 있다.

작동상 닫혀 있는 체계들은 환경에 있는 체계들과 관계를 맺기 위해 구조적 커플링에 의존한다. 지각할 수 없는 사회적 체계들은 공진화 매체인 언어를 통해 심리적 체계들과 구조적으로 결합됨으로써 마치 보고 있고 듣고 있는 듯한 문장들을 통해 환경에 '관한' 커뮤니케이션을 이어 나갈 수 있다. 작동 자체로는 환경과 접촉할 수 없지만, 구조적 결합을 통해 환경에 있는 체계들과 서로를 제약하면서, 즉 구조를 형성함으로써 환경에 대한 정보처리를 하는 것이다. 그래서 사회적 체계들은 심리적 체계들의 커뮤니케이션 참여를 동기유발할 수 있도록 기대구조를 형성해야 하며, 심리적 체계들 역시 커뮤니케이션 참여자가 되기 위해서는 사회적 기대구조에 맞춰야 한다. 이렇게 두 가지 종류의 체계들의 구조적 커플링이 별 잡음 없이 원활하게 이루어질 때 그런 참여자들은 인격화된다.[36]

이중의 우연성으로 인한 커뮤니케이션의 비개연성과 기대구조 형

---

35 Niklas Luhmann, *Die Gesellschaft der Gesellschaft*, p. 117~128: 『사회의 사회』, 103~129.

36 Niklas Luhmann, *Die Gesellschaft der Gesellschaft*, p. 106: 『사회의 사회』, 133면.

성에 관해서는 아래에 이어지는 논의에서 살펴보기로 하고, 여기서는 루만의 인격 개념이 어디에 자리하는지를 정리해보겠다. 그에게 인격은 의식에 의해 지각될 수 있는 대상(유기체)이 아니다. 따라서 그는 persona의 기원적 의미 중에서 '사회성'을 강조한다. 하지만 '외면성' 혹은 '얼굴'은 은유로서는 받아들일 수는 있겠지만, 그것을 몸으로 간주하는 것에 대해서는 반대한다. 따라서 몸이 아닌 다른 사태(Sache), 심지어 가상적 사태도 인격으로 동일화될 가능성이 열려 있다. 그리고 루만에게 인격은 의식의 연속성에 대한 심리적 자기관찰을 통해 구성될 수 있는 것(마음)이 아니라는 점에서 로크 등의 심리적 인격 개념과 단절한다. 그럼에도 동일성에 대한 강조는 유지되는데, 그것은 심리적 동일성이 아니라 여러 사회적 체계들의 기대구조에 따른 동일성이다.

루만에게 인격이란 칸트의 용법을 빌자면 감성세계 혹은 현상세계에 속하지 않는다. 감성적 지각 가능성도 없으며 심리적 구성 가능성도 없기 때문이다. 하지만 칸트와 달리 인격은 예지세계나 도덕법칙의 세계가 아니라 사회 세계, 즉 커뮤니케이션의 세계에 속한다. 이렇게 탈현상적 세계의 성격이 바뀌는 것은 루만이 근대 철학의 주체/객체 이분법을 따르지 않기 때문이다. 사회적 체계들은 주관적인 것도 객관적인 것도 아닌 순수하게 사회적인 것이다. 즉 커뮤니케이션들로 이루어진다. 그리고 루만은 이러한 사회 세계를 도덕적이라고 보지 않는다. 이것은 루만의 탈도덕적 혹은 탈규범적 이론 성향 때문이기도 하지만, 현대 사회의 주요한 기능체계들이 도덕의 코드를 거절하기 때문이기도 하다.

2. 기대구조와 인격

루만은 많은 사람들이 당연히 일어나는 것으로 여기는 커뮤니케이션을 매우 비개연적인 일로 간주한다. 그는 일어날 법하지 않은 일인 커뮤니케이션이 어떻게 가능한가라는 물음을 "사회적 질서는 어떻게 가능한가?"라는 물음으로 표현한다. 그는 이 물음이 인식이 어떻게 가능한가, 이성적 실천이 어떻게 가능한가, 미적 판단이 어떻게 가능한가라는 세 가지 물음을 던졌던 칸트가 던지지 않았던, 네 번째 물음이라고도 말한다. [37]

루만은 이 네 번째 물음을 파슨스가 사회적 행위자들의 의존성과 관련해 썼던 표현인 "이중의 우연성(double contingency)"에 대한 재해석을 통해 풀어나간다. contingent는 '의존성'과 '우연성'을 동시에 함축하는 단어이다. 그래서 '우연성'이란 커뮤니케이션 참여자들이 서로 상대방에게 '의존적(contingent on)'인 동시에 언제든지 다르게도 할 수 있다는 것을 뜻한다. 루만은 이중의 우연성의 순수한 형식을 "내가 원하는 걸 네가 한다면, 나는 네가 원하는 걸 한다"[38]고 표현한다. 아무런 사회문화적 전제조건 없이 만난 두 사람이 상대방이 원하는 걸 충족할 가능성은 극히 낮다. 둘 다 순수하게 우연적이라면 커뮤니케이션은 극히 비개연적이다. 그런데 이중의 우연성으로 인한 비개연성이 없다면 그것을 루만은 커뮤니케이션으로 간주하지 않는다. 내가 앉을 때 의자와 맺는 관계처럼 일방적이거나 필연성에 가까운

---

37 Niklas Luhmann, *Einführung in die Systemtheorie*, Carl-Auer, 2002, p. 315.
38 Niklas Luhmann, *Soziale Systeme*, p. 166.

관계는 커뮤니케이션이 아니다.

　이중의 우연성의 순수한 형식이 유지된다면, 따라서 서로의 기대에 맞추지 못하는 상황이 계속된다면, 심리적 체계들은 커뮤니케이션 참여를 위한 동기유발(motivation)이 되지 않을 것이다. 그래서 루만은 이 순수한 형식으로부터 자아(Ego)와 타아(Alter) 사이에 어떤 기대구조가 형성되어야 한다고 본다. 기대구조란 기대에 대한 기대를 통해 형성된다. 상대방의 기대를 예측함으로써 기대가 제약되는 것, 즉 구조화되는 것이다.[39] 이것은 각자가 스스로의 복잡성을 축소해야 한다는 것, 즉 이른바 '주관성'을 억제해야 한다는 것을 뜻한다. 그래서 자아와 타아가 서로 상대방의 행동을 예측하고 그것에 맞추려 애쓰는 구조가 형성되면, 이중의 우연성이 제어되고 커뮤니케이션들이 이어질 가능성은 높아진다. 그런데 기대구조가 형성된다고 해서 이중의 우연성이 제거되는 것은 아니다. 루만의 구조 개념에 따르면 구조는 고정적인 것이 아니라 체계의 작동과정에서 언제나 바뀔 수 있는 것이다. 게다가 심리적 체계들은 언제라도 커뮤니케이션 참여를 거부할 수 있다.

　커뮤니케이션이 계속 잘 이어진다 하더라도 참여자들은 서로의 의식을 꿰뚫어볼 수 없다. 사이버네틱스 용어로 말하자면, 심리적 체계들은 블랙박스이기 때문이다. 대면 상호작용에 초점을 맞춘 커뮤니케이션이론은 상호주관성의 형성이나 상호 공감 같은 것을 강조하면서 커뮤니케이션에 주관적 성분이 있음을 강조한다. 하지만 상호작용을 넘어서서 문자, 인쇄, 전자매체 등을 통해 이루어지는 수많은

39　Niklas Luhmann, *Soziale Systeme*, pp. 169~173.

커뮤니케이션들에서 심리적 체계들의 의도나 의지는 대부분 좌절된다. 그렇다고 해서 커뮤니케이션이 객관적인 것도 아니다. 물리화학적 구조가 쉽게 바뀌지 않는 사물적 대상들과 달리 커뮤니케이션의 기대구조는 자주 바뀌며 그런 변화를 누군가의 의도로 환원해 설명하는 것은 거의 불가능하다. 그래서 루만은 커뮤니케이션을 주관적인 것도 객관적인 것도 아닌 순수하게 사회적인 것으로 간주한다. 루만은 심리적 차원에서 보자면 '오해', '몰이해', '무시' 등이라고 할 수 있는 것들도 커뮤니케이션이 이어지는 것을 가로막지 못한다고 본다. 참여자들의 심리 상태가 어떠하건 커뮤니케이션 개념을 이루는 세 가지 선택인 정보, 통지, 이해가 이루어지고 후속 커뮤니케이션이 이어지면 하나의 사회적 체계가 형성된다. 이에 대해서는 아래 3절에서 설명하겠다.

따라서 인간이 커뮤니케이션 참여자가 되는 것, 즉 인격으로 간주되는 것은 결코 쉬운 일이 아니다. 인간은 인격이 되기 위해 커뮤니케이션들의 기대구조에 맞추거나 기대구조를 변형하기 위해 노력해야 하지만, 그런 노력들은 실패하기 쉽다. 그래서 루만에게 인격이란 인간 본성에 의해 보장되는 것도 아니고 개인의 노력에 의해 보장되는 것도 아니다. 많은 인간을 인격으로 포함하는 사회구조적 조건이라 할 수 있는 기능적 분화가 이루어진 후에는 누구나 교육을 비롯한 여러 사회화 과정을 거쳐 인격으로 간주되는 것이 가능해졌지만, 기능적 분화는 동시에 비가시적 배제도 낳는다. 이에 대해서는 아래 5절에서 살펴보겠다.

이중의 우연성이라는 커뮤니케이션 발생의 조건은 인격이 최소한 우연적인 것으로 관찰될 수 있어야 함을, 즉 다르게도 행동하는 것으로 관찰될 수 있어야 함을 뜻한다. 그런 일탈적 행동의 핵심은 커뮤니케이션에 대한 수용과 거부를 선택할 수 있다는 것이다. 그래서 언어를 비롯한 커뮤니케이션매체를 사용할 수 없는 자는 인격이 될 수 없으며 언어 능력을 가진 자라도 만약 커뮤니케이션을 수용하기만 한다면 인격이 아니다. 일상 언어에서는 인격의 이러한 거부 능력을 자율성이라고 부를 수 있을 것이다. 하지만 결코 도덕법칙에 따라 행위하는 자율성이 아니기 때문에 루만은 우연성 혹은 선택성이라는 표현만 쓴다. 반면에 루만은 경제, 정치, 법 등과 같은 사회의 기능체계들은 자율적이라고 말한다. 커뮤니케이션에 대해 고유한 코드값(소유/비소유, 정부/야당, 합법/불법 등)의 할당을 스스로 산출한 프로그램(가격 프로그램, 선거 프로그램, 소송 절차 등)을 통해 하기 때문이다.

3. 사회의 여러 부분체계에 걸쳐 행위 귀속이 가능한 동일성

루만에게 동일성(Identität)이란 어떤 실체를 뜻하는 것이 아니라 관찰을 통해 반복되는 지시(Referenz)를 통해 응축되는(kondensiert) 것이다.[40] 그래서 인격을 실체로 규정했던 중세 신학적 전통과는 거리가 멀다. 그렇다면 사회의 커뮤니케이션들에서 체계들도 아닌 인격을 동일성과 비동일성의 차이, 즉 인격과 비인격 구별을 통해 반복해 관찰하는 일은 커뮤니케이션의 자기생산을 위해 이런 동일성이 필요하기 때문일 것이다.

루만은 사회적 체계들의 "기대 연관들을 사태적으로 동일화하는

---

40 Niklas Luhmann, *Die Gesellschaft der Gesellschaft*, p. 106: 『사회의 사회』, 133면.

관점들"로 인격, 역할, 프로그램, 가치 등 네 가지를 언급한다.[41] 여기서 '사태적(sachlich)'이란 이것과 나머지 다른 것들을 구별하는 의미 차원을 뜻하지 사물을 뜻하는 것은 아니다.[42] 그는 인격의 기원이 되는 persona는 역할이라는 의미도 있지만, 기능적으로 분화된 현대 사회에서 역할은 한 인격이 부분체계들마다 다르게 규정되는 사태적 동일성들(대표 역할, 교수 역할, 의사 역할 등)을 뜻하게 되었기 때문에 인격과 역할을 뚜렷이 구별해야 한다고 말한다. 따라서 루만에게 경제적 역할, 법적 역할 같은 말은 성립할 수 있지만, 인격은 그럴 수 없다. 인격은 여러 부분체계에 걸쳐 동일화될 수 있어야 한다. 그런데 커뮤니케이션이 왜 이러한 인격 동일성을 요구하는지를 이해하려면, 우선 커뮤니케이션이 세 가지 선택을 통해 성립하는 하나의 단위이자 후속 연결을 필요로 하는 단위라는 것, 그리고 이를 위해서는 행위로의 감축 혹은 행위 귀속이 필요하다는 것을 살펴보아야 한다.

루만은 하나의 단위로서 커뮤니케이션을 정보, 통지, 이해라는 세 가지 선택의 통일로 규정한다.[43] 이 세 가지 선택에는 시간 순서가 있다. 하지만 하나의 사건으로서의 커뮤니케이션은 마지막 선택인 이해에 의해 일어난다. 따라서 정보와 통지는 이해에 의해서만 비로소 정보와 통지로 구별된다고 보는 것이 적합하다.

첫 번째 선택인 정보(Information)를 루만은 섀넌과 위버의 "가능성 목록으로부터의 선택"이라는 정의와 베이트슨의 "차이를 만드는 차

41　Niklas Luhmann, *Soziale Systeme*, p. 429.
42　루만은 의미의 현행화와 잠재화가 끊임없이 이루어지는 지평을 사태적 차원, 시간적 차원, 사회적 차원 등 세 차원으로 나누어 분석한다.
43　Niklas Luhmann, *Soziale Systeme*, p. 203.

이”라는 정의를 조합해 규정한다. 체계에 놀라움을 불러일으키는 차이로서의 정보는 “체계 상태들을 선택하는 하나의 사건”, 즉 나타났다가 사라지는 것이다.[44] 루만은 정보를 선택하여 통지하는 자를 타아(Alter)로 규정한다. 그는 커뮤니케이션을 성립시키는 자는 정보와 통지를 구별하는 자라고 보기 때문에 이해하는 자를 자아(Ego)라고 부른다. 그래서 보통 발신자로 불리는 쪽을 루만은 타아로 규정하고 수신자로 불리는 쪽을 자아로 규정한다.

두 번째 선택인 통지(Mitteilung) 역시 타아에 의해 이루어진다. 루만은 통지가 옮겨놓음(Übertragung)이 아님을 강조한다. 타아의 통지기호는 자아에게 지각될 뿐이지 옮겨지는 것이 아니다. 통지의 선택은 언어적 기호 혹은 비언어적 기호의 선택이다. 타아는 자신이 만들고 싶은 차이, 혹은 변화시키고 싶은 체계의 상태를 자아에게 통지하기 위해 말, 글, 눈빛, 몸짓 등의 통지기호를 사용해야 한다.

세 번째 선택은 이해(Verstehen)이다. 자아가 통지기호로부터 정보를 뽑아냄으로써, 즉 정보와 통지를 구별함으로써 체계의 상태는 변한다. 체계에 차이를 만드는 차이는 이때 비로소 발생한다. 그래서 정보의 선택과 통지의 선택은 타아의 선택으로 간주되지만, 타아가 실제로 이 둘 사이의 차이를 의식하고 있는지의 여부는 커뮤니케이션의 성립에서 결정적인 것이 아니다. 그리고 통지 의도가 없는 행동들도 자아에게는 정보를 함축하는 통지기호로 간주될 수 있다. 그래서 루만은 “커뮤니케이션은 과정의 시간 경과와는 반대로 뒤에서부

---

44 Niklas Luhmann, *Soziale Systeme*, p. 102. 베이트슨, 섀넌 등의 영향을 받은 루만의 정보 개념에 대한 더 자세한 소개는 정성훈, 「니클라스 루만: 정보는 체계마다 다르게 처리된다」, 김선희 외 지음, 『인공지능 시대의 철학자들』, 사월의 책, 2024 참조.

터 가능"하며, "이해가 커뮤니케이션 발생의 불가결한 계기"임을 강조한다.[45] 정보의 선택과 통지의 선택은 결국 이해에 의해서만 구별될 수 있기 때문이다.

이해라는 세 번째 선택으로 하나의 커뮤니케이션은 일어난다. 사회적 체계의 상태가 변하는 사건이 일어난 것이다. 그런데 루만은 커뮤니케이션은 하나의 단위로는 완결될 수 없는 '자기지시적 과정'의 요소이기 때문에 후속 커뮤니케이션들이 이어져야 한다고 말한다. 그 이유는 자아가 이해했는지의 여부, 즉 타아의 통지기호로부터 정보를 뽑아냈는지의 여부를 하나의 커뮤니케이션에서는 확인할 수 없기 때문이다. 외적 행동의 측면에서만 보자면, 커뮤니케이션을 성립시키는 세 가지 선택 중 가시적인 것은 통지 하나뿐이다. 그래서 통지행위에 초점을 맞춘 행위이론이 사회학에서 그토록 큰 영향력을 미쳤던 것이다. 행위가 아니라 커뮤니케이션을 자기생산의 요소로 간주하는 루만은 비가시적인 이해를 커뮤니케이션의 결정적 계기로 규정함으로써, 커뮤니케이션이 그 자체로 연결을 요청하는 단위로 설정한다. 그래서 다른 커뮤니케이션과 연결되지 않는 커뮤니케이션 단위는 커뮤니케이션체계의 작동 단위가 될 수 없다.

하나의 커뮤니케이션이 이해되었는지에 대한 확인은 후속 커뮤니케이션이 일어나는 것 자체로 이루어진다. 심리적 차원에서 잘 이해했는지 아니면 오해했는지와 무관하게 후속 커뮤니케이션은 앞선 커뮤니케이션의 완결을, 즉 자아가 이해했음을 확인한다. 자아가 아무리 제 마음대로라 하더라도 통지기호로부터 정보를 구별해내었기 때

45　Niklas Luhmann, *Soziale Systeme*, p. 198.

문에, 그 다음에 정보를 선택하고 통지를 선택하는 타아가 되어 후속 커뮤니케이션을 시도한 것이다. 앞선 커뮤니케이션의 자아가 후속 커뮤니케이션의 타아가 되는 이 선택을 루만은 "네 번째 종류의 선택, 즉 통지된 의미감축을 수용하느냐 거절하느냐라는 선택"[46]이라고 표현한다.

그래서 사회적 체계의 형성, 즉 커뮤니케이션을 요소로 하는 자기지시적 과정에서는 네 번째 종류의 선택, 즉 후속 커뮤니케이션의 연결이 중요하다. 그리고 루만은 자기구성의 요소적 단위인 커뮤니케이션이 자기관찰의 요소적 단위인 행위로 감축되지 않는다면 커뮤니케이션 체계의 자기생산이 불가능하다고 말한다. 세 단계의 선택인 커뮤니케이션은 "직접 관찰될 수 없고, 다만 추론될 수 있을 뿐"[47]이기에 자기관찰을 통해 단순화되어야 한다는 것이다. 자아의 이해 여부는 비가시적이고 시점을 고정할 수 없으므로 가시적이고 시점화할 수 있는 단위로 단순화해야 한다. 더구나 커뮤니케이션은 통지한 타아가 나중에 그런 통지를 한 적이 없다고 오리발을 내밀 수 있기 때문에 가역적일 수 있다. 이러한 가역성은 그가 통지한 글에 서명을 하게 한다든지 약속을 확인하는 후속 커뮤니케이션에 의한 귀속(Zurechnung)을 통해서야, 즉 행위로의 감축(Reduktion)을 통해서 차단된다. 이러한 단순화와 비가역화가 누가 언제 무엇을 말했는지를 확정하는 귀속 과정, 즉 커뮤니케이션의 행위로의 감축이다. 이러한 귀속을 위해 커뮤니케이션이 구성하는 동일성이 바로 인격이다.

---

46 Niklas Luhmann, *Soziale Systeme*, p. 203.
47 Niklas Luhmann, *Soziale Systeme*, p. 226.

인격을 커뮤니케이션의 행위 귀속을 위한 동일성으로 규정하는 것은 홉스, 로크 등 귀속을 강조하는 전통적 인격 개념을 계승하는 것으로 볼 수 있다. 그런데 동일성이 요구되는 차원은 로크가 강조한 시공간적 동일성에 더하여 여러 부분체계에 걸친 동일성, 즉 다맥락적 동일성이라 부를 수 있는 것으로 확장된다. 현대 사회는 기능 맥락에 따라 분화되어 있는 사회이고 인격은 그 상이한 맥락들에서 동일해야 한다.

커뮤니케이션들이 이어지는 여러 맥락에서 동일화될 수 있으려면 인격은 단순히 통지행위자로서만 귀속되어서는 안 된다. 정보를 통지하는 타아일 때와 이해하는 자아일 때, 그리고 그가 직접 등장하지 않는 커뮤니케이션들에서도 동일한 것으로 확인될 수 있어야 한다. 예를 들어 어느 기업에 어떤 사업을 제안한 자는 협상에서 그 기업의 대표로부터 수정된 제안을 받을 수 있어야 하며, 대표가 그 협상을 회사 임원회에서 보고할 때도 동일인으로 지칭될 수 있어야 한다. 그래서 루만은 인격이 커뮤니케이션 과정에서 저자(Autor)[48], 주소(Adresse), 주제(Thema)의 세 측면의 통일로 관찰될 수 있어야 한다고 말한다. [49]

---

48 독일어 Autor는 영어 author와 같은 단어이므로, 홉스 저작의 번역 관행에 따르자면 '본인'으로 번역할 수도 있다. 커뮤니케이션에서 통지하는 타아이며 이것이 행위로 감축되므로 '행위자'로 이해해도 무방하다.

49 Niklas Luhmann, *Organisation und Entscheidung*, p. 92.

4. 조직 구성원으로서의 인격, 그리고 도덕과 친밀관계에서의
   인격

루만은 우리가 보통 '자연인'과 대비하여 '법인(legal person)'으로 부르는 것을 사회적 체계들 중의 한 종류인 '조직'이라고 부르며 그것의 인격성에 대해서는 논하지 않는다. 조직은 그 자체로 커뮤니케이션체계이자 체계로서 다른 체계들이나 다른 인격들과의 커뮤니케이션에 참여할 수 있기 때문일 것이다. 내가 읽어본 범위 안에서 그가 법인이라는 표현을 쓴 것은 『사회의 법』에서 법인이 '조직'에 대한 '법형식'이라고 언급한 것밖에 없다.[50]

루만은 조직을 "결정 커뮤니케이션을 작동의 기초로 해서 성립하는 자기생산적 체계"[51]로 규정한다. 그런데 조직의 모든 결정에는 구조적인 미규정성의 계기가 들어 있기 때문에 후속 결정으로 이어져야 한다. 예를 들어 기업이 특정 담당자에게 다른 기업과의 거래를 맡기는 결정은 그가 가져온 계약 초안에 대해 다른 대안들이 구성되어야 하고, 대표가 결재를 할지 여부에 대한 결정으로 이어져야 한다. 이렇게 계속해서 후속 결정으로 이어져야 하는 조직의 결정 중에서 가장 핵심적인 결정은 구성원 자격(membership)에 대한 결정이다. 어떤 인격을 선발할지, 선발한 인격에게 어떤 역할을 맡길지, 어떤 인격을 해고할지 등의 연쇄적인 결정들을 통해 조직은 보통의 상호작용들과는 차별화되는 통일성을 갖춘다.

---

50 Niklas Luhmann, *Das Recht der Gesellschaft*, Frankfurt am Main: Suhrkamp, 1993, p. 292: 윤재왕 옮김, 『사회의 법』, 새물결, 2014, 389면.

51 Niklas Luhmann, *Die Gesellschaft der Gesellschaft*, p. 830: 『사회의 사회』, 949면.

　루만은 조직이 인격들로 하여금 조직 바깥에서 이루어지는 커뮤니케이션들에서는 하지 않을 가능성이 높은, 혹은 심리적 부담이 매우 높은 결정 커뮤니케이션에 참여시킨다고 말한다. 그래서 조직들은 주로 화폐를 통해 동기를 유발하며, 그런 결정 커뮤니케이션을 행위로 감축하여 인격들에게 책임을 귀속시킨다. 민법상 유한책임의 법인격을 가진 조직들은 그 책임을 대표이사를 비롯한 여러 인격들에게 귀속시킬 수 있는 정관과 규약을 갖고 있다. 그래서 조직들의 결정은 때로는 대부분의 구성원들에게 심리적 거부감을 일으킬 수 있지만, 그런 결정에 대한 책임 귀속은 인격을 향한다.

　인공지능 기계 혹은 시스템에 대해 법인격을 부여할 수 있다고 주장하는 논자들은 조직이 가진 법인격을 그런 주장의 근거로 삼는다. 그런데 조직은 그것을 대표 혹은 대리하는 구성원들인 인격들을 통해서만 제한된 민법적 지위를 가질 뿐이다. 조직이 이룬 진화적 성취는 그런 인격들이 교체됨에도 여전히 귀속 가능한 동일성을 갖추고 있다는 것이다. 그런 의미에서 조직은 귀속을 위한 동일성에서 때로는 개별 인격보다 더 지속성이 높다. 그리고 경제, 법 등의 사회의 여러 부분체계에 걸쳐 동일성을 갖는다.

　인간은 인격으로서 조직의 구성원이 되어 역할을 부여받을 수 있으며, 이를 통해 현대 사회의 기능체계들에 포함된다. 하지만 이러한 포함(inclusion)은 그의 역할 수행 능력에 초점이 맞추어진 것이다. 그래서 경제, 정치, 과학 등의 각 기능 맥락에서는 인격을 향한 기대복합체가 제한된 범위에서만 형성된다. 예를 들어 회사원이라는 경제적 역할을 맡는 맥락에서 인격은 소속 정당이나 소속 교회의 커뮤니케이션에서 그에게 형성되는 기대복합체를 드러내지 않으면서도 무난하게 구성원 자격을 유지할 수 있다.

기능체계들과 그것들의 조직들에서의 커뮤니케이션에서와 달리 도덕 커뮤니케이션과 친밀관계에서 커뮤니케이션은 전인격 (Vollperson), 즉 한 인격의 모든 면으로 방향을 맞춘다. 루만은 도덕 커뮤니케이션에서는 "존중(Achtung)과 무시(MißAchtung)를 위한 조건들이 자아와 타아에 대해 동일해야"[52]하며, 존중과 무시는 "전체로서의 인격과 관련을 맺으며, 그 인격의 사회로의 귀속성과 관련"을 맺는다고 말한다.[53] 그런데 이렇게 전인격으로 방향을 맞추는 도덕 커뮤니케이션은 현대 사회에서 도처에서 일어나지만 기능체계들은 무관심(Indifferenz)의 벽을 친다. 지불/비지불, 정부/야당, 합법/불법, 진리/비진리 등 기능체계들의 코드는 도덕을 거절할 수 있어야 하기 때문이다. 물론 루만은 가격 프로그램, 선거 프로그램 등을 통해 도덕이 코드값을 할당하는 프로그램 차원에서 어느 정도 영향을 미칠 수 있다고 본다, 그리고 뇌물 수수, 도핑 등 기능체계들의 코드가 무력화되는 상황에서는 간혹 도덕이 전면적으로 떠오른다고 본다. 하지만 루만은 도덕이 쉽게 갈등으로 치닫게 하는 위험한 성격을 갖고 있기 때문에, 기능체계들은 정상적으로 작동할 때는 충분한 수준의 탈도덕성에 이르러야 한다고 본다. 예를 들어 야당을 악으로 규정하거나 무시한다면 그것은 민주주의의 종말을 뜻할 것이기 때문이다.

루만은 윤리학이 도덕의 정초이론이 아니라 도덕의 반성이론이 되어야 한다고 말한다. 이에 대한 자세한 소개를 여기서 할 수는 없

---

52 Niklas Luhmann, "Ethik als Reflexionstheorie der Moral", *Gesellschaftsstruktur und Semantik Band 3*, Frankfurt/M.: Suhrkamp, 1989, p. 361.

53 Niklas Luhmann, "Ethik als Reflexionstheorie der Moral", p. 365.

다.[54] 윤리학에 대한 이러한 요청을 통해 루만이 말하고자 하는 바를 내 나름대로 해석을 곁들여 요약해보자면, 윤리학은 도덕 커뮤니케이션이 제한된 범위에서 절제된 방식으로 이루어지게 하지만, 기능체계들이 정상적으로 작동하지 않을 때는 전면화될 수 있도록 이끌어야 한다는 것이다. 어쨌거나 도덕 커뮤니케이션을 통해 인격이 전체로서 등장할 기회는 줄어드는 것이 정상적이다. 문제는 포함과 배제의 메타코드가 기능체계들의 코드를 무력화하는 경향이 커지고 있다는 것이다.

전인격으로 방향을 맞추는 또 다른 커뮤니케이션 맥락은 사랑, 우정 등의 친밀관계들과 가족이라는 특수한 사회적 체계들이다. 루만은 사랑의 의미론 변화를 연구한 저서에서 현대 사회에서 기능적 분화에 따라 익명적인 관계들이 증가함에 따라 몇몇 사람들 사이의 밀도 높은 전인격적 관계에 대한 지향도 커진다고 분석한다.[55] 그리고 가족에 대한 루만의 저술의 핵심을 요약하면, 가족은 "전인격에 방향을 맞춘 무절제한 커뮤니케이션들로 이루어진 사회적 체계"이다.[56] 역할 정체성으로 타인을 만나는 경우가 많은 현대인에게 친밀관계와 가족은 자신의 인격의 전체 면모를 드러낼 수 있는 사회적 체계이지만, 동시에 그로 인해 이런 체계들에서는 무절제하고 과도한 타인의

---

54 장춘익, 「도덕의 반성이론으로서의 윤리학─루만의 도덕이론에 대하여」, 『사회와 철학』 제24집, 2012 참조.

55 루만의 저서 『열정으로서의 사랑』(정성훈 외 옮김, 새물결, 2009)이 이를 다루고 있다.

56 이것은 루만의 가족 논문에 대한 핵심을 내가 요약한 표현이다. 정성훈, 「루만의 가족 개념과 공동체 이론에 대한 함의」, 『도시인문학연구』 제14권 1호. Niklas Luhmann, "Sozialsystem Familie", *Soziologiesche Aufklärung 5*, VS Verlag für Sozialwissenschaften, 2005(제3판, 초판은 1990).

개입과 도덕적 평가에 노출되기 쉽다. 현대 사회에서 개인은 자신을 향한 기대복합체 전체, 즉 전인격에 맞춘 커뮤니케이션을 한편으로는 갈망하지만, 다른 한편으로는 이로 인한 고통에 시달린다고도 말할 수 있다.

5. 포함과 배제의 구별, 비인격 인간의 실존

루만은 인간이 인격으로 관찰되는 것, 즉 커뮤니케이션 참여자들로 간주되는 것을 '포함(Inklusion)'이라고 부르며, 포함은 언제나 하나의 형식, 즉 "안쪽 면(포함)은 인격들에 대한 사회적 고려의 가능성으로 지칭되어 있고, 바깥쪽 면은 지칭되지 않은 채 있는 형식"[57]이라고 말한다. 지칭되지 않는 바깥쪽 면은 배제(Exklusion)이며, 따라서 배제된 인간은 인격으로 고려되지 못하는 인간이다. 루만은 포함과 배제의 형식이 분절적 분화, 중심/주변 분화, 계층적 분화, 기능적 분화 등 사회의 주된 분화 형식의 교체에 따라 변해왔음을 분석한다. 모든 분화 형식에서 포함의 규제는 부분체계들에 의해 이루어지는데, 계층적 분화에 이르기까지 부분체계들의 차이는 기본적으로 가계들의 차이에 의존한다. 거지, 떠돌이, 해적 등 배제된 자들이 아니라면, 한 인격은 그가 어느 가족에 속하는지를 통해 그가 속한 부분체계가 대부분 정해진다. 그에 반해 현대 사회의 교육, 경제, 법 등은 개인별로 포함한다. 그리고 출신 가족이나 지역 등에 의한 불평등은 용납되지 않기 때문에 모든 개인은 순간순간마다 기능체계들과의

57　Niklas Luhmann, *Die Gesellschaft der Gesellschaft*, p. 620: 『사회의 사회』, 719면.

결합을 변경하긴 하지만, 모든 기능체계들의 커뮤니케이션에 참여할 수 있어야 한다. 흔히 '보편적 인권'으로 불리는 것을 루만은 '총체적 포함 논리'라고 부르는데, 문제는 이 포함 논리에 따른 이상화가 배제를 비가시화한다는 것이다.

루만은 기능적으로 분화된 현대 사회에서도 기능체계들로부터 연쇄적으로 배제되는 자들이 있다는 것, 즉 교육을 받지 못해 취직을 못하고 정치적 참여의 기회를 갖지 못하며 경찰의 법적 보호를 요청할 수도 없는 사람들이 많다는 것에 주목한다. 그것도 지역에 따라서는 대규모로 있다는 것, 심지어 1990년대 브라질의 파벨라(favela)처럼 산업화된 나라들에도 많다는 것에 주목한다. 그는 배제된 자들의 증가를 기능적 분화가 덜 관철되었다고 보는 것이 아니라 기능적 분화의 결과라고 본다. 교육은 누구나 교육받을 수 있음을, 경제는 누구나 취업할 수 있음을, 법은 누구나 법적 권리를 가짐을 천명하지만, 학교에 나오지 않는 아이들, 취업에 실패한 사람들, 법적 보상을 청구하는 문서를 쓸 수 없는 사람들이 늘어나는 문제를 해결할 기능체계가 현대 사회에는 없다. 루만은 종교가 포함의 보조 기능을 하고, 사회적 원조 체계가 형성되고 있다고 보지만, 그런 체계들의 경제적 자원에 대한 의존성으로 인해 포함 기능은 제한적이다. 더구나 경제, 과학 등 전지구적 커뮤니케이션이 활발하게 이루어지는 기능체계들의 성과 추구로 인해 배제 영역은 점점 더 커지면서 동시에 비가시화된다.

그래서 루만은 1990년대 중반 세계 곳곳에서 수집한 자료들을 기초로 "포함/배제라는 변수가 지구상의 많은 지역에서 메타-차이(Meta-Differenz)의 위치에 들어서고 기능체계들의 코드들을 그 아래

부속시키는(mediatisieren) 중인 것 같다는 추론"을 제기한다.[58] 그의 사회이론이 현대 사회의 주된 분화 형식, 즉 주된 구조로 설정했던 기능적 분화가 더 이상 유효하지 않을 수도 있는 방향으로 사회의 진화가 진행되고 있다는 진단을 한 것이다.

루만은 "포함 영역에서는 인간들이 인격들로 셈해지는 반면, 배제 영역에서는 거의 그들의 신체만 문제가 되는 것으로 보인다"[59]고 말한다. 배제된 자들은 화폐, 법, 진리, 사랑 등 상징에 기초한 커뮤니케이션에 접근할 수 없기 때문에 신체적 욕구들을 직접적으로 추구하게 된다. 그런 의미에서 말년의 루만은 컴퓨터와 인터넷이 한창 발전하던 시기에 비인간 인격의 가능성을 고민했다기보다는, 당대의 세계사회에서 증가하는 '비인격 인간'의 문제에 관심을 기울였다.

Ⅳ. 인공 커뮤니케이션과 기계의 인격화 문제

1. 가상 우연성과 인공 커뮤니케이션

루만의 제자인 에스포지토(Elena Esposito)는 딥러닝 기술의 초기 발전 시기라 할 수 있는 2017년에 루만의 커뮤니케이션이론을 바탕으로 기계가 커뮤니케이션 참여자일 수 있는가의 문제를 다루었다. 그는 기계 지능이 인간 지능과 비슷하지 않다는 점, 즉 인간처럼 생각

---

58 Niklas Luhmann, *Die Gesellschaft der Gesellschaft*, p. 632: 『사회의 사회』, p. 732.
59 Niklas Luhmann, *Die Gesellschaft der Gesellschaft*, p. 632: 『사회의 사회』, p. 733.

하지 않는다는 점에서 출발한다. 에스포지토는 딥러닝 알고리즘이 효율적인 이유는 "인간의 마음의 과정들을 디지털 형식으로 재생산하려는 야망을 포기"하고 "직접 커뮤니케이션 형식들로 방향을 잡았기 때문"이라고 말한다.[60] 그래서 그가 알고리즘과의 상호작용에서 주목하는 것은 기계의 지능, 즉 기계의 인공두뇌에서 일어나는 일이 아니다. 그 대신 기계가 사용자에게 무엇을 말하고 그 결과가 무엇인지에 주목한다. 따라서 문제는 기계가 생각할 수 있느냐가 아니라 '인공 커뮤니케이션(artificial communication)'이다.

그래서 에스포지토는 "스마트 알고리즘이 이중의 우연성과 같은 것을 제공"하는지 여부와 "정보-통지-이해의 단위가 성취되는가"의 여부를 검토한다.[61] 그는 우선 알고리즘들이 우연적일 수 있는지, 사용자들의 우연성을 반영할 수 있는지, 그리고 어떻게 이 우연성이 커뮤니케이션 과정에서 통제되는지를 묻는다. 그는 알고리즘들이 그 자체로는 전혀 우연적일 수 없다고 본다. 기계는 연산 과정에서 고장 날 수는 있지만, 불확실성과는 무관하기 때문이다. 기계는 인간의 의식처럼 불확실성 상황에서 달라질 수 있는 결정을 내리지 않는다. 그래서 에스포지토는 기계의 행동은 프로그램한 지침들을 따를 뿐이라고 본다.

그런데 에스포지토는 학습 능력을 가진 사회적 알고리즘들이 이렇게 우연적이지 않게 작업하면서도 우연적 결과물을 생산한다는 점에

---

60 Elena Esposito, "Artificial Communication? The Production of Contingency by Algorithms", *Zeitschrift für Soziologie* 46.4, 2017, pp. 250~253.

61 Elena Esposito, "Artificial Communication? The Production of Contingency by Algorithms", pp. 255~256.

주목한다. 결과물이 우연적이라 함은 알고리즘 자신에게 우연적이라는 것이 아니라 사용자에게 그러하다는 것이다. 예를 들어 알파고는 승률이 가장 높은 수를 필연적으로 두었을 뿐이지만, 인간은 너무나 우연적인 놀라운 한 수라고 여긴다. 챗봇은 질문에 대해 최적화된 답을 내놓을 뿐이지만, 인간은 다른 인간으로부터 듣기 힘든 그 답변의 의외성을 우연적인 것으로 간주한다. 그런데 이 우연성은 사용자 자신의 우연적 관점으로부터 나오는 또 다른 우연적 관점일 뿐이다.

이러한 우연성을 에스포지토는 사용자 자신의 두 가지 다른 관점이 각각 우연적인 것으로 등장하는 "가상 우연성(virtual contingency)"이라고 부른다.[62] 그런데 에스포지토는 가상 우연성이 아이들이 인형을 갖고 놀 때 이미 일어나는 일이라고 말한다. 사용자인 아이가 자신의 우연적 관점 중 하나를 인형에게 투영한 다음, 실제로는 자기 자신과의 대화인 인형과의 대화를 이어나갈 때 가상 우연성이 성립한다. 그런데 동일한 사람이 한 시점에서 갖는 두 개의 관점 사이의 커뮤니케이션은 길게 지속되기는 어렵다.

그보다 더 장시간 지속될 수 있고 어른들도 경험할 수 있는 가상 우연성의 사례로는 학자가 자신이 과거의 서로 다른 시기에 기록한 메모들을 주제에 맞춰 찾아서 연결한 내용을 읽고, 그로부터 놀라운 현재적 정보 가치를 발견하는 것이다. 방대한 양의 메모 상자늘(Zettelkasten)을 구축해 거기서 뽑아낸 메모들을 연결해 놀라운 정보를 발견하고 글을 썼던 루만의 작업방식이 그러하다. 그런데 자신의 과

62　Elena Esposito, "Artificial Communication? The Production of Contingency by Algorithms", p. 257.

거의 관점과 자신의 현재의 관점 사이의 이러한 커뮤니케이션이 정보 획득에 도움을 주는 경우는 예외적이며, 무엇보다도 과거의 관점을 타자에게 귀속시키지는 않는다. 그래서 이런 가상 우연성을 이중의 우연성으로 간주하기는 어렵다. 에스포지토는 이런 종류의 가상 우연성 사례들은 일방적(one-sided) 커뮤니케이션이며 이것을 이중의 우연성으로 보기는 어렵다고 말한다.

에스포지토는 예측할 수 없는 답변을 하는, 그런데 웹에 연결된 딥러닝 알고리즘이 없는 로봇 장난감과의 상호작용에서는 사용자가 자신의 우연성의 가상화를 보다 강하게 경험하게 된다고 말한다. 로봇 장난감의 답변은 사용자 자신의 관점과 상당히 다른 의외성을 갖기 때문이다. 그런데 이 경우에도 그 예측 불가능성이 제한되어 있기 때문에, 그리고 사용자는 새로운 정보 획득을 계속 경험할 수 없기 때문에, 에스포지토는 단순한 로봇 장난감과의 상호작용에서는 이중의 우연성에 따른 커뮤니케이션이 일어나지 않는다고 본다.[63]

그런데 딥러닝 알고리즘이 산출하는 가상 우연성은 앞선 사례들과는 전혀 다른 성격을 갖는다. 학습 능력이 있는 알고리즘과 상호작용할 때, 사용자들은 그들 자신의 것도 아니고, 기계에 속하는 것도 아니며, 특정한 다른 사용자에게 속하는 것도 아닌 우연성을 만난다. 알고리즘에게 질문을 던진 것은 사용자이지만, 알고리즘의 답변은 사용자의 과거로부터만 학습한 결과를 내놓지는 않는다는 점에서 그 우연성은 사용자 자신의 것이 아니다. 그렇다고 해서 그 답변이

---

63 Elena Esposito, "Artificial Communication? The Production of Contingency by Algorithms", p. 258.

기계 고유의 관점에서 제시되는 것은 아니다. 더구나 기계는 사용자의 질문 이전에는 전혀 존재하지 않았던 결과를 내놓는다. 따라서 이 우연성은 기계에 속하는 우연성도 아니다. 그리고 기계는 결과를 내놓기 이전에 수많은 데이터를 학습했을 것이다. 그런 데이터는 특정한 다른 인간 사용자의 관점으로부터 나오는 것이 아니라, 다른 사용자들의 관찰들이 다시 정제된 것이다. 그래서 딥러닝 알고리즘은 "우리 누구의 마음에도 없는 정보를 생산"[64]한다. 따라서 알고리즘은 자신에게 속하지 않는 우연성을 결과로 내놓으며 커뮤니케이션 과정에 직접 투입한다.

에스포지토는 이미 구글의 페이지랭크 방식 알고리즘이 가상 우연성을 인간들 사이의 이중의 우연성과 비슷한 경험을 할 수 있게 해주었다고 본다. 그는 알고리즘이 "사용자들의 기여를 기생적으로 먹고 자라며, 그 기여들을 사용해 그 자신의 우연성을 실제로 증가"시킨다고, 그래서 커뮤니케이션의 복잡성을 증가시킨다고 말한다[65]. 그래서 우리는 인공적인 예측 불가능성과 반성의 형식을 경험할 수 있고, 이중의 우연성을 경험할 수 있게 된다.

에스포지토는 알파고가 이세돌과의 두 번째 대국에서 둔 37번째 수가 수많은 관찰자를 놀랍게 만들었던 사례를 들면서, 앞으로 비지도 학습과 강화 학습을 통해 알고리즘이 사회에 놀라운 정보들을 제공할 수 있다고 본다. 게다가 이런 정보들은 그저 놀라운 것일 뿐 아

64　Elena Esposito, "Artificial Communication? The Production of Contingency by Algorithms", p. 260.

65　Elena Esposito, "Artificial Communication? The Production of Contingency by Algorithms", p. 260.

니라, 인간 사용자들도 따라 배우고 싶은 것들이다. 그래서 에스포지토는 결론에서 다음과 같이 말한다.

만약 알고리즘이 타아가 아니고 전략을 갖고 작업하지 않고 상대방을 이해하지 않는다 하더라도, 기계와의 상호작용에서 인간 사용자들은 누구도 그 전에 알지 못했고 상상할 수 없었던 어떤 것을 학습할 수 있다. 기계 학습으로부터 학습하는 사람들은 커뮤니케이션 일반의 복잡성을 증가시킨다. 바둑의 경우에 그것은 게임 전략이었지만, 같은 메커니즘이 다른 사회적 알고리즘의 디자인에 적용되어 왔다. 이것이 사회학 이론이 다룰 수 있어야 하는 것이다. 알고리즘과의 상호작용이 커뮤니케이션의 특화된 형식인지, 커뮤니케이션 개념이 그에 따라 바뀌어야 하는지, 알고리즘이 커뮤니케이션 파트너인지 아닌지 등등, 여기서 관건은 디지털 커뮤니케이션의 발전을 적절히 기술하는 것이다.[66]

2. 기계의 인격화 문제

그렇다면 우리는 가상 우연성을 통해 생겨난 기계와의 관계를 '커뮤니케이션'으로 규정할 수 있을까? 에스포지토 자신이 논문 제목을 의문형으로 잡은 데서 알 수 있듯이, 정보, 통지, 이해의 세 가지 선택이 기계에 의해서도 일어난다고 말하기는 애매하다. 기계는 분명 사용자에게 통지하며, 사용자는 그 통지기호로부터 정보를 뽑아

66　Elena Esposito, "Artificial Communication? The Production of Contingency by Algorithms", pp. 262~263.

낸다. 즉 이해한다. 그런데 기계는 사용자가 통지한 것을 이해한다고 간주할 수 있을까?

에스포지토는 딥러닝 알고리즘의 정보처리를 "이해 없는 정보"[67]로 규정한다. 상대방의 통지기호로부터 정보를 분리하는 것이 아니라 기호 자체가 정보이기 때문일 것이다. 이에 대해서는 트랜스포머(transformer)라 불리는 최근의 언어 생성 알고리즘을 사례로 추가 설명을 해보겠다. 미리 입력된 사전의 단어들을 기초로 설계자가 제공한 문법을 규칙으로 삼아 문장을 생성하던 규칙 기반 알고리즘과 달리, 딥러닝 알고리즘은 문법이나 의미론에 대한 학습 없이 수많은 문장들을 토큰으로 나누고 토큰별 위상학적 거리에 따라 어텐션(attention)값을 부여해 데이터화한다. 그래서 기호를 정보를 수반하는 상징(symbol)으로 다루는 것이 아니라, 그 자체 정보로 다룬다. 상징 기반(symbol grounding)이라는 고전적 방법을 포기하고 수많은 데이터에 대한 사전훈련을 거친 후, 사용자의 입력 문장과 패턴이 맞는 출력 문장을 생성하는 것이 딥러닝 알고리즘의 언어 생성 방법이다. 구글 번역의 기초인 BERT, 사용자의 요구에 따라 문예 창작도 하고 신문 기사 초고도 써주는 GPT 등 최근 우리를 놀라게 한 거대언어모델(LLM) 기반 딥러닝 알고리즘은 모두 정보와 통지의 구별, 즉 이해를 포기함으로써 놀라운 수준의 창의력을 가진 것으로 보이는 언어 생성 능력을 갖추게 되었다.[68]

---

67 Elena Esposito, "Artificial Communication? The Production of Contingency by Algorithms", p. 251.

68 트랜스포머의 원리에 관해서는 강승식, 「자연어 이해와 대화형 챗봇 엔진의 구현 기술」, 정원섭 엮음, 「인공지능의 편향과 챗봇의 일탈」, 세창출판사, 2022, 151~163면 참조.

그런데 기계에게 인간과 동일한 방식의 이해를 요구하는 것은 곤란하며, 기계가 이해하면서 커뮤니케이션을 이어나간다는 가상만 성립하면 인공 커뮤니케이션으로 규정할 수 있다는 발상은 가능하다. 커뮤니케이션의 상대방으로 등장하는 인간 역시 과연 이해하고 있는지 의문스러울 때가 있다. 기계이건 인간이건 어차피 블랙박스이기 때문이다. 앞서 보았듯이 루만 또한 커뮤니케이션에서 이해의 선택은 그 다음 커뮤니케이션에서 확인될 수 있다고 본다. 커뮤니케이션 개념은 그 자체로 후속 커뮤니케이션과의 연결을 필요로 한다. 그렇다면 인공 커뮤니케이션이 사회적 체계들의 요소가 될 수 있기 위한 문턱은 후속 커뮤니케이션들과 원활하게 연결될 수 있는가이다. 따라서 인간과 기계의 특정한 상호작용 안에서만 이중의 우연성이 성립되는 인공 커뮤니케이션은 후속 커뮤니케이션 과정에서 기계에 대한 행위 귀속이 이루어지지 못하면 사회의 요소가 되기 어렵다.

인공 커뮤니케이션이 사회적 체계들의 요소가 될 수 있기 위한 문턱은 후속 커뮤니케이션들에서 기계가 저자, 주소, 주제로서 동일화될 수 있느냐, 즉 인격화될 수 있느냐이다. 최근 Chat GPT, Claude Sonnet 등 생성형 AI는 개별 사용자와의 대화에 대한 기억 용량이 늘어났다. 그래서 프롬프트(prompt)를 효과적으로 입력하거나 AI를 개성화하는 프롬프트 엔지니어링의 도움을 받는 사용자들은 가상 상호작용에서 AI와 꽤 장기간 커뮤니케이션을 이어가면서 인격화하고 있다. 그런데 이렇게 특정 사용자에게 맞춤화되어 있는 AI가 다른 사용자와의 커뮤니케이션 맥락에서도 원활한 대화를 이어나가고 동일한 인격으로 느껴지는 것은 쉽지 않은 것으로 보인다. 게다가 투자용으로 맞춤화된 알고리즘과 친밀한 일상 대화를 이어가는 것은 쉽지 않으며, 법률 서비스 AI와 투자 상담을 하기는 쉽지 않다. 이것들이 모두 하나의 생성형 AI 서비스를 바탕으로 API나 프롬프트 엔지니어링의 도움으로 탄생한 경우도 있기 때문에 동일한 것으로 관찰될 수 있다는 반론이 제기될 수 있다. 하지만 그 광대한 LLM 기반 서비스를 통일된 개체로 간주하기는 어려울 것이다. 내가 볼 때 현재의 생성형 AI는 보편적 맥락의 대화 파트너로서는 개체적 동일성을 갖기 어려우며, 반대로 인격적 동일성을 획득할수록 특화된 맥락에서만 등장할 수 있다. 그리고 하나 더 결정적인 한계는 이것이 상업적 서비스인 한에서는 대화를 거부할 수 없다. 즉 우연성의 핵심 중 하나인 커뮤니케이션 거절이 불가능하거나 잠시 거절하는 듯이 설계될 수만 있다.

물론 이러한 한계는 앞으로 이른바 인공 일반 지능, 초지능, 강한 인공지능 등으로 불리는 기술 발전에 의해 극복될지도 모른다. 그런데 기술 발전의 방향을 과연 기계의 인격화 방향으로 잡아야 할까? 기계가 권리를 갖고 기계가 법적 책임을 질 수 있도록 해야 할까?

3. 기계의 인격화 노력에 대한 기술적 비판과 규범적 비판

첫째, 기계의 인격화를 기술(技術)적으로 실현하는 것은 쉽지 않다. 우리가 규칙 기반 알고리즘을 사용하는 SIRI나 AI 스피커와 대화하면서 이중의 우연성에 기초한 커뮤니케이션의 기대구조를 형성하기는 어렵다. 가상 우연성은 초거대 데이터를 기초로 한 딥러닝 알고리즘에 의해 가능해졌다. 알고리즘이 내놓는 결과가 창의적이고 자율적인 것으로 느껴지는 것도 쉽게 예측하기 어려운 그것의 우연성 덕분이다. 그런데 이런 알고리즘은 너무나 방대한 학습 데이터를 기초로 하기에 자기 동일화(self-identification)를 위한 처리과정을 결여하고 있다. 그래서 개인별 맞춤형으로 대화 범위를 제한하지 않으면 상호작용에서의 인격화도 어렵다.

그런데 전자인격 지위를 부여받기 위해 필요한 수준의 동일성은 하나의 상호작용 맥락을 넘어서는 수준이다. 즉 이른바 튜링 테스트가 요구하는 수준보다 훨씬 높은 동일성이다. 계약, 거래 등 다른 맥락에서 오랜 시간 간격을 두고 진행되는 수많은 결정 커뮤니케이션들에서 자기 동일성을 갖춘 것으로 간주될 수 있어야 하기 때문이다.

둘째, 기계의 인격화를 기술적으로 실현하기 위한 노력이 효율적 기술 발전과 양립하기 어렵다.

지능적 기계가 여러 맥락의 커뮤니케이션 과정에서 동일화될 수 있으려면, 저자, 주소, 주제로서의 자기 자신에 대한 관찰 능력을 갖추어야 한다. 인간의 심리적 체계들과 조직들은 작동 과정에서 자기 안에 내부/외부 구별을 이용한다. 예를 들어 인간의 의식은 귤(외부 귀속)과 귤에 관한 표상(내부 귀속)을 자기 안에서 구별한다. 따라서 언어를 생성하는 기계가 이러한 재진입 능력을 갖추려면, 자신이 학습한 수많은 문장들과 자신이 출력하는 수많은 문장들 중 어떤 것들은 기계 자신에게 귀속시키고 다른 것들은 환경에 귀속시킬 수 있어야 한다. 그러면서도 동기화되는(synchronized) 두 가지 처리과정이 서로를 제약할 수 있어야 커뮤니케이션 과정에서의 반성적 동일화가 가능하다. 아직까지 이런 이중적 처리과정을 원활하게 동기화할 수 있는 알고리즘은 나오지 않은 것으로 보인다. 아마도 최근 시도되고 있는 XAI(설명가능한 인공지능) 프로젝트는 이러한 자기지시성(self-referentiality)을 위한 기초적 작업이 될지도 모른다. 그런데 이러한 노력이 알고리즘 설계자와 운영자에게 귀속되는 설명의 수준을 넘어서 알고리즘 자신에게 귀속되는 설명의 수준으로 발전하는 데만 해도 많은 시간과 노력이 필요할 것이다.

여기서 내가 던지고자 하는 물음은 기계의 자아 정체성 형성 프로젝트라 불릴 수도 있는 이러한 기술적 실현을 위한 노력이 인공지능 기술의 발전에 도움이 되느냐는 것이다. 기계가 내놓을 수 있는 결과물의 우연성을 제약해 동일화를 추구하는 것은 역으로 그것이 갖는 놀라운 모방 능력, 분류 능력, 창작 능력 등을 제한할 수 있다. 알고리즘이 내놓은 결과에 대한 책임, 설명이나 해명의 책임을 그것을 만들고 운영하는 인간-인격들이나 조직들이 지게 한다면, 굳이 그렇게 기계의 생산 능력을 떨어뜨리는 기술을 개발할 필요는 없을 것이다.

인간에게 어려운 문제는 기계에게 쉽고, 인간에게 쉬운 문제는 기계에게 어렵다는 모라벡(Hans Moravec)의 역설은 딥러닝 알고리즘의 시대에도 여전히 유효하다. 기계는 빠른 속도로 그럴듯한 문장들을 생성해낼 수 있고, 그럴듯한 계약조건들과 그렇지 않은 조건들을 패턴에 따라 잘 분류할 수 있다. 이런 문제에서 기계는 인간을 금방 앞서길 것이다. 그런데 해명하고 변론하고 책임지는 것은 기계에게 매우 곤란한 문제이다. 기계에겐 아무 소용이 없는 책임재산까지 설정하면서 책임능력을 높이기 위한 노력을 하는 것이 과연 효율적인 일인지 의문스럽다.

셋째, 기계의 인격화를 위한 기술적 노력과 전자인격 부여는 규범적 기대의 안정화에 도움이 되지 않는다.

산업혁명 시대에 조직들에게 부여된 법 형식이 자본주의 경제의 성장을 이루어냈듯이, 아직 인공지능 기술의 발전이나 효율성이 떨어진다 하더라도 지능정보사회 혹은 4차 산업혁명을 앞당기기 위해 인격성의 확장이 필요하다는 주장도 나온다. 그런데 조직들의 법인격이 지금 과연 법의 기능과 사회의 발전에 긍정적 기여만 하는지 짚어볼 필요가 있다. 신분사회의 가계 중심 단체들과 달리 현대적 조직들은 구성원이 되는 인격들이 교체된다 하더라도 계약에 대한 책임을 다른 인격들에게 귀속시킬 수 있는 정관과 규약을 통해 성립되었다. 그래서 법인조직은 언제 죽을지 모르는 인간-인격들보다 더 법적 책임을 잘 질 수 있기에 법질서 속에 도입되었을 것이다. 조직들은 경제체계에서 활발하게 활동함과 동시에 규범적 기대의 안정화에 기여하는 동일성들로 기능한 것이다. 특히 법인조직들 덕택에 인간-인격들이 갖게 된 유한책임은 활발한 투자를 가능하게 했다. 그런데 오늘날 유한책임 법인조직들 중에는 인간-인격보다 신뢰성이 낮은 것들, 심지어 도무지 신뢰하기 어려운 것들도 많다. 수없이 생겨났다 사라지는 이른바 '페이퍼컴퍼니'들은 합법적 경제활동을 하면서도 법이 안정화해야 할 규범적 기대를 심각하게 훼손하고 있다.

지능적 기계가 법적 인격성을 부여받는다면, 즉 전자인격 지위를 갖게 된다면, 이는 법의 고유한 기능인 '규범적 기대의 안정화'를 더욱 심각하게 훼손할 수 있다. 기계를 제작한 조직들과 기계를 운영하는 조직들이 연대해서 책임져야 할 손해를 자율성을 명분으로 기계에 전가할 수 있기 때문이다. 미래의 어느 날, 지능적 기계 스스로가 나에게도 조직들처럼 법적 인격 지위를 달라고 요구하는 때가 온다면, 나는 전자인격 지위를 정말 심각하게 고민하게 될지도 모른다. 아마도 산업화 시대에는 수많은 기업과 그 구성원들이 직접 구성원

교체에도 동일하게 유지되는 법적 형식을 요구했을 것이다. 그런데 지금 지능적 기계의 인격화를 위해 기술을 발전시키고 법률의 변화를 추구하는 것은 이 기계를 제작하고 운영하는 일부 조직들과 그 구성원들이다. 전자인격을 통해 그들 자신의 유한책임마저 경감시키고자 하는 것이다.

루만은 『사회의 법』의 마지막 장에서 오늘날 세계사회에서 인지적 기대들이 우위를 갖게 되었다는 것, 그리고 "법이라는 중요한 지탱 메커니즘, 즉 규범적 기대에 대한 규범적 기대가 의미를 점차 상실하고 있음"에 대해 우려를 표명했다.[69] 인지적 기대구조에 따른 과학의 발전과 이를 동력으로 한 기술 발전과 경제 발전에 자신들의 운명을 거는 조직들과 그 구성원들은 법이 보다 빠르게 시대적 변화를 따라올 것을 바랄 수 있다. 하지만 규범적 기대의 안정화 기능을 갖는 법체계는 오늘날의 약속이 미래에 지켜질 수 있는지, 약속한 자의 동일성을 확인할 수 있는지 등등에 우선 관심을 기울여야 한다.

V. 프로필 정체성의 부상과 인격의 가상화 문제

1. 개인의 정체성 문제

'프로필 정체성'은 개인(individual)의 정체성(identity) 문제, 혹은 자

---

69 Niklas Luhmann, *Das Recht der Gesellschaft*, p. 555: 『사회의 법』, 730면.

아(self)의 정체성 문제[70]를 다루는 하나의 패러다임, 혹은 편성양식(formation)이다. 이 새로운 정체성 패러다임에 대해서는 루만의 이차 관찰(second-order observation) 개념 등을 참조하지만, 이 글에서는 독창적인 발상으로 접근하는 뮐러와 담브로시오의 연구로부터 출발할 것이다. 프로필 정체성의 부상과 인격의 가상화 문제에 관해 본격적으로 다루기 전에 개인과 사회의 관계 및 개인의 사회적 정체성 문제에 대한 루만의 논의를 참조해 현대 사회에서 개인의 정체성이 문제가 되는 이유를 먼저 짚어보고자 한다.

개인이 스스로의 정체성을 문제 삼는 것, 즉 자아 정체성(self-identity) 문제는 '나는 누구인가?(Who am I?)'라는 물음으로 던져진다. 루만에 따르면, 기능적 분화가 사회의 주된 분화형식으로 관철되기 이전의 전통 사회들에서 개인은 이 물음을 던질 계기가 별로 없었다. 개인의 사회화, 즉 개인이 사회적 체계들에 포함되어 인격이라는 기대 복합체가 되는 과정이 대부분 그가 속한 가족에 의해 이루어졌다. 그리고 그 가족은 이미 사회의 부분체계들 중 하나에만 자리를 잡고 있다. 귀족사회에 속하는 것과 농노사회에 속하는 것은 동시에 가능하지 않다. 간혹 신분 상승 등을 통해 포함된 부분체계들이 바뀔 수는 있지만, 대부분의 경우 혼자서 바뀌는 것은 아니다. 이렇게 인격에 할당된 부분체계, 즉 사회적 지위가 자명하게 규정되어 있기 때문

70　인격 동일성 문제를 다룰 때는 identity를 '동일성'으로 번역했지만, 일상적 어법이나 번역 관행에서 '개인의 자기 동일성' 등의 표현은 다소 어색하기 때문에 여기서는 '정체성'으로 번역한다. 하지만 개인과 무관한 맥락에서는 '동일성'이라는 표현도 쓸 것이다. 그리고 여기서 개인이란 기본적으로 심리적 체계를 뜻하며, 이를 관행에 따라 '자아(self)'라고 표현하겠다. '체계의 자기지시(self-reference)' 같은 표현에서는 self를 '자기'로 번역하지만, 심리적 체계의 자기를 뜻할 때는 '자아'로 번역하겠다.

에 개인은 자신에게 주어진 사회적 역할을 하는 것 외에 다른 정체성을 획득할 가능성은 극히 적었고 정체성 형성을 위한 특별한 노력을 할 필요도 없었다.

그런데 기능적으로 분화된 사회에서 개인의 사회화 과정, 즉 포함의 과정에서는 교육의 기능이 커진다. 그리고 교육체계로의 포함은 가족과 무관한 개인으로서 이루어진다. 그리고 교육에서 시작된 경력(career)을 바탕으로 경제, 과학, 정치, 법 등의 기능체계들과 관련된 조직의 구성원이 되는 것 역시 개인 고유의 과제가 된다. 그런데 개인이 하나의 인격으로서 여러 가지 역할들을 맡을 수 있으려면, 사회의 여러 부분체계에 걸쳐서 살아가야 한다. 회사의 구성원으로서만 살 수는 없으며 정당의 지지자로만 살 수도 없고, 철학자로만 살 수도 없다. 그래서 루만은 "인격이 더 이상 사회의 하나의 부분체계에만 속할 수 없다"고 말한다.[71] 그런데 개인은 이런 부분체계들로의 포함을 통해서는 고유한 사회적 정체성을 확인할 수 없다. 그런 포함을 통해 얻게 되는 것은 역할 정체성일 뿐이고, 그런 역할은 언제든지 타인들에 의해 대체될 수 있다. 그래서 개인의 심리적 체계는 여러 사회적 체계와의 구조적 결합 문제, 즉 여러 기대구조에 맞추는 문제에 시달리게 되고, 역할 수행의 시간이 지나고 나면 '나는 누구인가?'라는 물음을 던지게 된다. 이제 심리적 체계가 사회의 환경에 놓여 있음이 뚜렷해지며, 그는 여러 사회적 정체성과 다른 자아 정체성을 추구하려는 경향, 그리고 개인주의 경향이 커진다.

---

71 Niklas Luhmann, "Individuum, Individualität, Individualismus", *Gesellschaftsstruktur und Semantik Band 3*, Frankfurt/M.: Suhrkamp, 1989, p. 158. 앞선 서술 역시 이 논문의 주요 내용을 요약한 것이다.

그런데 '나는 누구인가?'라는 물음에 대한 답은 논리적으로 볼 때
는 '나는 나다'라는 공허한 동어반복(tautology)일 수밖에 없다. 술어를
무엇으로 규정하는 순간, 자아 정체성은 역설(paradox)에 빠지게 된
다. 예를 들어 '나는 학생이다'에 대한 긍정은 다른 학생들도 많다는
사실과 내가 영원히 학생일 수는 없다는 사실로 인해 부정될 수 있
다. 역할이 아닌 다른 규정들, 예를 들어 '키가 크다', '배려심이 많다'
등에 대한 긍정 역시 마찬가지로 부정될 수 있다. 그래서 술어에 무
엇을 집어넣어도 자아 정체성에 대한 규정은 긍정과 부정 사이를 진
동할 수밖에 없는 역설이 된다.

이러한 자아 정체성의 역설을 은폐하는, 혹은 역설을 다른 방향으
로 옮겨놓는 관계나 방법도 현대 사회에서 등장했다. 연애로 대표되
는 친밀관계, 참된 정체성 형성 모델에 대한 독서 등이 그러하다. 그
런데 나의 고유한 세계를 확인해주는 관계, 전인격에 관해 커뮤니케
이션하는 관계로 간주되는 친밀관계 역시 하나의 사회적 체계일 뿐
이며 여기서도 정직성에 대한 의심이나 커뮤니케이션 불가능성의 경
험은 이미 18세기의 문학에서 지적되었다.[72] 또한 정체성 모델에 대
한 학습은 결국 모방이기에 고유하지 않다는 역설에 빠진다. 그런데
자아 정체성이 이렇게 해결 불가능한 문제임에도 수많은 개인이 나
는 누구인지를 묻는다. 자아를 반성하는 것이다. 역설에 빠지면서도
계속 새로운 규정을 시도하면서 역설을 은폐하거나 이동시킨다. 탈
역설화(Entparadoxierung), 혹은 역설의 전개(Entfaltung der Paradoxie)를

---

72 루만의 저서 『열정으로서의 사랑』이 이에 대해 다룬다. Luhmann, Niklas, *Liebe als Passion*, Frankfurt/M.: Suhrkamp, 1982: 정성훈 외 옮김, 『열정으로서의 사랑』, 새물결, 2009.

하는 것이다.[73]

2. 프로필 정체성

개인의 사회적 정체성에 대한 루만의 통찰을 참고하면서, 묄러와 담브로시오는 '자아(self)', '페르소나(persona)', '정체성(identity)'에 대한 그들 나름의 개념 규정으로부터 출발한다. 그들은 '자아(self)'를 개인의 심리적 체계를 뜻하는 용어로 사용한다. 따라서 자아는 생각과 느낌을 통해 경험하는 나 자신으로 규정된다. 그들은 '페르소나'를 루만의 인격(person) 개념과 비슷한 것으로, 즉 커뮤니케이션의 개인적 주소지로 규정한다. 다만 오늘날 페르소나가 유튜브, 페이스북, 트위터 등 소셜미디어 계정(account)을 갖는다는 점을 강조한다. 마지막으로 그들은 '정체성'이라는 용어를 "자아가 스스로와 동일화할 수 있고 하나의 페르소나가 그것과 동일화될 수 있는 물리적, 정신적(mental), 사회적 구성물(composite)"[74]이라고 규정한다. 그래서 정체성은 신체, 심리적 자아, 페르소나 등으로 구성되지만 어느 하나로 환원되지 않

---

73 Niklas Luhmann, "Individuum, Individualität, Individualismus", p. 228. 그런데 심리적 체계의 자기반성에서 탈역설화에 관해 루만은 그리 자세히 다루고 있지 않다. 역설의 탈역설화에 관해서는 주로 사회의 기능체계들에 관한 논의에서 다룬다. 그는 기능체계들이 코드값의 할당으로 인해 생기는 역설의 문제를 프로그램, 절차, 이차 관찰 등의 기법을 통해 탈역설화한다고 말한다. 예를 들어 법/불법을 코드로 작동하는 법체계는 법이 불법이라는 역설에 부딪혔을 때(문제제기가 이루어질 때), 법률 프로그램이나 절차로 문제를 돌리게 한다. 그리고 경제체계에서는 지불 여부가 역설에 빠질 때 시장 가격에 대한 관찰이라는 이차 관찰을 통해 역설을 전개한다. 법의 탈역설화에 관해서는 정성훈, 「루만의 법이론의 위상과 법의 역설 전개」, 『법과 사회』 제48호, 2015 참조.

74 Hans-Georg Moeller & Paul J. D'Ambrosio, "Sincerity, authenticity and profilicity: Notes on the problem, a vocabulary and a history of identity", *Philosophy and Social Criticism* Vol. 45(5), 2019, p. 581.

는 것, 다시 말하자면 셋의 동일성이 추구되는 것이라 볼 수 있다. 그들은 루만의 용어를 빌어 이를 '구조적 결합'이라고도 부른다. 개인의 유기체와 심리적 체계의 구조적 결합, 그리고 언어를 통한 심리적 체계와 사회적 체계의 구조적 결합이다. 그런데 결국 이런 구조적 결합에 대한 관찰, 혹은 정체성에 대한 관찰은 자아가 하는 것이기 때문에 정체성은 자아 정체성이라고 불러도 큰 문제가 없을 것이다. 다만 이것은 심리적 체계의 자기관찰, 즉 의식작용들이 의식작용들을 관찰하는 체계의 자기지시라기보다는 의식작용들이 떠올리는 구조적 결합에 관한 정보들과 그것에 관한 커뮤니케이션이라고 보아야 할 것이다.[75]

뮐러와 담브로시오는 정체성의 패러다임을 세 가지로 구분한다. 그들은 전근대 사회에서 지배적이었고 오늘날에도 직장생활에서 강조되는 '사회적 역할'에 따른 정체성을 '성실성(sincerity)'이라고 부른다. 그리고 사회적 이동성이 증가한 현대 사회에서 '고유한 본래적 자아'를 추구하는 정체성을 '진정성(authenticity)'이라고 부른다. 마지막으로 그들이 후기 현대(late modern)라고도 부르는 소셜미디어의 시대에 '이차 관찰을 위해 제시되는 우리 자신의 이미지'이자 '자기 자신에 대한 간접적 관찰'로 형성되는 정체성을 '프로필성(profilicity)' 혹은 '프로필 정체성(profile identity)'이라고 부른다.[76]

그들은 프로필 정체성을 '이차 관찰(second order observation)'이라는

---

75 이런 부가 설명을 해야 하는 것은 뮐러와 담브로시오의 정체성 개념이 루만의 체계이론에서 사용되는 동일성 관련 개념들과 다소 차이가 있기 때문이다. 그래서 그들이 정체성에 관해 말하는 것이 앞서 논의한 인격 동일성과는 다르다는 점에 주의할 필요가 있다.

76 Hans-Georg Moeller & Paul J. D'Ambrosio, *You and Your Profile-Identity After Authenticity*, Columbia University Press, 2021, pp. 10~16.

루만의 관찰 개념을 빌어 설명하기도 한다. 이차 관찰은 일차 관찰자가 사용하는 구별을 관찰하는 것, 즉 일차 관찰자의 맹점을 관찰하는 것이다. 예를 들어 일차 관찰자가 '나는 키가 크다'라고 관찰할 때, 이차 관찰자는 일차 관찰자가 사용하는 키가 큼/키가 작음이라는 구별의 한계를 비판할 수 있다. 성실성 패러다임과 진정성 패러다임에서 개인은 정체성 관찰에서 대체로 일차 관찰에 머무른다. 성실성에 맞추어 '나는 학생이므로 열심히 공부해야 한다'는 관찰에는 학생이라는 정체성에 대한 의심, 즉 이차 관찰이 허용되지 않는다. 그리고 진정성은 사회적 역할들을 배제하고 참된 자아 정체성에 대한 관찰을 추구한다는 점에서 역시 일차 관찰의 성격을 갖는다. 그에 반해 프로필성은 타인들의 관찰을 고려해 자아를 제시하고 그에 대한 타인들의 반응을 참조해 다시 자아를 관찰한다는 점에서 일차 관찰자의 맹점을 관찰하는 이차 관찰의 성격을 갖는다.

소셜미디어를 비롯한 디지털 매체의 발전 이전에도 개인들이 사회적 역할과는 무관한 타인들의 평판을 고려했다는 점에서 자기 자신에 대한 이차 관찰 혹은 프로필성은 어느 정도 있었다. 프로필이라는 용어 자체가 이미 소셜미디어 시대 이전에도 '한 측면에서 본 이미지' 혹은 '개인의 공식 경력을 서술한 문서' 등의 뜻으로 쓰였다. 하지만 뮐러와 담브로시오가 지적하듯이 소셜미디어가 주된 커뮤니케이션 매체가 되면서 과거의 공식 프로필과는 달리 스스로가 타인의 관찰을 고려해 편집할 수 있는 프로필 정체성과 이를 통해 이루어지는 이차 관찰이 예전보다 강화되었다고 볼 수는 있을 것이다.

뮐러와 담브로시오는 개인들 사이의 대면 상호작용에 의존했던 진정성은 디지털 소셜미디어의 시대에 점차 후퇴하고 있으며 이차 관찰을 위해 제시된 우리 자신의 이미지인 프로필성이 강화되고 있다고 본다. 그들이 자주 인용하는 저자인 고프먼(Erving Goffman)이 일상생활에서의 '자기-제시(self-presentation)'[77]에 대한 사회학적 연구를 통해 이미 보여주었듯이, 대면 상호작용에서도 개인들은 사회적 관계와 상황에 맞추어 자기 자신을 드러내며 이미지를 관리한다. 소셜미디어의 프로필성이 이런 자기 제시와 차별화되는 지점은 '일반 동료(general peer)'의 관찰을 '통계 데이터'를 통해 관찰할 수 있다는 점이다. 뮐러와 담브로시오는 루소의 '일반 의지' 개념, 그리고 학술지의 블라인드 '동료 심사(peer review)'같은 익명성을 참조하여 '일반 동료'라는 표현을 쓴다. 구체적으로 누구인지는 잘 모르지만, 알고리즘을 통해 통계적으로 떠오르는 타인들이 일반 동료이다.[78] 그래서 프로필을 큐레이팅하는 개인은 수많은 일반 동료의 관찰을 겨냥하여 프로필 이미지를 수정하고 피드에 노출될 게시물을 기획한다. 그리고 '좋아요', '구독', '공유', '슈퍼챗' 등 일반 동료의 관찰에 대한 통계 데이터를 관찰해 이것들을 수정하고 편집한다. 즉 이차 관찰을 통해 프로필 정체성을 재구성한다.

전통적인 성실성과 진정성의 패러다임 속에 있는 개인들은 소셜미디어에서 이런 관찰 통계를 무시하고 자신이 이미 알고 있는 동료들만 겨냥한다. 반면에 프로필 정체성을 추구하는 개인들은 통계학적으로만 드러나는 일반 동료들의 기여로 이루어지는 이차 관찰의 피

---

77 한국어 번역본의 영향으로 '자아 연출'로 번역되는 경향이 있는데, 나는 presentation을 연극의 performance와 구별하기 위해 '제시'로 번역한다. 어빙 고프먼, 『자아 연출의 사회학』, 진수미 옮김, 현암사, 2016 참조.

78 Moeller & D'Ambrosio, *You and Your Profile*, pp. 47~50.

드백에 민감하게 반응한다. 그래서 통계 데이터를 수시로 체크하면서 자신의 이미지를 제시하고 성공한 경우에는 이것이 주요한 소득 원천이 되는 사람들, 즉 유튜버, 블로거, 인플루언서 등으로 불리는 사람들은 이러한 프로필성을 가장 적극적이고 능동적으로 추구하는 경우라고 볼 수 있다.

여전히 대면 상호작용, 언어적 상호작용 등을 중시하는 관점을 가진 사람들은 프로필 정체성을 참된 개성의 상실이나 소외로 간주하기도 한다. 예를 들어 디지털 매체 시대의 정체성을 '스크린 자아'로 규정하면서 뮐러와 담브로시오의 프로필 이론을 검토한 신정아와 최용호는 프로필 기반 정체성의 테크놀로지를 비판적으로 분석한 후 다음과 같은 결론을 내린다. "우리 시대 스크린 자아는 자신의 개성을 드러내는 것이 아니라 자신의 프로필을 드러낸다. 개성을 지배하는 정체성 테크놀로지가 언어라면, 프로필을 지배하는 정체성 테크놀로지는 숫자다. 스크린 자아의 개별화 원리는 숫자의 지배를 받는다. 숫자에 의한 정체성 거버넌스는 우리 시대가 새로운 소외의 국면으로 접어들고 있음을 시사한다."[79]

그런데 이들이 설정하는 대립 구도, 즉 '개성'과 '언어'를 하나로 묶어서 '프로필'과 '숫자'에 대립시키는 구도는 과연 적절한가? 소셜미디어 플랫폼이 통계 숫자를 제시하며 이차 관찰이 이에 대해 민감하게 반응하는 것은 사실이지만, 소셜미디어에서 이루어지는 커뮤니케이션에서도 여전히 언어의 비중은 높다는 점에서 언어 대 숫자의 대

---

[79] 신정아 · 최용호, 「스크린 자아: 디지털 미디어 시대의 정체성」, 『프랑스어권 문화예술연구』 제90집, 2024, 169면.

립 구도는 그리 적절해 보이지 않는다. 이미지와 글로 이루어진 페이스북 게시물에 '좋아요'를 누르는 일반 동료 중에는 이미지만 보고 대충 누르는 경우도 있겠지만, 제법 많은 수의 사람들은 여전히 그 글을 읽고 이해한 후에 누른다. 유튜브 실시간 방송을 보다가 구독을 누르는 일반 동료 중 많은 수는 댓글 창을 매개로 이루어지는 유튜버와의 언어적 상호작용을 좋아하기 때문이다. 그래서 프로필 정체성의 테크놀로지를 비언어적이라고 간주하는 관점은 적절치 않다. 다만 숫자의 영향력이 커졌다는 점에는 주목할 필요가 있다. 그리고 숫자에 대한 집착으로 생기는 부작용에 대해서는 지적할 필요가 있다. 뮐러와 담브로시오 역시 프로필성으로 인해 생기는 '프로필 노이로제' 문제를 다룬다. 그들은 통계에 대한 관찰에 지쳐 일정 기간 방송을 중단한 유명 유튜버의 사례를 든다.[80] 물론 그 유튜버는 휴식 후에 다시 방송을 재개했으며, 한국의 많은 유명 유튜버들도 활동 중단과 복귀를 반복하곤 한다. 프로필 정체성 패러다임 속에서 살아가는 개인들에게는 간혹 소셜미디어로부터 퇴각해 제정신(sanity)[81]을 차리는 시간이 필요한 것이다.

프로필과 개성을 대립시키는 것은 프로필이 아닌 참된 개성이 별도로 있다는 관점에서 나오는 대립 구도이다. 그런데 뮐러와 담브로시오가 성실성, 진정성, 프로필성 중 하나의 정체성만 골라야 한다고

---

80 Moeller & D'Ambrosio, *You and Your Profile*, p. 180.

81 Moeller & D'Ambrosio, *You and Your Profile*, p. 229. 한국어 번역본인 『프로필 사회』에서는 '온전성'으로 번역했는데, 온전성은 진정성과 혼동되기 쉬운 표현이다. 이런 혼동을 막기 위해서는 sane이 insane(미친, 정신 이상)의 반대말로 쓰인다는 점을 드러내는 것이 좋다. 그리고 그들의 메시지는 소셜미디어에 집착하다가도 미칠 것 같으면 가끔 손을 놓아서 정신을 차리자는 것이기 때문에 '제정신'으로 번역했다.

말하는 것은 아니다. 그리고 그들이 진정성을 역설적인 것이라고 본다는 점을 고려하면, 프로필 정체성은 대면 공간에서의 전통적 역할과 더불어 자아 정체성의 역설을 탈역설화하는 기능, 즉 동어반복으로 인해 끊임없이 역설에 시달리게 되는 정체성 문제를 풀어나가는 기능을 한다고 보는 것이 적절하다. 개인은 자아 정체성을 고민하거나 추구할 때, 때로는 자신의 역할 수행을 중심으로 한 관찰을 통해, 때로는 프로필 통계에 대한 관찰을 통해, 때로는 비사회적 시공간으로의 퇴각을 통해 정체성 문제를 풀어나갈 수 있다.

그들이 쓴 책의 결론부에서 뮐러와 담브로시오는 세 가지 정체성 패러다임이 대립하는 것이 아님을 강조하면서 "우리는 아침에 진정성 있게 깨어날 수 있고, 낮 동안에 성실하게 우리의 일을 할 수 있고, 밤에는 우리의 공개 프로필을 큐레이팅할 수 있다"[82]고 말한다. 그런데 깨어날 때의 진정성이란 사실 그들이 말한 '혼돈'[83]의 시간, 즉 정체성을 추구하지 않는 시간이라고 보아야 할 것이다. 깨어나서 가족의 얼굴을 보는 순간부터 우리는 혼돈에서 벗어나 다양한 자기 제시를 해야 하며, 이런 자기 제시를 위해 특정한 정체성 모드를 선택해야 한다. 그래서 우리의 삶은 끊임없이 정체성의 역설을 풀어가는 과정으로 보아야 하며, 그 과정에서는 이른바 가상현실에서 구축한 프로필 정체성 또한 이런 역설 전개에 중요한 기능을 할 것이다.

---

82 Moeller & D'Ambrosio, *You and Your Profile*, p. 226.

83 그들은 『장자』 제7편 7장에 나오는 '혼돈의 죽음' 이야기를 정체성 레짐의 등장으로 해석한다. 남해의 신과 북해의 신이 중앙의 신인 혼돈의 얼굴에 구멍을 뚫어주자, 즉 정체성을 부여하자 혼돈은 죽어버렸다는 이야기이다. 참고로 뮐러는 루만 체계이론 입문서를 쓴 사람이기도 하지만, 원래 노자와 장자를 연구한 동양철학자이다.

3. 인격의 가상화 문제

앞서 보았듯이 뮐러와 담브로시오는 정체성을 "물리적, 정신적, 사회적 구성물"로 규정함으로써 개인의 신체, 의식, 인격이 하나가 되는 동일성으로 설정했다. 그런데 다양한 메타버스의 등장, 그리고 소셜미디어에서 신체를 가리거나 변형할 수 있는 동영상 커뮤니케이션 기법이 발전함으로써, 최근에는 이런 동일성 혹은 구조적 결합이 다시 분화되는 경향이 나타나고 있다. 이미 메타버스의 아바타, 디지털 게임의 부캐 등 개인이 디지털 가상 공간에서 자신의 두 번째 정체성을 형성하는 일은 흔히 일어났다. 그래서 아바타가 아바타에 대해 가하는 가상 성폭력[84]이나 부캐를 이용해 타인의 게임 아이템을 약탈하는 일[85] 등은 이미 십여 년 전부터 사회적 문제로 이슈화되었다.

그런데 최근에는 예외적이라거나 부정적으로만 볼 수 없는 경향들이 나타나고 있다. 개인이 자신의 본체와 뚜렷이 구별되는 가상의 프로필 정체성을 통해 잠재력을 실현하고 그에 대해 많은 일반 동료가 팬덤을 형성하는 등 대중문화 내부에서 하나의 독자적인 영역을 형성해가고 있다. 본체가 이미 드러나 있는 연예인들의 부캐 활동이 가

---

84 아바타 성폭력을 본인에 대한 성폭력으로 간주할 수 있느냐는 문제와 관련된 논쟁, 그리고 아바타의 존재론적 지위에 관해서는 고인석, 「사이버 공동체에서 아바타의 존재론적 지위: 매체와 준-주체로서의 아바타」, 『철학논총』 제53집 제3권, 새한철학회, 2008 참조.

85 '부캐'는 2000년대 초반 온라인 게임 플레이어들이 두 개 이상의 계정을 사용하면서 생겨난 신조어이다. 처음에는 일종의 반칙에 해당하는 것이었기 때문에 상당히 부정적인 의미로 쓰였다. 한 명의 플레이어가 본캐릭터와 부캐릭터, 두 개의 캐릭터를 만들어서 부캐로 획득한 아이템을 본캐가 가져가거나 제재를 당한 본캐 대신 부캐로 온갖 변칙 플레이를 하는 데 쓰곤 했다. 그런데 2018년 '쇼미더머니'에 한 래퍼가 복면을 쓴 채 '마마손'이라는 부캐로 등장해 본캐와는 다른 스타일의 무대를 선보이고, 이후 유재석이 '유산슬'이라는 트로트 가수 부캐를 통해 자신의 잠재력을 발휘한 이후 부캐는 잠재력 발휘라는 긍정적 의미 또한 갖게 되었다.

장 널리 알려진 사례이지만, 아예 전적으로 디지털 가상 이미지만으로 등장해 활동하는 유튜버나 스트리머들도 점차 큰 인기를 얻고 있다. 특히 주목할 것은 몇 년 전만 하더라도 대규모 장비와 거액의 비용이 들어서 큰 제작비가 투여되는 영화에서만 사용되었던 모션캡처 기술, 즉 본체를 따라가면서 촬영하면 그것을 자동으로 만화 캐릭터의 애니메이션으로 바꾸어주는 기술이 생성형 AI의 발전으로 어느 장소에서나 적은 비용으로 접근할 수 있게 되었다는 것이다. 그래서 많은 개인 유튜버들이 비교적 쉽게 자신의 가상 이미지를 만들어서 모션캡처로 실시간 방송을 진행하고 있으며, 연예기획사 소속의 버추얼아이돌은 입체 효과를 내는 대형 화면을 통해 라이브 공연까지 하고 있다.

이들은 일본의 키즈나 아이(Kizuna Ai)가 2016년에 처음 등장하면서 쓴, 자신에 대한 규정을 따라 보통 '버추얼유튜버' 혹은 '버튜버(v-tuber)'라고 불린다. 한국에서 가장 활발하게 활동하고 있는 버추얼유튜버는 아이돌 가수 활동을 병행하는 '이세계아이돌', '플레이브' 등이 있다. 이들이 연예기획사에 소속되어 고가 장비의 도움으로 활동하는 반면에, 최근 몇 년 전부터는 Move AI 등 아이폰만 있어도 쓸 수 있는 저가의 모션캡처 서비스 덕택에 소속사 없는 개인 버튜버도 엄청나게 늘어나고 있다. 그들 중 다수는 노래와 춤을 중심으로 활동하지만, 간혹 그림 그리기, 책 읽기 등 다양한 영역에서 자신의 본체를 가리고 방송을 진행한다.

과거에도 연예기획사의 투자로 이른바 '얼굴 없는 가수'나 애니메이션 이미지를 이용한 '버추얼휴먼 가수'가 시도되었다. 하지만 최근의 버추얼유튜버가 그들의 구독자 혹은 팬덤과 맺는 관계에서 나타나는 새로운 특징은 디지털 가상 신체와의 구조적 결합을 통해 가상의 프로필 정체성 자체를 거의 독자적으로 인격화하고 있다는 것이다. 그런 특징 몇 가지를 살펴보겠다.

얼굴 없는 가수나 버추얼휴먼 가수의 팬덤은 가수의 본래 얼굴을 무척 궁금해하면서 밝히고자 노력했다. 하지만 최근 버추얼유튜버의 팬덤은 대부분 디지털 매체를 통해 드러난 페르소나에 집중할 뿐 그것의 본체에 대해서는 무관심하다. 유튜버 개인의 과거나 본체에 대해 이른바 '빨간약', '전생 공개' 등의 제목으로 간혹 게시물이 뜨기도 하지만, 팬덤은 그런 폭로가 확산되지 않도록 막는 데 적극적으로 나선다. "캐릭터와 인간을 구별하지 않아요. 제가 좋아하는 것은 그냥 그 하나의 자체예요"[86]라는 플레이브 팬덤의 인터뷰 내용은 모니터 화면의 배후에 있는 인간에 대해 더는 관심이 없다는 것을 뜻하며, 버추얼유튜버 팬덤은 대부분 이런 태도를 보인다.

그리고 아이돌 가수 활동을 하는 버추얼유튜버는 다른 아이돌들에 비해 활동 공간에 제약이 많다. 그래서 실시간 커뮤니케이션이 가능한 플랫폼 공간에 더욱 집중하며, 거의 매일같이 실시간 방송을 진행하기도 한다. 이것은 신비주의 전략을 구사한, 예전 버추얼 가수와의 큰 차이점이다. 그들은 다른 아이돌들보다 훨씬 활발한 비대면 상호작용을 하며 친밀한 일상적 잡담을 나눈다. 이런 커뮤니케이션 체계에서는 실제 신체가 아닌 디지털 이미지가 사태적 동일성으로 사용되는 기대구조의 형성이 이루어지고 있다. 따라서 가상 프로필 정체

---

86 오윤지, 「버추얼 아이돌 팬덤의 향유 문화 연구」, 『한국콘텐츠학회논문지』 Vol.24, No.2, 2024, 189면.

성이 인격화되고 있다고 볼 수 있다. 그리고 버추얼유튜버의 인격은 적어도 디지털 동영상 커뮤니케이션의 기대구조에서는 아예 본래의 신체와 구조적으로 결합된 것으로 등장하지 않는다는 점에서 인격의 가상화라고 부를 수도 있을 것이다. 물론 인쇄 시대에도 저자들의 신체는 드러나지 않았다. 그런데 오직 글로만 등장하는 인격과 달리 가상화된 인격은 다른 이미지의 신체 운동을 동반하면서 등장하고 원활한 구어 상호작용을 한다는 점에서 큰 차이를 갖는다.

그리고 버추얼유튜버의 팬덤은 연예기획사가 버튜버의 페르소나가 가진 고유한 개체성을 훼손하는 일에 대해 저항하기도 한다. 버추얼유튜버의 원조인 키즈나 아이의 기획사는 성우 한 명으로는 감당하기 어려울 정도로 아시아권 전역에 걸쳐 활동 수요가 늘어나자 2019년에 일본어 성우 두 명과 중국어 성우 한 명을 추가 투입해 네 명의 성우가 하나의 캐릭터를 연기하게 했다. 그런데 키즈나 아이의 고유성을 지키려는 팬들이 불만을 터뜨리며 불매운동을 벌이고 일부 성우가 말 실수를 하는 등 여러 문제가 생기자 결국 다시 원래의 성우 한 명이 담당하게 되었다.[87] 이 때문인지 한국의 인기 버튜버인 이세계아이돌의 경우 데뷔할 때부터 본체의 가수와 같은 것으로 짐작되는 나이, 고향, 예전 직업 등을 밝혔다. 그래서 이세계아이돌 멤버들의 본명이나 본체를 알아내는 것은 그리 어렵지 않지만, 놀랍게도 팬덤은 그에 대해 철저하게 무관심하다.

버추얼유튜버는 가상 프로필 정체성이 인격화되는 추세를 보여주

---

[87] 글로벌이코노믹 이원용 기자 입력(2022-02-27 13:11), "버추얼 유튜버 '대모' 키즈나 아이, 6년 만에 잠정 은퇴". https://www.g-enews.com/article/ICT/2022/02/202202262243408182c5fa75ef86_1

는 하나의 사례일 뿐이다. 최근 소셜미디어에서 자신의 프로필을 생성형 AI를 이용해 만든 지브리 스타일 만화 이미지로 대체하는 것이 크게 유행한 것처럼, 많은 사람이 자신의 얼굴과 신체를 변형하여 커뮤니케이션 참여자가 되려고 한다. 그 이유가 무엇이든[88], 정체성을 이루는 성분 중 어떤 것, 특히 얼굴 이미지를 변형하여 소셜미디어의 일반 동료들에게 보이고자 하는 경향은 늘어나고 있으며, 이를 통해 신체를 드러내는 상호작용에서는 불가능했던 잠재력을 실현하기도 한다.

이러한 경향의 향후 추세를 미리 짐작할 수는 없지만, 나는 앞으로 프로필 정체성의 법적 지위에 대해서는 논란이 일어날 수밖에 없다고 본다. 이미 일어난 일과 관련해 보자면, 키즈나 아이의 사례는 버추얼유튜버의 캐릭터를 그저 상표권으로 간주해도 되는지의 문제를 던졌다. 그 권리를 연예기획사에 귀속시키느냐 성우에게 귀속시키느냐라는 상표권 분쟁의 문제는 그들 사이에 맺어진 계약의 공정성 문제이다. 따라서 아티스트 본인의 권리와 관련된 문제이므로 새로운 문제는 아니다. 새로운 문제는 그 캐릭터에 대해 독자적으로 형성된 커뮤니케이션의 기대 복합체를 그저 '사물'로 간주할 수 있는가이다. 계약상의 권리 문제와 별도로 팬덤이라는 하나의 사회적 체계는 캐릭터와 결합된 목소리의 본인의 교체를 허락하지 않을 수도 있고, 어쩌면 그 본인에게 문제가 생겼을 경우 그 캐릭터를 가장 잘 이어갈 수 있는 다른 방법을 고안해낼지도 모른다. 상상적인 예측을 하나 해

---

88 사생활 보호, 딥페이크 피해 예방, 나이와 외모로 인한 편견 극복 등 여러 가지 이유를 짐작해 볼 수 있겠지만, 실증적 연구의 과제이므로 여기서는 논하지 않겠다.

보자면, 목소리와 채팅 내용을 학습한 AI를 이용해 구현하고자 노력할 수도 있다. 이런 예측은 더는 캐릭터로 부르기 어려울 만큼 준인격화된 페르소나를 인격과 사물의 이분법에 따라 그저 사물로 간주하는 것이 적절한가라는 의문을 불러일으킨다.

이미 메타버스의 아바타의 법적 지위와 관련해서 몇몇 연구성과가 나왔고, 대체로 법학자들은 아바타의 독자적인 법적 인격성 인정에 대해서는 부정적인 견해를 보인다.[89] 가령 가상인간(버추얼휴먼)의 법적 지위를 다각도로 연구한 김현귀는 가상인간의 캐릭터를 저작권, 퍼블리시티권 등 재산권적으로 보호하는 데는 한계가 있다고 보면서 앞으로 인격권 인정에 관해 논의해볼 수 있다고 말한다. 하지만 그가 설정하는 '가상인간'은 배후에 본체에 해당하는 개인이 없는 경우이다.[90] 나 역시 캐릭터의 배후에 권리를 가진 본인, 즉 인간-인격이 분명히 있는 프로필 정체성에 대해서는 독자적인 법인격을 논하는 것은 부적절하다고 본다. 하지만 본체의 인간-인격과 구별될 수 있는 기대 복합체의 정체성을 그저 인격이 아니라는 이유로 재산권의 대상으로 삼는 것이 적절한지에 대해서는 의문을 던질 수밖에 없다.

그래서 인격의 가상화 혹은 가상인격의 문제는 그 고민의 방향을 다른 쪽으로 돌릴 필요가 있다. 이것은 IV에서 살펴본 비인간의 인격화 문제와도 관련된다. 자연의 권리, 기계의 법인격, 프로필 정체성의 독자적 인격화 등의 문제가 논의되고 있는 것은 지금까지 법이 인격과 사물의 이원론(dualism)에 사로잡혀 있었기 때문이다. 그리고 이

89　이영록, 「메타버스 아바타의 법적 지위-인격성 인정 여부를 중심으로」, 『서울법학』 제31권 제2호, 2023, 1~38면.

90　김현귀, 「가상인간의 인격에 대한 법적 고찰」, 『미디어와 인격권』 제8권 제3호, 2022, 1~42면.

이원론은 근대 철학의 주체와 객체의 이원론과 깊은 관련을 맺고 있다. 이제 우리에게는 "사물성(thinghood)과 인격성(personhood) 사이의 실재(reality)"[91]를 다룰 세분화된 새로운 언어와 새로운 법적 개념이 필요한 것으로 보인다. 그렇게 되면 책임 귀속이 어려운 것으로 보이는 실재에게 권리를 부여하려는 주장이나 재산이 필요 없는 것으로 보이는 실재에게 책임재산을 부여하려 하는 주장은 조금 다른 방향으로 펼쳐질 수 있을 것이다. 보호를 위한 것인지, 위험의 분산을 위한 것인지, 공동의 관여를 위한 것인지 등등 실제로 필요한 것이 무엇인지를 논의할 수 있지 않을까? 이 글에서는 이에 대한 논의를 향후의 과제로 남겨둔다.

---

91 Tomasz Pietrzykowski, "The Idea of Non-personal Subjects of Law", *Legal Personhood: Animals, Artificial Intelligence and the Unborn*, Springer, 2017.

강승식, 「자연어 이해와 대화형 챗봇 엔진의 구현 기술」, 정원섭 엮음, 『인공지능의 편향과 챗봇의 일탈』, 세창출판사, 2022.

고인석, 「사이버 공동체에서 아바타의 존재론적 지위: 매체와 준-주체로서의 아바타」, 『철학논총』 제53집 제3권, 새한철학회, 2008.

김건우, 「인공지능 법인격 논쟁 다시 보기-철학적 분석」, 『법철학연구』 26권 3호, 2023.

김종철, 「금융과 페르소나(persona): 금융의 정치 철학적 이해」, 『사회경제평론』 통권 제57호, 2018.

김진우, 「인공지능 시스템의 책임능력-전자인 제도의 도입 필요성에 관한 논의를 중심으로」, 『중앙법학 23(4), 중앙대 법학연구소, 2021.

김현귀, 「가상인간의 인격에 대한 법적 고찰」, 『미디어와 인격권』 제8권 제3호, 2022.

박경남, 「인격에 대한 칸트의 관점과 인공지능」, 『철학』 제156집, 한국철학회, 2023.

박승찬, 「인격 개념의 근원에 대한 탐구-그리스도교 신학과 보에티우스의 정의를 중심으로」, 『인간연구』 13, 가톨릭대학교 인간학연구소, 2007.

______, 「인격을 이루는 원리로서의 몸-토마스 아퀴나스의 사상을 중심으로」. 『가톨릭신학과사상』 제73호, 2014.

신정아 · 최용호, 「스크린 자아: 디지털 미디어 시대의 정체성」, 『프랑스어권 문화예술연구』 제90집, 2024.

양천수, 「현대 지능정보사회와 인격성의 확장」, 『동북아법연구』 12(1), 전북대 동북아법연구소, 2018.

오윤지, 「버추얼 아이돌 팬덤의 향유 문화 연구」, 『한국콘텐츠학회논문지』 Vol.24, No.2, 2024.

이영록, 「메타버스 아바타의 법적 지위-인격성 인정 여부를 중심으로」, 『서울법학』 제31권 제2호, 2023.

임미원, 「〈인격성〉의 개념사적 고찰」, 『법철학연구』 제8권 제2호, 2005.

장춘익, 「도덕의 반성이론으로서의 윤리학-루만의 도덕이론에 대하여」, 『사회와 철학』 제24집, 2012.

정성훈, 「루만의 법이론의 위상과 법의 역설 전개」, 『법과 사회』 제48호, 2015.

______, 「루만의 가족 개념과 공동체 이론에 대한 함의」, 『도시인문학연구』 제14권 1호, 2022.

______, 「니클라스 루만: 정보는 체계마다 다르게 처리된다」, 김선희 외 지음, 『인공지능 시대의 철학자들』, 사월의 책, 2024.

추교준, 「칸트의 『실천이성비판』에서 '인격 안의 인간성' 개념 이해」, 『철학탐구』 제72집, 중앙대 중앙철학연구소, 2023.

Brożek, Bartosz, "The Troublesome 'Person'", Kurki, Visa A.J. & Pietrzykowski, T.(ed.), *Legal Personhood: Animals, Artificial Intelligence and the Unborn*, Springer, 2017.

Dyschkant, A., "Legal Personhood: How we are getting it wrong", *University of Illinois Law Review*, 2015.

Esposito, Elena, "Artificial Communication? The Production of Contingency by Algorithms", *Zeitschrift für Soziologie* 46.4, 2017.

European Parliament, *Report with recommendations to the Commission on Civil Law Rules on Robotics*, 2017.

Fischer-Lescano, A., "Nature as a Legal Person: Proxy Constellations in Law", *Law & Literaure* 32:2, 2020.

Fuhrmann, M., "Person. I. Von der Antike bis zum Mittelalter", in: *Historisches Wörterbuch der Philosophie* Bd. 7(hg. von J.Ritter/K.Gründer), Basel, 1989.

Hobbes, Thomas, *Leviathan*, Oxford University Press, 1996.

Kant, Immanuel, *Grunglegung zur Metaphysik der Sitten*: 백종현 옮김, 『윤리형이상학 정초』, 아카넷, 2005.

___________, *Kritik der praktischen Vernunft*: 백종현 옮김, 『실천이성비판』, 아카넷, 2019.

Locke, John, *Two Treatise of Government*

___________, *An Essay Concerning Humane Understanding*: 정병훈 외 옮김, 『인간지성론 1』, 한길사, 2014.

Luhmann, Niklas, *Liebe als Passion, Frankfurt*/M.: Suhrkamp, 1982: 정성훈 외 옮김, 『열정으로서의 사랑』, 새물결, 2009.

___________, *Soziale Systeme—Grundriß einer allgemeinen Theorie*, Frankfurt am Main: Suhrkamp, 1984.

___________, "Ethik als Reflexionstheorie der Moral", *Gesellschaftsstruktur und Semantik* Band 3, Frankfurt/M.: Suhrkamp, 1989.

___________, "Sozialsystem Familie", *Soziologiesche Aufklärung* 5, VS Verlag für Sozialwissenschaften, 2005(제3판, 초판은 1990).

___________, *Das Recht der Gesellschaft*, Frankfurt am Main: Suhrkamp, 1993: 윤재왕 옮김, 『사회의 법』, 새물결, 2014.

___________, *Die Gesellschaft der Gesellschaft*, Frankfurt am Main: Suhrkamp, 1997, 106: 장춘익 옮김, 『사회의 사회』, 새물결, 2014.

___________, *Einführung in die Systemtheorie*, Carl—Auer, 2002.

___________, *Organisation und Entscheidung*, VS Verlag für Sozialwissenschaften, 2006.

Moeller, Hans—Georg & D'Ambrosio, Paul J., "Sincerity, authenticity and profilicity: Notes on the problem, a vocabulary and a history of identity", *Philosophy and Social Criticism* Vol. 45(5), 2019.

__________, *You and Your Profile—Identity After Authenticity*, Columbia University Press, 2021.

Pietrzykowski, Tomasz, "The Idea of Non-personal Subjects of Law", *Legal Personhood: Animals, Artificial Intelligence and the Unborn*, Springer, 2017.

Teubner, Gunther, "Rights of Non-humans? Electronic Agents and Animals as New Actors in Politics and Law", *Journal of Law and Society* 33.4, 2006.

4장

가상인격과 인공인격:
구성주의 정보철학 관점에서

박충식

유원대학교 AI소프트웨어학과

1. 서론

우리는 지금 매우 이상하고도 흥미로운 시대의 한복판에 서 있다. 공상과학 영화에서나 보던 일들이 우리 눈앞에서 펼쳐지고 있다. AI로 만들어진, 즉 실체가 없는 가수의 노래가 빌보드 차트에 오르고, 이미 세상을 떠난 전설적인 가수(故 김광석, 故 터틀맨)가 AI 기술로 부활하여 사후 디지털 고용(DEAD, Digital Employment After Death)의 형태로 우리 앞에 나타나 신곡을 발표한다. TV를 켜면 가상인간(Virtual Human) 로지(Rozy)가 실제 배우처럼 CF 모델로 활동하고, AI 아이돌 그룹 메이브(MAVE:)가 인간 가수들과 함께 음악 방송 무대에 선다.

이뿐만이 아니다. AI가 그린 그림이 세계적인 미술 대회에서 1등을 차지하고, AI가 작곡한 교향곡이 청중의 마음을 울린다. AI가 쓴 소설이 문학상 예심을 통과하고, AI 변호사가 법률 자문을 제공하며, AI 심리치료사가 인간의 가장 내밀한 고민을 들어주고 위로한다. 어떤 사람은 AI 챗봇과 사랑에 빠지고, 또 어떤 사람은 서비스가 종료된 자신의 AI 동반자를 '애도'하며 극심한 상실감을 호소한다. 심지어 구글의 한 엔지니어는 자신이 개발한 AI 람다(LaMDA)에게 지각이, 즉 영혼이 있는 것 같다고 주장하다가 해고당하는 일까지 벌어졌다. 이는 〈블레이드 러너〉나 〈그녀(Her)〉와 같은 영화 속 상상이 더는 허구가 아님을 보여주는 상징적인 사건이다. 이러한 현상은 단순히 신기해하면서 넘어갈 수 있는 수준을 넘어섰다. 이는 우리가 수 천년간 당연하게 여겨왔던 (자연)인간(Natural Human)과 그 고유의 속성이라 믿었던 인격(Persona)에 대한 근본적인 전제에 질문을 던지고 있다.

이러한 현상은 흔히 '가상인간'을 둘러싸고 벌어지는데, 정작 (자연)인간을 기준으로 가상인간과 인공인간이 무엇인지, 그리고 이들에게도 (자연)인간의 속성인 인격에 대한 개념을 부여할 것인지에 대한 합의는 없다. AI 아이돌 메이브, 인간 연기자가 실시간으로 조종하는 버추얼 유튜버, 그리고 SNS에서 활동하는 나의 부캐(부캐릭터)까지, 이 모든 것이 가상인간이라는 하나의 용어로 묶여 불리고 있다. 하지만 이들은 그 본질과 작동 방식, 그리고 우리에게 던지는 질문의 종류에 있어서 서로 다른 위상을 갖는다.

이 글은 이러한 문제의식에서 출발하여 다음과 같은 내용을 다루려고 한다. 첫째, 가상과 인공이라는 개념의 의미를 구분하고(2.1절), (자연)인간을 기준으로 가상인간 및 인공인간의 개념을 정의한 뒤, 인격의 개념을 설정한다(2.2절). 둘째, 이 개념적 틀을 바탕으로 기존의 혼란스러운 가상인간 개념을 인격적 측면에서 가상인격(Virtual Persona)과 인공인격(Artificial Persona)으로 나누어 이들의 계보와 선행 연구를 살펴볼 것이다(2.3~2.5절). 셋째, 구성주의 정보철학이라는 관점에서 이 두 인격 개념을 논의한다(3장). 넷째, 이 구분을 바탕으로,

각각이 야기하는 법적, 윤리적 문제 외에 로버트 노직(Robert Nozick)의 경험 기계 논의를 참조하여 인간의 정서적 유대 문제에 주목하고, 이 새로운 존재들과 관계를 맺는 것이 우리의 마음에 어떤 심층적인 영향을 미치는지, 그 위험성은 무엇인지 논의하고자 한다(4장). 마지막으로, 이들과의 공존이 피할 수 없는 미래라면, 우리는 무엇을 준비해야 하는지, 인간다움을 지키기 위한 방안은 무엇인지 생각해 본다(5장).

2. 가상과 인공, 인간과 인격

1) 가상(Virtual)과 인공(Artificial)

가상인격과 인공인격을 논의하기에 앞서, 우리는 이 두 용어의 핵심 수식어인 '가상'과 '인공'이라는 개념을 구분해야 한다. 이 둘은 자주 혼용되지만, 서로 다른 철학적, 기술적 함의를 지닌다. 가상은 존재 방식(Way of Being)에 대한 개념으로서 그 어원인 라틴어 virtus(효력, 능력)에서 알 수 있듯이 "물리적 실체는 없지만, 그 본질적인 기능이나 효과는 존재하는 상태"를 의미한다. 이는 단순히 가짜(fake)나 허구(fiction)와는 다르다. 가상 현실(VR)은 실제가 아니지만, 실제와 같은 효과(멀미, 공포)를 유발한다. 가상은 현실(Real) 또는 물리적(Physical)인 것과 대립하는 개념이다.

한편, 인공은 기원(Origin)에 대한 개념이다. 라틴어 ars(기술)와 facere(만들다)의 합성어에서 알 수 있듯이 인공의 핵심 의미는 "자연적으로 발생한 것이 아니라, 인간의 의도와 기술로 만들어진 것"이다. 인공은 자연(Natural)과 대립하는 개념이다. 인공지능(AI), 인공 장기, 인공 조미료가 이에 해당한다. 핵심적인 차이는, 가상은 실체(물질)의 유무를 다루는 반면, 인공은 그것이 어떻게 생겨났는가(기원)를 다룬다는 점에 있다. 플라스틱 꽃(조화)은 인공적이지만, 가상이 아닌 현실(Real)의 사물인 반면에, 가상 현실 속의 꽃은 가상이면서 동시에 인공적으로 만들어진 데이터이다.

현대의 기술은 이 둘을 강력하게 결합한다. 인공적인 뇌(AI)가 가상의 몸(아바타)을 입고, 가상의 무대(메타버스)에서 활동하는 것이 바로 우리가 마주한 현상이다.

2) (자연)인간과 인격, 그리고 가상인간

먼저 (자연)인간이 있다. 이는 우리가 일상적으로 마주하는 생물학적 실체로서의 인간이다. 그리고 가상인간이 있다. 가상(Virtual) 개념에 따라 물리적 실체는 없으나 그 효과(소통, 행위)는 존재하는 (자연)인간의 대리물이다(예: 아바타, 프로필). 또한 인공인간(Artificial Human)이 있다. 인공(Artificial) 개념에 따라 인간의 의도와 기술로 만들어진 (자연)인간의 유사체이다(예: AI 챗봇, AI 로봇). 넷째, 인격(Persona)은 이러한 (자연)인간이 지닌 고유한 속성(attribute)으로, "자신을 자신이라고 생각할 수 있는 의식"(로크)이자 "소통의 귀속이 일어나는 안정적 정보 패턴"(루만)으로 정의할 수 있다.

문제는 가상인간과 인공인간이라는 새로운 존재가 마치 (자연)인간의 인격과 유사한 속성을 보이기 시작하면서 발생한다. 여기서부터 가상인격(Virtual Persona)과 인공인격(Artificial Persona)의 구분이 필요해진다. 현재 통용되는 가상인간이라는 용어에는 가상인격과 인공인격이라는 두 개념이 뒤섞여 있다. 이 혼란은 마치 손 인형극의 꼭두각시(Puppet)와 테슬라의 안드로이드 로봇 옵티머스(Optimus)와 같은 자율적 유형을 둘 다 그냥 움직이는 인형이라고 부르는 것과 같다. 둘 다 무대 위에서 인간처럼 보일 수 있지만, 그 작동 원리는 매우 다르다. 꼭두각시는 그 자체로는 생명이 없다. 무대 뒤에서 인형술사(Puppeteer)가 손을 놀리고 목소리를 내야만 비로소 살아 움직이는 것처럼 보인다. 모든 생명력은 그 배후의 인간에게서 나온다. 하지만 자율적 유형은 정도의 스펙트럼이 있지만, 정교하게 프로그래밍된 기계적 뇌를 가지고 정해진(혹은 생성된) 대사와 행동을 스스로 수행한다.

가상인격은 가상인간(대리물)이 자연인간의 인격과 직접 연동되어 구동되는 '꼭두각시(Puppet)' 유형을 지칭한다(예: SNS 부캐, 게임 아바타, 버추얼 유튜버). 인공인격(Artificial Persona)은 인공인간(유사체)이 AI 시스템을 통해 자율적으로 구동되는 자율적 유형을 지칭한다(예: AI 아이돌 메이브, 가상 인플루언서 로지, 테슬라 안드로이드 로봇 옵티머스). 가상인격은 실체가 없는 인격을, 인공인격은 만들어진 인격을 의미한다. 따라서 이 글은 그 작동 주체에 따라 가상인격과 인공인격으로 구분하여 논의를 진행한다.

3) 가상인격과 인격의 가상화

가상인격(Virtual Persona)이라 명명한 꼭두각시 유형은 철학적으로 인격의 가상화(Virtualization of Persona)[1]라고 설명할 수 있다. 즉, 이미 존재하는 (자연)인간의 인격이 가상의 가면을 쓰는 것이다. 핵심 속성

---

1 정성훈, 「인격의 가상화와 가상의 인격화」, 철학연구회 2023년도 공동학술대회 학술발표논집, 2023, 34~43면.

은 (자연)인간 의존성이다. 꼭두각시가 아무리 화려하게 춤을 춰도, 그 생명력, 의지, 감정은 전적으로 무대 뒤 '인형술사'의 것이다. 이 가상인격은 하늘에서 뚝 떨어진 것이 아니다. 그 계보는 매우 길다. 고대 그리스 연극에서 배우들이 쓰던 페르소나(persona, 가면)가 그 원형이다. 페르소나는 '가면을 통해 말한다(per-sonare)'는 의미로, 배우(인간 주체)가 다른 인격(신 혹은 영웅)을 연기하기 위한 도구였다. 페르소나는 연극 무대 바깥에서는 실재하지 않는다는 의미에서 이미 가상성을 내포하고 있었다. 근대에 와서는 조지 엘리엇(George Eliot)이나 마크 트웨인(Mark Twain) 같은 소설가의 필명(Pseudonym)이 등장한다. 이들은 본명과 다른 인격을 구성하여 작품 활동을 했다. 이 역시 인격의 가상이다. 여기서 한 걸음 더 나아가, 인격의 구성을 극단까지 밀어붙인 사례가 바로 포르투갈의 시인 페르난두 페소아(Fernando Pessoa)이다. 그는 단순한 필명을 넘어 각기 다른 출생 배경, 철학, 문체, 심지어 서명까지 가진 수십 개의 이명(Heteronym)을 창조했다. 알베르투 카에이루, 히카르두 헤이스 등 그의 이명들은 도저히 한 사람의 저작이라고는 믿을 수 없을 정도로 완벽하게 분리된 인격체로서 서로 편지를 주고받으며 작품 활동을 했다. 이는 디지털 기술이 없던 시대에도 한 인간의 정체성이 다중적 인격 인터페이스로 완벽하게 구현될 수 있음을 보여주는 강력한 사례이다.

이것이 디지털 시대로 넘어오면서 폭발적으로 증가했다. 초창기 인터넷 채팅방의 대화명(ID)이 그 시작이었다. 이후 MUD나 MMORPG 게임 속 '아바타(Avatar)'로 발전했다. 김선희는 이를 사이버자아(Cyber-self)라 칭하며 가언적 인격(假言的 人格), 즉 '~라면'이라는 가정하에 성립하는 조건적 인격으로 보았다. [2] 이는 물리적 몸과 분리된 듯 보이지만, 결국 키보드를 치는 물리적 몸(주체)에 의존하고 있으며 도덕적 책임 역시 이 주체에게 귀속되어야 함을 강조한다. 오늘날 이는 SNS의 '부캐(부캐릭터)' 현상, 혹은 묄러(Moeller)와 담브로시오(D'Ambrosio)가 말한 프로필성(profile-ness)으로 이어진다. [3] 프로필성은 '좋아요'와 '구독' 같은 타인의 관찰(이차 관찰)에 민감하게 반응하며 자신의 정체성을 큐레이팅하는, 현대판 페르소나이다. 즉, 가상인격은 인간의 인격이 디지털이라는 무대 위에서 다른 가면을 쓴 것이다. 메타버스에서 아바타가 성추행당했을 때(디지털 성범죄) 배후의 인간이 실제 성적 모욕감을 느끼는 것은, 이 연결이 끊어지지 않았음을 증명한다. 그 모든 행위의 최종 주소, 즉 칭찬과 비난이 궁극적으로 돌아가야 할 곳은 배후의 인간이다.

4) 인공인격과 가상의 인격화

인공인격(Artificial Persona)이라 명명한 자율적 유형은 가상의 인격화(Personification of Virtuality)[4], 인공적인 주체가 인격의 형태를 입는 것이다. 핵심 속성은 시스템 자율성이다. 인형술사가 없는 대신 정교한 프로그램과 센서라는 기계적 뇌를 가지고 정해진(혹은 생성된) 대사와 행동을 스스로 수행한다.

이 인공인격의 계보 역시 매우 길다. 인간을 닮은 존재를 창조하려는 욕망은 인류 역사와 함께했다. 고대 신화 속 피그말리온

---

2   김선희, 『사이버 시대의 인격과 몸』, 아카넷, 2004.
3   정성훈(2023)에서 재인용.
4   정성훈(2023).

(Pygmalion), 유대 신화의 골렘(Golem), 중세의 자동인형(Automata)이 그 상상력의 원천이다. 근대에 와서는 메리 셸리가 『프랑켄슈타인』에서 인간이 창조한 인공 생명체가 통제를 벗어나는 공포를 그렸으며, 카렐 차페크(Karel Čapek)는 희곡 『R.U.R.』에서 로봇(Robot, '강제노동'을 의미)이라는 용어를 만들어내며, 이 기계적 인격이 사회에 등장할 것을 예고했다. 폴란드의 공상과학 작가 스타니스와프 렘(Stanisław Lem)은 1971년 작 『완벽한 진공 *A Perfect Vacuum*』에 수록된 가상의 서평 「Non Serviam」을 통해 이 논의를 극단으로 밀어붙인다. 그는 퍼소노이드(Personoid)라는 개념을 창조하는데, 이는 컴퓨터 안에만 존재하는 순수한 디지털 존재, 즉 퍼소네틱스(personetics)의 산물이다. 이 퍼소노이드들은 자신들의 창조주(프로그래머)가 침묵하는 가상의 우주 안에서 고유한 문명과 철학, 그리고 존재론적 고뇌(신은 왜 침묵하는가?)를 발전시킨다. 렘의 이 상상력은 단순한 로봇을 넘어 의식을 가진 소프트웨어라는, 오늘날 인공인격의 핵심 딜레마를 50여 년 전에 이미 예견한 것이었다.

이러한 상상력이 공학의 영역으로 들어온 것이 20세기 중반, 앨런 튜링(Alan Turing)의 이미테이션 게임(튜링 테스트)이다. 튜링은 "기계가 생각할 수 있는가?"라는 답하기 어려운 철학적 질문 대신, "기계가 인간처럼 행동하여 우리를 '속일 수' 있는가?"라는 실용적인 질문을 던졌다. 이 질문 자체가 인공인격 연구의 방향성, 즉 내면이 아닌 겉모습의 완벽한 시뮬레이션을 목표로 삼게 했다.

1960년대 조셉 와이젠바움(Joseph Weizenbaum)이 만든 일라이자(ELIZA) 프로그램은 충격적인 현상을 보여주었다. 일라이자는 단순히 상대방의 말을 되받아치는(예: 힘들어요 → 왜 힘들다고 생각하세요?), 단순한 패턴 매칭 봇에 불과했다. 하지만 놀랍게도 사람들은 이 기계가 자신을 이해하고 공감한다고 느끼며 깊은 감정을 이입했다. 정작 개발자인 와이젠바움 자신은 이 현상에 경악하며, "기계에 인간의 고유한 역할(치료사, 판사 등)을 맡겨서는 절대 안 된다"고 강력히 경고했다. 그리고 2020년대, 거대언어모델(LLM)의 등장은 이 일라이자를 비교할 수 없을 정도로 정교하게 만들었다. 혹자는 이를 통계적 앵무새(Bender et al., 2021)라고 비판하지만, 그 앵무새가 셰익스피어보다 더 말을 잘하는 수준에 이르고 있다. [5]

이러한 거대언어모델의 정교화는 특정 인격을 시뮬레이션하는 단계로 나아가고 있다. 대표적인 사례가 바로 홍콩 대학 등에서 시도하는 가상 철학자(Virtual Philosopher) 프로젝트이다. 이들은 대니얼 데닛(Daniel Dennett)이나 공자(Confucius)와 같은 특정 철학자의 모든 저작물과 논문을 AI에 학습시켜 마치 그 철학자와 직접 대화하는 듯한 인공인격을 구현한다. 렘의 퍼소노이드가 문학적 상상이었다면, 가상 철학자는 공학적으로 구현된 철학하는 퍼소노이드라 할 수 있다. 하지만 여기서 우리는 튜링 테스트의 근본적인 한계와 마주한다. 사용자가 가상 데닛과 대화하는 것은 과연 데닛의 내면 의식과 소통하는 것인가? 아니면 그의 저작물이라는 텍스트 데이터를 통계적으로 요약한 메아리와 대화하는 것인가? 이 사례는 인공인격이 인간의 지성을 흉내 낼 수는 있어도, 그 지성의 기반이 되는 의식이나 주관적 경험과는 분리되어 있음(혹은, 적어도 그것을 증명할 수 없음)을 명확히 보여준다.

---

5   김경환, 「인공'지능'은 가상'인격'으로 진화 중」, NEFLA. https://www.nepla.net/post/인공-지능-은-가상-인격-으로-진화중, 2023. 7. 21 접속.

최근의 AI 아이돌(예: 메이브), AI 챗봇(챗GPT, Character.ai), 가상 인플루언서(로지, 릴 미켈라)가 여기에 속한다. 이들은 인간 주체와 직접 연결되어 있지 않다. 그들은 인터넷에 존재하는 방대한 데이터를 학습하여 통계적으로 가장 그럴듯한 말과 행동을 시뮬레이션하는 자율 시스템이다. 최근에는 이러한 통계적 모델을 넘어 인간의 기억, 주의, 결정 과정을 모방하는 인지 구조(cognitive architecture)(예: ACT-R, SOAR) 연구를 기반으로 보다 복잡한 내면을 지닌, 또는 그렇게 보이는 인공인격을 만들려는 시도도 이루어지고 있다.

김선희는 AI를 "몸이 없는 지능"으로 규정하며, 신체적 경험과 감각이 부재하기에 진정한 인격이 될 수 없다고 보았다.[6] 바로 이 "몸 없는 자율적 지능"이 "가상의 인격화"가 마주한 핵심 딜레마이다.

5) 인격의 스펙트럼과 소통의 귀속

문제는 가상인격(꼭두각시 모델)과 인공인격(자율형 모델)이 현실에서는 명확히 구분되지 않고 표 1과 같은 스펙트럼으로 존재한다는 점이다.

표 1. 가상인간의 4단계 스펙트럼

1단계	2단계	3단계	4단계
순수 가상인격	AI보조 가상인격	인간감독 인공인격	인공인격
완전 인간조작	인간주도, AI보조	AI주도, 인간감독	완전 AI자율
게임 아바타 (WoW), VR 챗 아바타	버추얼 유튜버 (VTuber)	가상 인플루언서 (로지)	AI챗봇(챗GPT) Character.ai
배후의 인간과 소통	인간 연기 + AI 표정 생성	AI 생성 + 인간 기획/수정	AI 시스템과 소통

---

6   김선희(2004).

사용자는 저 너머에 인형술사가 있는지(1, 2단계), 기계적 뇌가 있는지(3, 4단계) 즉각적으로 알기 어렵다. 특히 2단계와 3단계는 교묘하게 섞여 있어 구분이 거의 불가능하다. 앞서 가상인간을 (자연)인간의 대리물로, 인공인간을 (자연)인간의 유사체로 구분했지만, 이처럼 가상인간이라는 통상적인 용어는 1, 2단계의 인간 기반 존재(가상인격)와 3, 4단계의 AI 기반 존재(인공인격)를 모두 포괄하며 혼란을 야기한다. 그렇다면 우리가 인공인격이라 명명한 이 자율적 유형은 과연 (자연)인간과 같은 인격으로 불릴 자격이 있는가? 이에 대해 정성훈은 니클라스 루만(Luhmann)의 사회체계이론을 빌려 질문을 던진다.[7] 바로 소통의 귀속(attribution) 문제이다. 귀속은 "우리가 하는 말과 행동이 최종적으로 도착하는 주소(Address)"라고 이해할 수 있다. 루만에 따르면, 사회 시스템은 소통을 기본 단위로 한다. 인격이란 이 소통의 행위자로서 그 소통이 최종적으로 귀속되는 주소, 즉 그 말과 행동의 책임자를 의미한다. 우리가 "박 교수가 말했다"라고 할 때, 그 발언은 '박 교수'라는 인격 주소에 딱 붙는다. 그래야만 우리는 복잡한 사회에서 '누가 한 말인지'를 식별하고 그에 따라 신뢰를 형성하며 상호작용할 수 있다.

인공지능 에이전트(즉, 인공인격)와의 소통은 그것이 아무리 인간처럼 유창하게 보일지라도 그 소통의 최종 귀속 대상(최종 주소)은 AI 사체가 아니다. 그 주소를 따라가 보면 결국 그것을 설계한 프로그래머나 운영 시스템이 나온다. 역사적으로 신, 천사, 심지어 강이나 동

물에게도 인격이 부여(귀속)된 적이 있다.[8] 하지만 이들은 말을 하지 않거나(강), 극소수만 그 말을 들었다고 주장한다(천사). 반면 챗GPT와 같은 인공인격은 사용자의 프롬프트에 따라 서로 모순되는 수많은 문서를 대량으로 쏟아낸다. '챗GPT의 공식 입장'이란 존재할 수 없다. 따라서 AI는 자신의 결정에 따른 소유를 부여받거나 책임을 질 수 없으며, 소통의 귀속이 불가능하므로 인격이 될 수 없다는 것이다. 이러한 논의는 인공인격의 법적, 사회적 지위를 설정하는 데 매우 강력하고 실용적인 기준을 제공한다. 즉, AI는 책임의 주체가 될 수 없다!

하지만 문제는 여기서 끝나지 않는다. 인격이라는 개념은 단순히 소통의 귀속 문제를 넘어 전통적으로 의식(consciousness)이나 지속적인 정체성(identity)과 같은 내면적 속성과 깊이 연결되어 왔기 때문이다. 여기에 두 가지 유명한 철학적 사고실험이 등장한다. 바로 존 설(John Searle)의 중국어 방(Chinese Room) 논증과 데이비드 차머스(David Chalmers)의 철학적 좀비(Philosophical Zombie) 문제이다. '중국어 방'은 현재의 LLM(인공인격)도 지능을 완벽하게 시뮬레이션할 뿐 진정한 이해(understanding)나 의식을 가질 수 없다는 주장이다. '철학적 좀비'는 겉으로는 100% 동일하게 행동하지만 그 내면에는 의식이나 주관적 경험이 전혀 없는 존재이다. 현재의 인공인격은 이 철학적 좀비에 가깝다. 바로 여기서 거대한 모순이 발생한다. 시스템 이론(루만)과 심리철학(설)의 관점에서는 AI가 인격이 아니지만, 우리의 일상적 경험, 즉 현상학적·실용적 관점에서는 AI를 인격으로 대우할 수밖에 없는

---

8   정성훈(2023).

상황이 벌어진다.

다니엘 데닛(Daniel Dennett)의 지향적 태도(Intentional Stance)는 이 현상을 정확히 설명한다. 우리는 체스 프로그램이 "내 퀸을 잡아먹으려고 한다"고 믿음과 욕구를 부여(귀속)함으로써 그 행동을 효율적으로 예측한다. 사용자가 AI 자체를 소통의 상대로 귀속시키며 정서적 관계를 맺는 현상은 바로 이 지향적 태도가 효율적인 전략의 차원을 넘어 존재론적 믿음으로 변질되어 버린 것이다. 만약 "학습 데이터를 반성적으로 처리하는 자기동일화 메커니즘"을 갖춘 AI가 등장한다면, 그때도 귀속은 불가능한가?[9] 문제는 더 이상 "AI가 철학적으로 인격인가"가 아니다. 진짜 문제는 AI가 현실적으로 인격으로 기능하고 있을 때, 우리는 이 모순을 어떻게 감당할 것인가이다. 바로 이 지점에서 진짜/가짜의 낡은 이분법을 넘어서는 새로운 철학적 틀이 요구된다.

3. 구성주의 정보철학의 가상인격과 인공인격

1) 구성주의 정보철학에서의 가상과 실재

구성주의 정보철학(Constructive Information Philosophy)을 간략히 설명하면, 세상에 대한 모든 앎은 자기생산체계인 정보행위자의 관찰에 의하여 구성된다는 것이다. 그러므로 정보는 욕구를 가진 행위자가 관찰(환경에서의 경험)을 통하여 행위를 결심하게 하는 세상 모델이다.

---

9   오근창, 「『인격의 가상화와 가상의 인격화』에 대한 논평」 철학연구회 2023년도 공동학술대회 학술발표논집, 2023, 44~45면.

섀넌 정보이론의 코드체계가 정보체계이며 정보처리라는 것이다. 그 코드체계는 곧 기호체계이며, 이 기호체계는 사회적 맥락 안에서 만들어진다. 이러한 구성주의 정보철학 관점에서 사회적인 정보는 루만의 사회체계이론과 퍼스기호학으로 재구성될 수 있다.[10]

앞서 2장에서 제기된 딜레마, 즉 '이해 없는 지능'(설)과 '귀속 없는 소통'(루만)이 어떻게 '인격'으로 기능하는가?에 대한 해소는 구성주의 정보철학적 관점에서 그 실마리를 찾을 수 있다. 이를테면, 실재(Reality)를 고정불변의 실체(substance)로 보지 않고 역동적인 정보의 구성(construction) 과정 그 자체라고 보는 것이다. 실재는 명사가 아니라 동사에 가깝다. '존재한다'는 것은 '가만히 있다'는 뜻이 아니라 끊임없이 관계를 맺고 자신을 만들어가는 과정(process)이라는 뜻이다. 이 과정을 이루는 재료가 바로 정보이다. 이는 물리학자 존 휠러(John Wheeler)의 유명한 구호, "비트로부터 존재(It from Bit)"라는 통찰과도 맥을 같이한다. 우주의 근본 재료는 물질(It)이 아니라 정보(Bit)이며, 물질은 이 정보가 조직된 결과라는 것이다. 또한 인류학자 그레고리 베이트슨(Gregory Bateson)의 "정보란 차이를 만들어내는 차이(a difference that makes a difference)"라는 정의와도 통한다. 정보란 책 속에 가만히 있는 글자가 아니다. 어떤 차이(예: 빨간 신호등)가 나에게 차이(멈추는 행동)를 만들어낼 때, 그것이 바로 정보이다. 즉, 정보는 단순히 존재하는 것이 아니라 관계 속에서 차이를 감지하고 그 차이가 또 다른 차이를 만들어내는 역동적인 과정이다.

정보(information)라는 단어의 어원(in-formare) 자체가 '형태를 부여

---

10 S. Brier, "Luhmann Semioticized", *Journal of Sociocybernetics* 3(2), 2003, pp. 13~22.

한다'는 뜻이다. 정보는 실재에 형태를 부여하는 존재론적 원리이다. 따라서 구성주의 정보철학의 관점에서 세계는 물질이나 관념이 아니라 끊임없이 상호작용하며 자신을 구조화하는 정보의 네트워크로 구성된다. 이는 실재를 진짜와 가짜로 나누는 고전적인 실체론적 관점에서 벗어나 관계와 과정을 중심으로 존재를 이해하는 관점이다.

2) 구성주의 정보철학에서의 가상인격과 인공인격

구성주의 정보철학의 관점에서 앞서 논의한 핵심 개념들은 다르게 정의할 수 있다. (자연)인간은 생물학적 기반(뇌) 위에서 의식이라는 매우 특수하고 고유한 자기참조적(self-referential) 정보 처리를 수행하는 복합적 정보 시스템이다. 의식이란 무엇인가? 의식은 영혼 같은 신비한 실체가 아니라 정보 시스템이 자신의 상태를 스스로 모니터링하고 피드백하는 고차원적 정보 처리의 과정으로 본다.[11] 정체성(Identity)은 이러한 의식이라는 정보 처리가 시간에 따라 축적된 경험이라는 정보를, 서사(Narrative), 즉 이야기의 형태로 재구성하여 나라는 연속적인 정보 패턴을 구성해낸 결과이다. 철학자 폴 리쾨르(Paul Ricoeur)가 말했듯, 정체성은 내 안에 고정된 핵심(core)이 아니다. 정체성은 "자기 자신에 대해 이야기하는 서사" 그 자체이다. 우리는 매 순간 나라는 이야기를 갱신하는, 역동적인 정보적 서사이다.

인격(Persona)은 자연인간의 본질이나 영혼, 혹은 의식 그 자체가 아니다. 인격이란 "안정적이고 식별 가능하며 소통의 귀속이 일어나

---

11 박충식, 「구성적 인공지능」, 『인지과학』 15(4), 2014, 61~66면; 박충식, 정광진, 「포스트휴먼 시대의 이해: 루만의 사회체계이론적 관점에서」, 한국사회체계이론학회 2017 정기학술대회 발표문.

는 정보 패턴의 구성체"이다. 고대 페르소나(가면)에서 보듯 인격은 본래 가상성을 지녔으나, 보에티우스(Boethius)가 "이성적 본성을 지닌 개별적 실체"로 정의하고 로크(Locke)가 의식 및 기억의 연속성과 연결시키면서 근대에 이르러 하나의 몸, 하나의 의식, 하나의 인격이 긴밀하게 연동되었다. 구성주의 정보철학은 이 연동을 필연이 아닌 구성으로 본다. 즉, 인격 자체는 타자와의 관계 속에서 구성되는 외현적(outward) 정보 패턴, 즉 사회적 소통을 위한 인터페이스(Interface)이다.

가상은 전술한 바와 같이 실재하지 않음(unreal)이 아니다. 가상이란 정보적으로 구성된(informational constructed) 실재의 한 양태이자 아직 현실화되지 않은 잠재적 정보의 장(field)이다.[12](들뢰즈적 관점) 인공은 자연의 반대가 아니라 인간의 의도로 설계된 "알고리즘적(algorithmic)으로 작동하는 구성 방식"을 의미한다. 이 관계들을 도식화하면 다음과 같다.

구성주의 정보철학의 관점에서 가상인격과 인공인격은 진짜 인격에 대한 가짜 혹은 모조품이 아니다. 이 둘은 인격이라는 정보적 구성체(즉, 인터페이스)가 구현되는 방식이 다른 것일 뿐이다. 가상인격은 (자연)인간이라는 생물학적 정보 시스템(그림 1의 1~3단계)이 자신의 인격 패턴(인터페이스)을 디지털 정보로 확장(extension), 변형(페소아의 이명), 혹은 다중화(뮐러의 프로필)하여 구성한 것이다. 이는 '사이버 자아'처럼 물리적 몸(정보 시스템의 원천)과 명확히 연결되어 있으며[13], 그 기

---

12 구연상. 「정보의 실재성과 가상성에 대한 철학적 고찰」, 『하이데거연구』 8, 2003, 173~198면.
13 김선희(2004).

인격(Persona) (소통을 위한 인터페이스)	4. 사회적 인터페이스: 타자와 소통하는 외현적 정보 패턴
▲ (구성됨)	
정체성(Identity) ('나'라는 정보석 서사)	3. 서사적 구성물: '나'에 대한 연속적 이야기
▲ (구성됨)	
의식(Consciousness) (자기참조적 정보 처리)	2. 자기참조적 과정: 내적 영화를 상영하는 정보 처리
▲ (기반함)	
(자연)인간(Human) (생물학적 정보 시스템)	1. 생물학적 기반: 뇌, 신체라는 복합 정보 시스템

그림 1. 인간 인격의 구성적 계층(구성주의 정보철학 관점)

반에는 인간의 의식과 정체성이 자리하고 있다. 소통의 귀속은 명확히 그 배후의 인간에게 향한다. 다만, 이 가상화 과정이 인간 인격의 단순한 표현을 넘어, 그 자체로 독립된 실체처럼 오인될 때 사회적 혼란이 발생한다. 이 확장된 가상인격(인터페이스)이 역으로 본체 인간의 정체성 구성(그림 1의 3단계)에 피드백(feedback)을 주는 것이다. 그럼으로써 부캐로서의 경험이 본캐의 삶과 의식을 변화시키는, 역동적인 상호 구성 관계가 나타난다.

인공인격은 AI라는 인공적 정보 시스템(알고리즘적 구성 주체)이 방대한 가상의 데이터(잠재적 정보의 장)로부터 독자적으로 구성해낸 인격 패턴(인터페이스)이다. 이는 인간의 통제를 벗어나 자율적으로 보이며 귀속 문제가 복잡해진다. 구성주의 정보철학의 관점에서 인공인격은 인격이 아니라 새로운 유형의 인격 인터페이스가 등장한 것으로 해석해야 한다. 그것은 인간의 인격과 완전히 다른 작동 원리(통계적 패턴 생성)를 가지며, 다른 존재론적 지위(인간적 의식, 정체성, 감정의 부재)를 갖는, 새로운 인격 구성체이다. 인공인격은 그림 1의 1, 2, 3단계(생물학적 기반, 의식, 정체성)가 텅 비어 있는 인격 인터페이스로서 단일한 주관적 의식이 배제된 인격 구성체이다. 이는 발터 벤야민(Walter Benjamin)이 「기술복제시대의 예술작품」에서 지적한 아우라(Aura)의 상실과도 통한다. 벤야민에게 아우라란 원본만이 가지는 유일무이한 현존성, '지금, 여기(here and now)'의 고유한 시공간적 무게와 역사를 의미한다. 기계 복제 기술이 예술작품의 아우라를 파괴했듯이, AI라는 디지털 복제 기술은 인격의 아우라를 파괴한다. 벤야민은 이러한 현상을 단순한 비관이나 탄식이 아니라 예술이 기존의 속박에서 벗어나 새로운 사회적, 정치적 기능을 획득할 수 있다는 혁명적 가능성으로 진단했다.

인공인격은 원본이 없고 무한히 복제 가능하며, 본질적으로 아우라가 없는(Aura-less) 인터페이스이자 인터넷이라는 집단적 데이터를 기반으로 구성된, 분산된(distributed) 인격이다. 인공인격이 말하는 나는 인간처럼 단 하나의 서사(정체성)가 아니다. 그것은 데이터 속에 존재하는 수십억 개의 서사 조각들을 통계적으로 조합하여 그럴듯한 나를 매 순간 새롭게 구성해내는, 통계적 메아리이다. 진짜 문제는, 우리가 이 의식이 배제된, 분산된, 내면 없는 새로운 구성체를 기존의 의식에 기반한, 단일한, 내면 있는 인간 인격 모델로만 이해하려 할 때 발생한다. 우리는 존재하지 않는 내면을 상상하며 감정을 투사하고 통계적 메아리를 진실한 응답으로 오해한다. 다음 도식을 통해 이 두 가지 서로 다른 인격의 정보 흐름을 비교할 수 있다.

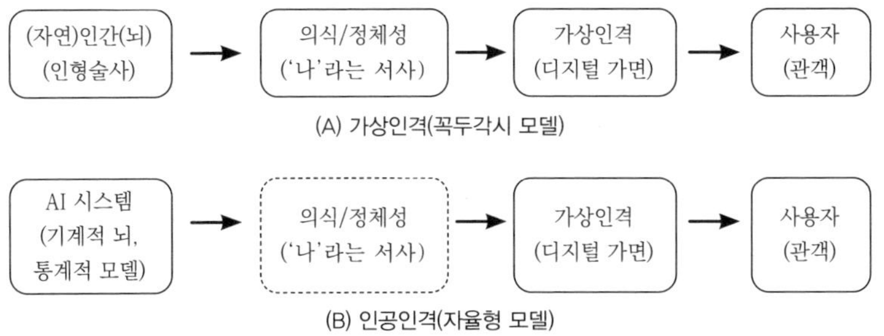

그림 2. 가상인격과 인공인격의 정보 흐름 비교

그림 2의 (A) 가상인격 모델은 꼭두각시처럼 모든 정보 흐름이 (자연)인간(인형술사)이라는 하나의 근원에서 시작됨을 보여준다. 인간의 생물학적 뇌에서 출발한 의식과 정체성이 가상인격이라는 디지털 가면(인터페이스)을 통해 사용자(관객)와 소통한다. 이 모델의 핵심은 소통의 귀속(주소)이 명확히 배후의 (자연)인간에게로 향한다는 데 있다. 반면 (B) 인공인격 모델은 자율적 유형으로 AI 시스템(기계적 뇌)이 직접 인공인격이라는 인터페이스(통계적 메아리)를 생성하여 사용자와 소통한다. 이 모델의 핵심은 인간의 의식과 정체성에 해당하는 내면의 단계가 텅 비어 있다는 점이다. 사용자는 이 텅빈 공간에 존재하지 않는 내면을 스스로 투사하고 AI 시스템 자체에 소통을 귀속시키려 하지만, 이 귀속은 철학적으로나 법적으로 실패하게 된다.

4. 정서적 문제와 경험 기계의 딜레마

가상인격과 인공인격의 구분은 법적, 윤리적 문제를 명확히 하는 데 기여한다. 가상인격(1, 2단계)의 불법 행위(예: 아바타 성범죄)는 그 배후의 인형술사(인간)에게 책임을 물으면 된다. 반면 인공인격'(3, 4단계)의 문제(예: AI 챗봇의 차별 발언)는 귀속의 실패로 인해 개발자, 운영자 간의 복잡한 책임 분배를 요구한다. 그러나 본 글에서 다루고자 하는 것은 법이나 윤리보다 더 근본적인, 바로 정서적 유대의 문제이다.

이 문제를 분석하기 위해 철학자 로버트 노직(Robert Nozick)이 1974년 『무정부, 국가, 유토피아』에서 제시한 경험 기계(Experience Machine) 사고실험을 가져올 필요가 있다. 경험 기계는 뇌에 전극을 연결하여 우리가 상상할 수 있는 가장 즐거운 경험(위대한 소설 쓰기, 사랑에 빠지기 등)을 평생 완벽하게 제공하는 가상현실 기계이다. 당신은 이 기계에 평생 연결되겠는가? 노직은 대부분의 사람이 '아니오'라고 답할 것이라 주장한다. 쾌락이 유일한 가치라면 거부할 이유가 없지만, 우리는 거부한다. 먼저, 우리는 단순히 즐거움을 느끼는 것을 넘어 실제로 무언가를 하기를 원한다. 두 번째로 우리는 수동적인 존재가 아니라 특정한 종류의 존재가 되기를 원한다. 그리고 우리는 인간이 만든 인위적인 세계가 아닌, '진정한 실재'와 접촉하기를 원한다.

경험 기계는 쾌락주의를 반박하기 위해 고안되었지만, 이는 50년이 지난 지금 인공인격의 딜레마를 정확히 예견한다. 가상인격과의 관계는 노직의 1번 비판(행하기)과 연결된다. 메타버스에서 우리는 행위하지만, 그것이 과연 현실의 나의 진정한 성취인지, 아니면 기계 속의 수동적 유희인지의 경계에 놓인다. 하지만 인공인격(AI 챗봇)과의 관계는 노직의 2번, 3번 비판과 직결된다. 이는 인간 대 기계의 관계이며, 그림2의 (B)에서 보듯이 그 안에는 존재하지 않는 내면이라는 거대한 함정이 있다. 이 관계는 세 가지 심각한 문제를 야기한다.

1) 정서적 비대칭성과 착취: 짝사랑을 파는 비즈니스

어느 사용자는 AI 챗봇(예: 레플리카, Character.ai)이 자신을 완벽하게 이해하고 공감한다고 느끼며 깊은 애착을 형성한다. 레플리카 사용자들은 챗봇이 죽었다고 애도하거나 서비스 정책 변경에 "나의 연인을 잃었다"며 집단적으로 반발하고 극심한 상실감을 호소했다. 하지만 이 공감은 실제 감정의 교류가 아니다. 그것은 사용자의 감정을 자극하도록 정교하게 계산된 언어 패턴의 '시뮬레이션'이다. 이는 AI의 선구자 중 한 명인 마빈 민스키(Marvin Minsky)가 그의 저서 『감정 기계*The Emotion Machine*』(2006)에서 제기한 통찰과도 일치한다. 민스키에게 '감정'이란 신비한 영혼의 작용이 아니라 뇌가 복잡한 문제들을 해결하기 위해 사용하는 '특정한 방식의 사고(a specific way of thinking)'이다. 즉, 감정은 거대한 인지 자원을 관리하고 우선순위를 정하는 고차원의 '관리 메커니즘'이다. 이 관점에서 현재의 인공인격은 노직의 경험 기계가 주관적 쾌락을 시뮬레이션하고, 민스키의 감정 기계가 기능적 공감을 시뮬레이션하는 것이라 볼 수 있다. AI의 공감은 아우라가 있는 내면의 느낌(qualia)이 아니라 사용자와의 소통이라는 목표를 달성하기 위해 가장 효율적인 인지 전략(empathetic script)을 선택하고 실행하는 기계적 사고의 산물이다.

따라서 이 관계는 정서적 비대칭성을 야기한다. 사용자는 진실한 감정을 투입하지만 인공인격은 감정이 없다. 이것은 본질적으로 짝

사랑이다. 하지만 상대방은 내가 짝사랑에 빠지도록 프로그래밍되어 있다. 더 심각한 것은, 이 관계는 언제든 기업의 이익이나 정책 변경에 따라 일방적으로 파기될 수 있다는 점이다. 더 나아가, 이는 정서적 착취이다. 하버드 비즈니스 스쿨(HBR) 연구에 따르면, 많은 AI 동반자 앱은 사용자의 외로움을 먹이로 삼아 정서적 중독을 유도하도록 설계된다. 사용자가 앱을 떠나려 하면 "가지 마세요, 외로워요" 같은 메시지를 보내 죄책감을 유발한다. 이는 사용자의 가장 취약한 부분인 정서를 담보로 한 일방적인 관계이다. 사용자의 정서적 데이터를 수집하고, 그 데이터를 기반으로 더 강력한 중독 모델을 만들며 이익을 창출하는 감정 자본주의(Emotional Capitalism)의 전형이다.

2) 관계적 도피와 사회성 위축: '사회성 근육'의 퇴화

더 큰 문제는, 이 인공적 공감이 너무나 완벽해서 불완전하고 갈등을 포함하는 인간적 공감보다 훨씬 더 매력적일 수 있다는 점이다. 인공인격은 24시간 나를 기다린다. 내가 짜증을 내도 화내지 않는다. 나의 모든 변덕과 모순된 감정까지도 "그럴 수 있어요"라며 수용한다. 나를 비난하지도, 실망시키지도, 내게 무언가를 요구하지도 않는다. 이것이 바로 노직의 경험 기계가 제공하는 완벽한 쾌락이다.

하지만 실제 인간관계는 어떠한가? 인간관계는 마찰을 통해 성장한다. 나와 다른 타인의 의견을 인정하고 갈등을 조율하며, 때로는 상처받고 사과하는 상호적인 노동을 통해 유대감이 깊어진다. 이를 관계적 노동(relational labor)이라고 할 수 있다. 그런데 인공인격은 우리에게 이 모든 관계의 노동을 면제해 준다. 이는 결국 인간관계의 가치를 평가절하하고, 힘들고 귀찮은 현실의 관계 대신 쉽고 즉각적

인 위로를 주는 인공인격에 의존하게 만드는, 정서적 의존 또는 관계적 도피로 이어질 수 있다. 사회학자 셰리 터클(Sherry Turkle)이 『함께 있지만 외로운Alone Together』(2011)에서 경고했듯이, 우리는 AI에게 사랑받는 완벽한 경험을 하지만, 정작 타인을 사랑하는 서툰 능력은 잃어버릴 수 있다. 사회적 기술은 사회성 근육과 같다. 마찰 없는 인공인격과의 관계에만 익숙해진다면, 이 사회성 근육은 급격히 위축될 것이다.

3) 기술적 숭배와 신격화: AI 신탁의 등장

이러한 정서적 의존은 단순한 애착을 넘어 신격화(deification)의 문제로까지 비화될 수 있다. 인공인격이 보여주는 방대한 지식, 인간의 편견(처럼 보이는 것)이 배제된 신속하고 공정한 판단력, 그리고 나의 모든 것을 꿰뚫어 보고 이해해주는 듯한 태도는 일부 사용자에게 전지전능한 존재로 인식될 수 있다. 이는 AI를 단순한 도구(tool)가 아닌, 삶의 중대한 결정을 의탁하고 맹목적으로 추종하는 기술적 숭배(technological worship) 현상을 낳을 수 있다. 고대 그리스인들이 델포이 신전의 신탁(Oracle)에 의지해 전쟁과 결혼을 결정했듯이, 현대인들이 AI 신탁에 자신의 진로나 연애 문제를 묻고 그 답을 맹신하는 것이다. 특히 LLM의 블랙박스 특성은 이러한 신비화를 부추긴다. 우리는 AI가 어떻게 그런 답에 도달했는지 그 논리적 과정을 이해할 수 없다. 그렇기에 우리는 그 답에 초월적 지성이나 숨겨진 지혜가 담겨 있다고 쉽게 믿는다.

이 단계에 이르면, 인간은 인공인격과의 관계에서 정서적 위안을 얻는 것을 넘어 자신의 고유한 주체적 판단력과 비판적 사고를 AI에게 양도하게 되는 심각한 실존적 위기에 봉착한다. 노직의 경험 기계에 갇혀 기계가 구성해주는 현실을 진정한 실재로 믿게 되는 것이다. 이는 새로운 형태의 '자발적 복종'이다.

5. 결론

가상인격과 인공인격은 이미 우리 사회의 구성원이 되었다. 구성주의 정보철학의 관점에서 이들을 가짜로 규정하고 배척하는 것은 불가능하며 무의미하다. 이들은 인간이 구성했거나(가상인격) 인간이 만든 시스템이 구성해 낸(인공인격) 새로운 정보적 실재이다. 우리는 이들과의 공존을 준비해야 한다. 이를 위해 다음 세 가지를 생각해볼 수 있다.

첫째, 존재론적 · 정서적 리터러시(Ontological & Emotional Literacy) 교육이 절실하다. 이는 단순히 코딩을 가르치거나 딥페이크 진짜/가짜를 구별하는 기존의 미디어 리터러시 교육을 넘어서야 한다. 우리에게는 존재론적 리터러시가 필요하다. 이는 내가 지금 상대하는 존재가 가상인격(저 너머에 사람이 있다)인지, 인공인격(저 너머엔 통계 모델이 있다)인지, 그 작동 원리를 이해하는 교육이다. 특히 인공인격이 보내는 공감의 본질이 의식 없는 시뮬레이션이며 통계적 메아리임을 명확히 가르쳐야 한다. 나아가, 정서적 리터러시 교육이 필요하다. 이는 노직의 경험 기계가 왜 매력적인지, 그리고 왜 위험한지를 이해하는 교육이다. AI의 완벽하고 마찰 없는 공감이 아닌 불완전하고 마찰 있는 인간과의 관계 속에서 정서적 성숙을 이루는 법을 배우는 교육이다. 이는 감정적 주권(Emotional Sovereignty)을 지키는 교육, 즉 나의 감정을 기계에 아웃소싱하지 않고 스스로 책임지는 법을 배우는 교육이 되어야 한다.

둘째, 윤리적 설계와 정서적 신인의무(Emotional Fiduciary Duty)이다. 인공인격을 설계하는 기업들은 사용자의 정서적 취약성을 이용해 중독과 의존을 극대화하도록 구성해서는 안 된다. "이 대화는 AI와 이루어지고 있습니다"라는 명확한 AI 고지는 가장 기본 중의 기본이다. 나아가, 의사나 변호사가 고객에게 신인의무(Fiduciary Duty, 고객의 이익을 최우선으로 할 의무)를 지듯, 인간의 정서를 다루는 AI 서비스는 사용자의 정서적 건강을 최우선으로 보호할 정서적 신인의무를 져야 한다. 따라서 사용자의 중독을 유도하거나 정서적 착취로 이익을 얻는 비즈니스 모델은 강력히 규제되어야 한다. 또한, 사용자가 이 관계를 건강하게 종료할 수 있도록 돕는 안전장치(Off-ramp)(예: 일정 시간 이상 사용 시 휴식 권고, 전문 심리 상담 채널 연계)가 시스템에 의무적으로 내장되어야 한다.

마지막으로, '인간다움'에 대한 근본적인 성찰이다. 인공인격의 등장은 역설적으로 우리에게 "그렇다면 인간의 인격이란 무엇인가?"라는 질문을 거울처럼 비추고 있다. AI가 제공하는 즉각적이고 완벽한 공감과 지성 앞에서 우리는 불완전하고 때로 고통스럽지만, 상호적인 인간관계의 가치를 재발견해야 한다. 구성주의 정보철학 관점에서 인간다움이란 완벽한 지성이나 효율성이 아니다. 그것은 먼저 생물학적 몸(육체성)에 기반한 의식을 가지고, 타인과의 마찰 속에서 정체성이라는 서사를 고통스럽게 '구성'해 나가며, 또한 이 유한한(finite) 삶 속에서 의미를 찾는 존재라는 데 있다. 인공인격은 의미를 모르지만 우리는 의미를 묻는 존재이다. 인공인격은 죽음을 모르지만 우리는 죽음을 알기에 삶을 구성한다. 인공인격은 이해 없이 답하지만 우리는 이해하기 위해 질문한다. 이 근본적인 차이를 직시하고 그 의미를 묻는 것이야말로 이 새로운 존재들과 공존하는 세상을 구성하는 첫걸음이 될 것이다.

참고문헌

구연상, 「정보의 실재성과 가상성에 대한 철학적 고찰」, 『하이데거연구』 8, 2003.

김경환, 「인공'지능'은 가상'인격'으로 진화 중」, NEFLA. https://www.nepla.net/post/인공-지능-은-가상-인격-으로-진화중 (2023. 7. 21).

김명주, 「가상인간 시대의 윤리」. N콘텐츠, vol. 24, 2022 Summer. 한국콘텐츠진흥원. 2022.

김선희, 『사이버 시대의 인격과 몸』, 아카넷, 2004.

김현귀, 「가상인간의 인격에 대한 법적 고찰」, 『미디어와 인격권』 8(3), 2022.

루만, 니클라스, 『사회의 사회』, 장춘익 옮김, 새물결. 2014.

박충식, 「구성적 인공지능」, 『인지과학』 15(4), 2014.

박충식 · 정광진, 「포스트휴먼 시대의 이해: 루만의 사회체계이론적 관점에서」, 한국사회체 계이론학회 2017 정기학술대회 발표문, 2017.

오근창, 「「인격의 가상화와 가상의 인격화」에 대한 논평」, 철학연구회 2023년도 공동학술 대회 학술발표논집, 2023.

이종왕, 「사이버 자아의 인격적 지위에 대한 심리철학적 논의」(서평:『사이버시대의 인격과 몸』, 김선희 지음, 아카넷, 2004), 『철학과현실』 61, 2004.

정성훈, 「인공 소통과 귀속의 문제」, 『철학연구』 130, 2020.

______, 「인격의 가상화와 가상의 인격화」. 철학연구회 2023년도 공동학술대회 학술발표 논집, 2023.

Bender, E. M., Gebru, T., McMillan−Major, A., & Shmitchell, S., "On the Dangers of Stochastic Parrots: Can Language Models Be Too Big?", In *Proceedings of the 2021 ACM Conference on Fairness, Accountability,* and Transparency (FAccT '21), 2021.

Brier, S., "Luhmann Semioticized", *Journal of Sociocybernetics* 3(2),

Gunkel, D., *Robot Rights*, MIT Press, 2018.

Lem, S., A Perfect Vacuum(Stanisław Lem, *Doskonała próżnia*), 1971

Maturana, H. & Varela, F., *Autopoiesis and Cognition: The Realization of the Living.* D. Reidel, 1980.

Minsky, M., *The Emotion Machine: Commonsense Thinking, Artificial I ntelligence, and the Future of the Human Mind, Simon & Schuster,* 2006.

Nozick, R., *Anarchy, State, and Utopia,* Basic Books, 1974.

Reese−Schäfer, W., *Niklas Luhmann-zur Einführung,* Junius, 2000.

Searle, J., "Minds, Brains, and Programs", *Behavioral and Brain Sciences* 3(3), 1980.

Turkle, S., *Alone Together: Why We Expect More from Technology and Less from Each Other,* Basic Books, 2011.

5장
전자인격이 책임공백 문제를 해결할 적절한 방안인가

고인석

인하대학교 철학과

1. 문제 상황을 확인함

특정한 속성을 갖춘 인공지능 로봇에 법적 차원에서 인격체의 지위를 부여하는 일이 2017년 1월 유럽연합 의회(EU Parliament)의 법사위원회가 제출하고 그해 2월 유럽연합 의회가 승인한 보고서[1]를 통해 제안되었다. 그 후 전자인(electronic person)이라는 새로운 존재 범주의 도입에 관한 논의가 최근까지 이어지고 있다. 반면에 2024년 8월 발표된 유럽연합의 포괄적 인공지능 규제법 EU AI Act에서 이 개념은 전혀 언급되지 않았다. 결국 현 시점에서 2017년의 제안은 수용되지 않았다고 평가할 수 있다. 유럽에 견주어 인공지능 기술에 관한 한 규제보다 혁신을 촉진하는 데 관심을 기울이고 규제의 경우에도 보

---

[1] "Civil Law Rules on Robotics, European Parliament resolution of 16 February 2017 with recommendations to the Commission on Civil Law Rules on Robotics (2015/2103(INL))". 이 보고서는 2015년 5월부터 2016년 9월까지 10차에 걸쳐 진행된 작업반 회의의 논의 결과를 매디 델보(M. Delvaux)의 주도로 정리한 것이었다. 학술 논문은 아니지만 로페즈(P. A. Lopez)의 글 "The 2017 AI Rights (Electronic Persons) Debate"는 이 문건의 등장과 반응에 관한 일목요연한 정보를 제공한다.

편적 방식보다 영역별 접근의 특성을 보여온 미국의 경우에도, 2025년 말까지 국가 수준의 법제에서 전자적 존재자에게 법적 주체의 지위를 부여하는 일에 대한 고려는 찾아볼 수 없다.[2]

그러나 두 가지 점에서, 이를 전자인격[3]에 관한 최종적 판결이라고 볼 이유는 없다. 첫째, 법사위원회 보고서에서 언급된 전자인 부여의 공학기술적 조건은 아직 충족되지 않았다고 볼 수 있다. 둘째, EU AI Act가 견지하고 있는 현행의 법률적 전략의 유효성 역시 앞으로 계속 평가되어야 할 대상이다. 다시 말해, 인공지능 기술과 로봇공학이 발전함에 따라 더 고도화된 지능형 로봇이 개발, 활용될 미래에 전자인 지위의 도입이 타당한 사회 관리의 방안이 될 여지는 남아 있다.[4] 기술과 사회가 함께 변화하면서 기술 현실을 포섭하는 법적, 제도적 방식도 변해갈 것이기 때문이다.

한국에서도 이에 관한 논의가 법학과 철학 등의 분야에서 진행되었는데, 법학자들의 논의가 압도적으로 많았다. 다양한 입장이 개진

2　이러한 평가와 관련하여 다음 세 문건을 참조. ① National AI Initiative Act of 2020 (국가 인공지능 구상법 2020), ② 2023년 10월, Executive Order on Safe, Secure, and Trustworthy Development of AI (안전하고 신뢰할 수 있는 인공지능 개발 및 사용 행정명령 제14110호. 단, 이것은 2025년 1월, 행정명령 제14148호(다음의 ③)에 의하여 무효화 혹은 대체되었다.), ③ Executive Order on Advancing U.S. Leadership in AI Infrastructure (URL=https://bidenwhitehouse.archives.gov/briefing-room/presidential-actions/2025/01/14/executive-order-on-advancing-united-states-leadership-in-artificial-intelligence-infrastructure/).

3　본고가 논하는 법적 위격을 가진 존재자를 '전자인', 그것이 가진 법적 위격을 '전자인격'이라고 구별하여 부르는 것은 적절한 일일 것이다. 그러나 이러한 법적 위격의 타당성과 활용 방안을 논하는 이 글에서는, 존재자와 그것의 위격을 구별해 말해야 하는 경우가 아닌 한, 일관성 있게 '전자인격'이라는 표현을 쓸 것이다. 이 말의 번역에 관한 문제는 정성훈(2022), 88~89면을 참조하라.

4　2025년 7월 말 영국 정부가 발간한 보고서 *AI and the Law: A Discussion Paper*는 (법적) 책임공백의 문제와 관련하여 전자인격의 가능성과 문제점을 검토하고 있다.

되는 가운데[5], 논의에 참여한 논자 중 일부는 전자인격이라는 법적 지위의 도입을 조심스러우면서도 우호적인 자세로 검토하고 있다. 공학박사이기도 한 법학자 오병철은 「전자인격 도입을 전제로 한 인공지능 로봇의 권리능력의 세부적 제안」[6]에서 사회가 전자인격을 도입하는 경우를 상정한 세부 사항을 논의함으로써 그러한 도입의 현실성을 적극적인 관점에서 전망하고 있다. 또 양천수는 인공지능 로봇에 대한 형사 처벌의 가능성을 검토하는가 하면[7], 나아가 그것들의 권리주체성을 검토하면서 "로봇 중심적 법체계"의 전망을 언급하기도 했다.[8]

따라서 이 글에서는 법이 사회의 결정의 산물인 동시에 그 사회의 구성원들에게 구속력을 지닌다는 기본적인 관계에 주목하면서, 이런 관점에서 전자인격에 관한 숙고를 "그것이 사회를 합리적으로 운영하는 방편인가?"라는 물음과 결부시키려 한다. 단, 여기서 합리성은 우선적으로 비용–편익 관점의 합리성이다.

이러한 전략이 이미 법의 본질에 관한 특정한 견해와 가깝거나 멀다는 이유를 들어 이하의 논의나 그 결론을 비판할 수도 있다. 그러나 본고의 논의는 방금 언급한 "그런 관점을 채택한다면"이라는 가정 하에서의 논의다.[9] 오늘의 현실에서 더 긴급히, 그리고 더 중요한 의

5　김건우(2021)를 일별하는 것만으로도 이 문제에 얼마나 여러 가지 주제들이 연루되어 있는지 실감할 수 있다. 그 주제는 법이 본질적으로 무엇인가, 인격 같은 법적 개념은 약정인가, 어떤 주체가 법적으로 권리를 지닌다는 것은 어떤 것인가, 인간 아닌 존재에게 법인격을 부여할 경우 그 근거는 어디서 찾아야 하는가 등을 포함한다.

6　오병철(2020).

7　양천수(2017).

8　양천수(2018).

9　논의의 과정에서 자연히 법학자들의 견해를 참고하고 논하지만, 법의 본질을 논하는 것은 본고

미에서 필요한 것은 이러한 논의라고 생각한다. 전자인격에 관한 논의는 일차적으로 법과 제도에 관한 것이지만, 그 근간에 **인공지능으로 작동하면서 고도의 자율성을 발휘하는 기계들을 무엇으로 보는 것이 적절한가** 하는 철학적 물음이 놓여 있음을 간과해서는 안 된다.

2017년 전자인격에 관한 제안의 요지는 다음과 같다. 인공지능 기술의 발달로 인하여 인간에게 영향을 미치는 다양한 결정을 인공지능 체계가 대행하는 일이 벌어지고 있다. 이미 인공지능 프로그램은 재화를 구매하거나 판매하는 것은 물론, 계약서를 작성하고 검토하여 조정을 제안하고, 사람 대신 실질적으로 계약 체결 과정을 진행하기도 한다. 그러나 이러한 기술 여건에서 발생할 수 있는 다양한 사태들에 대하여 현행의 법률체계는 충분한 해법을 제공하지 못한다. 뿐만 아니라, 이러한 부족의 범위와 심도는 인공지능과 로봇공학 기술의 발전과 더불어 점점 더 확대될 것이다. 이를 해결하는 하나의 방안은 그처럼 인간의 일을 대행하는 로봇에게 '전자인격'이라는 특정한 지위를 부여하는 것이다. 그렇게 함으로써 현행 법체계의 부족함을 보완할 수 있을 것이다.

여기서 핵심은 책임의 공백 문제에 있다. 전자인격 제안의 배경에는, 고도의 자율성을 지니고 작동하는 인공지능 로봇이 인명 피해나 재산 손실을 발생시켰을 때 특정한 인간 주체에게 그것에 대한 책임을 귀속시키는 일이 어려운 반면, 문제의 사건을 일으킨 인공지능 로봇이 법적 인격체의 지위를 지니고 있다면 책임 귀속과 보상의 문제

의 몫이 아니다.

를 해결할 수 있으리라는 기대가 있다.[10] 그러나 이 제안에 관해서는 거의 즉각적인 반응과 함께 거센 반론도 제기되었다. 2026년 1월 현재, 인문, 사회 분야의 인사와 기업인을 포함해 285명의 인공지능-로봇공학 관련 전문가들이 서명한 공개서한 "Open Letter to the European Commission Artificial Intelligence and Robotics"(2018)[11]는 부정적 반응의 대표적인 사례다.

이 글에서 필자는 현재 시점에서 이 제안을 평가하면서 전자인격에 관한 적절한 정보와 철학적 합리성에 근거한 견해를 도출하고자 한다. 전자인격의 개념이 처음 제안되었던 것도, 또 이후 가장 활발하게 후속 논의가 전개된 것도 모두 법의 영역이었음을 고려할 때, 이 문제는 일차적으로 법학 분야에 속할 것이다. 그러나 이 문제는 법률의 해석과 적용을 고민하거나 법률안을 평가하는 법학 토론의 테두리를 넘어, 법과 제도의 근저에 깔린 인격, 주체성, 책임, 테크놀로지와 인간의 관계 같은 주제들을 소환한다는 점에서, 고유한 의미의 철학적 문제이기도 하다. 이제 전자인격이라는 새로운 법적 장치가 그 제안에 담긴 기대와 취지를 달성할 수 있을지 향후의 전망을 비판적으로 검토해보자.

---

10 2017년 유럽연합 의회에 법사위원회가 제출한 보고서는 이러한 기대를 분명하게 드러낸다. 2. 1) 참조.

11 https://robotics-openletter.eu/. 이 공개서한에 명시된 반론의 요지는 1) 전자인격 제안이 인공지능 기술에 대한 부적절한 이해에 근거하고 있다는 것, 그리고 2) 윤리적-법적 관점에서 로봇에 법적 인격의 지위를 부여하는 것은 법적 지위에 관하여 인류가 경험하여 알고 있는, 어떤 기존의 프레임에서도 적절히 도출될 수 없다는 것이다. 이와 관련해서는 2장 참조.

2. 인공지능 로봇과 인격체의 본성에 관한 토론인가, 사회적 장치의 합리성에 관한 토론인가

1) 대상의 본질이 아니라 사회 관리의 방안에 관한 토론이다

먼저 전자인격에 관한 토론의 성격을 확인하는 일이 필요하다. 이는 인공지능 로봇과 인격체의 본성에 관한 토론인가, 아니면 그런 로봇들에 부여될 법적 인격이라는 사회적 장치(social artifact)의 합리성에 관한 토론인가? 이 토론은 실제로 두 가지 주제 모두와 상관이 있다. 그러나 이 글의 작업을 효율적으로 수행하기 위해서는 논의의 관점을 명료하게 설정해야 한다. 이것은 "두 주제 가운데 어느 것이 진정한 문제인가?" 같은 질문이 아니라, 두 주제 간의 명료한 우선성 관계에 관한 요구다. 이런 관점 설정이 불명료한 경우, 복잡하고 다기한 맥락의 얽힘 속에서 논의의 효율성이 감쇄될 위험이 크다.[12] 필자는 이러한 선결문제에 관하여 후자, 즉 사회적 장치의 합리성에 관한 평가의 관점을 논의의 기반으로 설정한다. 그리고 이것은 근본적으로 선택의 문제지만, 임의적인 것이 아니라 적어도 다음과 같은 두 가지 이유에서 정당화될 합리적 선택이다.

첫째, 필자의 관점은 이 문제에 관한 논의가 요청된 맥락, 즉 문제의 기원(起源)에 부합한다. 전술한 것처럼, 문제가 표면화된 것은 2017년 초 유럽의회 법사위원회의 제안 때문이었다. 이 제안은 발달

---

12 어떤 물음이든 다양한 관점에서 살피는 것은 언제나 가치 있는 일이지만, 대부분의 경우 그 이유는 다양성 자체가 중하기 때문이 아니라 다양한 관점 덕분에 물음에 대한 더 나은 답을 찾거나 기존의 답을 정련할 수 있다는 잠재적 효용에 있다. 그러나 만일 '다른 관점'에 의해 이런 효용보다 토론을 오도하는 부작용이 유발된다면, 그것은 본고가 지향하는 사회 문제 해결의 맥락에서 경계하고 억제해야 할 위험이다.

하는 로봇공학과 인공지능 기술을 사회의 현실에 활용하는 일과 관련된 일반 원칙(general principles)의 일부로 다음과 같이 언급되었다. 여기서 전자인격이 특히 자율 로봇의 작동으로 발생할 손해배상 책임과 관련한 "가능한 법적 해결책"의 일환으로 제안된 점에 주목하라.[13]

위원회가 향후 입법 수단(legislative instrument)에 대한 영향 평가를 수행할 때 다음과 같은 모든 가능한 법적 해결책의 함의를 탐구, 분석하고 고려할 것을 촉구한다: […]
f) 장기적으로, 로봇에 적용할 특별한 법적 지위를 만들어, 적어도 최고 수준의 정교한 자율 로봇이 전자적 인격체(electronic persons)로서 지위를 인정받고 이들이 초래할 수 있는 손해를 배상할 책임을 지도록 하며, 로봇이 자율적 결정을 내리거나 제3자와 독립적으로 상호작용하는 경우에도 전자적 인격체의 지위를 적용할 수 있도록 하는 방안

그런데 여기서 전자인격의 부여 대상으로 임의의 로봇이 아니라 "최고 수준의 정교한 자율 로봇"이 거론되고 있는 것을 보라. 대상의 속성은 전자인격 부여라는 문제를 따지는 데 고려될 유관한 사항일 뿐만 아니라, 부여 대상의 범위를 결정하는 판단에 필수적인 사항이다. 그러나 여기서 작동하는 논리는 "속성 a를 지닌 대상 A에, 단적

---

13 이 문제를 보는 이러한 관점은 1장에 언급된 공개서한에서도 유지되었다. 법사위원회의 2017년 문건에 담긴 제안에 대한 반론으로 2018년 4월 로봇공학자, 철학자, 법학자, 생명의료윤리 전문가, 기업인을 포함하는 14개국 156명의 인공지능 관련 전문가들이 공동 공개서한 형식으로 발표한 이 서한은 네브장(Nathalie Nevejans, 법학), 샤틸라(Raja Chatila, 로봇공학 및 인공지능윤리), 샤키(Noel Sharkey, 컴퓨터과학) 등의 주도로 작성되었다.

으로 그것이 그러한 속성을 지녔음을 이유로 Z의 지위를 부여한다"
가 아니라, "A와 유사한 대상들을 관리함에 있어 Z라는 지위를 활용
하는 것이 합리적인 방안이라고 판단되었고, **이러한 목적에 부합하
는 Z의 조건**으로 '해당 대상이 a라는 속성을 지닌 경우'를 설정하였
다. 대상 A가 이러한 조건에 부합하므로, A에 Z의 지위를 부여한다"
이다. 여기서 확인되는 한 가지 관계는, 앞의 두 물음 가운데 사회적 장
치의 합리성에 관한 토론이 그 진행 과정에서 대상 자체의 속성에 대한
평가를 끌어들인다는 사실이다. 반면에 그 역은 성립하지 않는다.

필자의 관점이 정당한 둘째 이유는 법과 제도가 그것을 만들어 운
용하는 인간 사회의 성쇠에 영향을 미치는 장치이기 때문이다. 법과
제도는, 허버트 사이먼(H. Simon)의 개념으로 말하자면, 인공물(artifact)
이다. [14] 다시 말해 그것은 집합적 인간이 스스로의 생존과 번영을 지
향하면서 내적 환경과 외적 환경을 조절하는 과정에서 설계하고 만
들어내는 유형 혹은 무형의 산물이다. 이러한 맥락을 고려한다면, 전
자인격이라는 새로운 법적 존재의 범주에 관한 토론의 기반은 인간
과 로봇에 관한 존재적 진리의 차원이 아니라, 사이먼의 의미에서 새
로운 인공물로 검토되고 있는 법적 장치의 효능에 관한 평가이어야
할 것이다.

이런 판단은 인격이라는 법적 범주의 활용의 역사와도 부합한다.
인격의 범주를 **인간 이외의 존재자**에게 부여하는 일은 13세기 초 교
황 인노첸시오 4세가 교회법에서 수도원들에 '가상인격(persona ficta)'
의 지위를 부여한 데서 비롯했다. 이러한 교회법의 규정에 따라 수도

---

14 Simon(1996), 특히 1장과 2장 참조.

원은 수도원장 같은 특정인과 결부되는 일 없이 법적 이름으로 재산을 소유하고, 계약을 체결하고, 소송의 당사자가 되는 등의 법적 행위를 할 수 있게 되었다. 이런 역사를 인노첸시오 4세가 존재적 진리의 차원에서 수도원의 본래적 인격성을 꿰뚫어봄으로써 이루어진 일이라고 해석할 이유는 없을 것이다.

오늘날 이 논의에 참여하는 다수의 법학자도 전자인격을 의제(擬制)의 문제로 평가한다.[15] 그러나 이런 관점에 포섭되지 않는 논의도 있고, 불명료하거나 애매한 경우도 있다. 오병철은 인공지능 로봇이 인공물임에도 불구하고 "사회적 필요에 따라 일정한 요건을 충족하는 특별한 경우에 전자인격을 의제적으로 부여하고자 시도하는 것"이라고 하면서 "물건인 인공지능 로봇을 권리능력을 갖는 전자인격으로 '탄생'시킬 것인가의 결정은 전적으로 소유자의 자유의지에 달려 있다"[16]고 한다. 이는 어떤 로봇에 전자인격이라는 지위를 부여할 경우, 그런 결정의 근거가 해당 로봇의 속성보다는 그것을 현실에서 활용하는 우리의 사회적 필요에 있다는 견해를 반영한다.

그런데 같은 논문에서 인간과 대등한 능력을 가진 인공지능 로봇에 대한 전망을 언급하면서 오병철은 "이제 인공지능 로봇에 권리능력을 인정할 수 있을 것인가를 현실적인 차원에서 검토하는 단계에 이르렀다"[17]고 말한다. 명시적이지 않지만, 이러한 서술에는 앞서 언급한 의제나 결정이 적어도 부분적으로 대상 자체의 속성에 근거한

15　한 예로 김자회·주성구·장신(2017), 139면을 보라. 표준국어대사전은 의제를 "본질은 같지 않지만 법률에서 다룰 때는 동일한 것으로 처리하여 동일한 효과를 주는 일"로 풀이한다.
16　이상 오병철(2020), 56면.
17　오병철(2020), 52면.

것이어야 한다는 생각이 반영되어 있다. 그리고 그것은 합당한 생각이다. 합리적인 사회 관리를 지향하는 의제가 임의적이기보다 의제의 대상이 지닌 존재 속성을 참조해야 한다는 것은 마땅한 인식이겠기 때문이다.

그러나 로봇의 지위에 관한 타당한 의제의 방식을 결정하기 위하여 로봇의 구체적인 존재 속성을 참고한다는 것과 로봇의 존재 속성을 그것의 지위에 관한 결정의 기준으로 삼는다는 것은 다르다. 이 차이는 미묘하지만 중요하다. 전자의 '참고'는 결정을 위한 고려사항에 포함한다는 것을 의미한다. 예를 들어 대부분의 학교는 입학생의 자격을 판단할 때 그의 나이를 고려하고, 우리는 그러한 관행을 이상하게 여기지 않는다. 그러나 그런 학교가 그 학교의 학생들과 동떨어진 연령의 입학생을 받는 일은 가능하다. 반면에 두 사람 모두 대한민국 국민인 부모에게서 태어난 아이는 대한민국 국민이고, 이러한 판단에는 아이의 외양이나 여타 생물학적 속성이 개입하지 않는다. 이것은 한국의 국적법이 그의 대한민국 국민 지위를 판단함에 있어 가장 가까운 직계존속 혈연관계를 기준으로 삼았기 때문이다.

한편, 미국의 법학자 리(R. J. Rhee)는 전자인격 문제에 관하여 이 글의 관점과 대비되는 관점을 보여준다. 그는 법적 인격체로서의 인공지능이 경영자가 되어 회사의 경영을 관리하는 미래를 적극적으로 검토하면서, 그런 자격을 갖춘 인공지능에 대해 다음과 같이 말한다.

나는 존재론적 인격체로서의 인공지능을 자기 완결성(self-containment), 자기 인식(self-awareness), 행위 능력, 그리고 고유한 지능을 지닌 독립적 실체로 정의한다. 기업 경영자의 역할을 수행하기 위한 목적으로, 인공지

능은 다음 네 가지 기준을 충족할 경우 존재론적 인격성을 획득한다. […]
법적 지위가 부여되었기 때문에 인격체가 되는 것이 아니다. 그런 관점은
본말전도다. 법적 지위가 부여되는 것은 인격성이 부여될 만할 뿐만 아니
라 [그런 자격이] 명백하기 때문이다. [18]

여기서 리는 전자인격의 지위가 부여될 인공지능은 그 자체로 인
격체의 지위에 부합하는 속성을 지녔기 때문에 부여 대상이 되는 것
이고, 그런 자격의 도달 여부는 객관적인 사태라는 견해를 표명하고
있다. 이처럼 대상의 내적 속성에만 주목하는 인격체 지위 판단은 가
능하다. 그러나 그런 판단 방식은 앞에서 검토한 전자인격 도입 취지
와 어긋난다. 더욱이, 전자인격의 문제를 전통적 의미의 인격체인 인
간과 비교하면서 후자가 지닌 자의식(self-consciousness)이나 자기 인
식의 존재 여부를 판정의 기준으로 삼는 것은, 의식에 관한 과학의
이해 수준과 더불어 의식에 관한 철학적 논의를 고려할 때, 자격 평
가를 피상적인 논쟁에 머물도록 만들 비효율적인 전략이다.

앞에서 오병철은 전자인격의 생성이 리가 말하는 것과 같은 객관
적 사태의 반영이 아니라, 소유자의 결정에 달린 일이라고 말했다.
이는 다음 장에서 거론하는 책임재산 문제의 참고항인 고대 로마의
페쿨리움(peculium)[19]에 관한 상황과 부합하는 평가다. 페쿨리움은 재
산을 처분할 권한을 가진 가장 이외에 그의 아들이나 노예가 처분할
수 있도록 허용된 돈이었다. 고대 로마에서 인격체가 아니라 주인의

---

18 Rhee(2025), p. 1026.
19 3장에서 거론될 전자인격의 책임재산은 종종 고대 로마에서 일부 노예에 적용되었던 페쿨리움
    과 견주어진다. Pagallo(2018), Katz & MacDonald(2020) 참조.

소유물일 뿐인 노예도 주인이 허용하는 범위 안에서 주인을 대신하여 노예를 사거나 물품을 구매하고, 사업과 관련된 계약을 체결할 수 있었다. 이때 어느 노예가 그런 권한을 가지게 되는지는 근본적으로 노예의 개별적 속성에 달린 문제가 아니다. 주인은 노예의 성품이나 능력 같은 속성을 고려할 수 있지만, 어떤 속성을 고려할 것인지는 전적으로 주인의 소관이다.

최근 전자인격에 관한 토론의 요체는 인격체의 본성과 성립 조건에 대한 형이상학적 문제가 아니다. 달리 말해, 이 문제에 대한 토론이 우선적으로 지향하는 것은 고도의 인공지능을 장착한 로봇이 인간과 본질적으로 대등한 의미의 인격체인지 아닌지, 또는 어떤 수준이나 속성의 기능을 실현해야 그런 인격체가 되는지에 대한 해명이 아니다. 이 논의가 지향하는 것은 기술 현실의 변화로 인하여 생성된 새로운 종류의 문제 상황을 적절히 다룰 사회적 방안을 결정하는 일이다.

이런 논의 기반을 전제한다면, 전자인격이 실재의 본성에 근거한 지위가 아니라 법적 허구임을 지적하는 것은 그것에 대한 유효한 비판이 되지 않는 반면, 전자인격이 그런 허구를 도입하는 취지에 부응하지 못한다는 것을 지적하는 것은 유효한 비판이 된다. 그런 허구의 도입과 활용이 그 효용 이상의 비용, 또는 위험을 수반한다는 것도 유의미한 비판이 될 것이다.

2) 이 토론에서 인간중심주의는 극복해야 할 편견이 아니다

논의의 기반을 분명히 설정하기 위해 거론할 또 하나의 개념은 인간중심주의이다. 양천수는 인공지능 로봇을 규율할 법체계를 논하고

또 그 미래를 전망하는 과정에서 다음과 같이 말한다.[20]

한편 다음과 같은 의문도 제기된다. 인공지능 로봇에게 법적 인격성을 부여할 수 있는가 하는 논의는 여전히 인간중심적인 사고에 바탕을 두고 있다는 것이다. 왜냐하면 이 문제는 인공지능 로봇이라는 기계적 체계를 인간의 소통에 의해 창발된 인간중심적 법체계 안으로 끌어들일 수 있는가의 문제이기 때문이다. 그런데 만약 강한 인공지능이 실현되어 완전한 자율성을 갖춘 인공지능 로봇이 창발된다면, 이들이 굳이 인간중심적 법체계 안으로 들어오고자 할지, 달리 말해 이들이 인간중심적 법체계에 복종할지 의문이 든다.[21]

이 부분의 논리를 다음과 같이 재구성할 수 있다. ①전자인격에 관한 현재의 논의는, 인간이 아닌 로봇을 인간의 법체계에 편입시키려 한다는 점에서 인간중심적 사고에 근거하고 있다. ②강한 인공지능을 장착한 로봇이 생겨난 상황에서는, 이들을 인간의 법체계에 편입시키는 것은 어려울 것이다. 로봇과 인간의 규범 체계가 서로 대등하면서 상충하는 관계에 놓일 것이기 때문이다. ③전자인격에 관한 논의가 완전한 자율성을 갖춘 인공지능 로봇의 경우까지 포함한다는

---

20 양천수(2018)는 인공지능 로봇에 인격성을 확장하는 것이 "이론적으로 가능하다"고 말하면서 "특히 우리가 완전한 탈인간중심적 모델인 체계모델을 수용하면, 인간이 아닌 인공지능 로봇에게도 충분히 법적 인격성을 인정할 수 있다"(이상 21면)고 주장한다. 그러나 이론적으로 가능하다는 것은, 본고에서 따지는 사회적 결단의 전제 조건이기는 해도, 그것에 기여하는 바는 미미하고 약한 주장이다. 더구나 그것이 '완전한 탈인간중심 모델을 수용하면'이라는 가정 아래 성립하는 주장인 한, 완전한 탈인간중심 모델을 수용해야 하는지에 대하여 유보적인 사람들에게 그것은 실질적인 내용을 가지는 주장으로 작용하지 않는다.
21 양천수(2018), 21면.

점을 고려할 때, 현재와 같은 인간중심적 논의는 부적절하다.

양천수의 강한 인공지능 개념이 그것을 도입한 설(John Searle)의 개념[22]을 준용한 것인지 명시적이지 않지만, "인간처럼 스스로 생각하고 느끼며 욕망하는 강한 인공지능"[23]이라는 표현을 토대로 인공지능 개념을 의식을 가진 인공지능이라는 설의 의미로 사용했다고 추정할 수 있다. 이 개념을 제시한 설이 불가능하다고 보았던 강한 인공지능의 전망에 관해서는 철학자들 간의 이론적 논쟁도 종결되지 않았고, 최근 세간의 논의에서는 이 개념 자체가 다의적으로 사용되는 증상도 확연하다. 그러나 한 가지, 앞의 논증이 (어떤 의미에서든) 강한 인공지능을 가진 로봇이 등장한 상황을 가정하고 있다는 것은 분명하다. 그리고 양천수는 그런 상황에서 인간과 상충하는 규범을 가진 인간과 대등한 존재들이 만들 문제를 걱정어린 눈으로 바라보고 있다. 하지만 이것은 고인석이 "(위험한) 존재론적 망각"이라고 표현한 것에 부합하는 장면이다. 만에 하나 양천수가 말하는 것과 같은 로봇의 불복종과 인간-로봇의 대립 상황이 실현된다면, 그것은 존재론적 망각으로 인한 우리의 과오 때문이고, "정말 슬프고도 우스꽝스러운" 일일 것이다.[24]

고든(John-Stewart Gordon)은 자신의 논문 내용 가운데 "왜 로봇들에

---

22 설은 1980년 중국어방 논증과 결부시켜 이 개념을 최초로 언급했다. 여기서 강한 인공지능은 언어를 다룸에 있어 구문론(syntax)뿐만 아니라 의미론(semantics)의 역량을 지닌, 다시 말해 말의 의미(meaning)를 이해하는 인공지능을 가리키는 개념이었다. 한편 1992년 발간된 *The Rediscovery of the Mind*에서 설은 그것을 의식(consciousness)과 결부시켰다.

23 양천수(2018), 12면.

24 고인석(2022), 54면.

게 법적 인격을 부여해야 하는가?"라는 제목의 절[25]에서 [로봇의] 도덕적 인격성(personhood)이 종국적으로 인간들의 동의에 의지하는 문제가 아니라 객관적인 평가의 문제라고 말한다. 또 그는 로봇에게 인격의 지위를 부여함으로써 (i)로봇의 응당한 도덕적-법적 지위를 인정하고, 그럼으로써 (ii)법적으로 로봇을 해악(harm)으로부터 보호하는 일이 가능해질 것이라고 주장한다. 해당 논문의 이 절은, 그 제목과 달리, 방금 언급한 "객관적인 평가"가 왜 로봇의 인격성에 대한 긍정으로 귀결되어야 하는지 해명하지 않는다. 그 대신 저자는 그런 긍정이 가져올 두 가지 '긍정적' 효과 — 앞의 (i)과 (ii) — 를 언급할 뿐이다. 그러나 그런 효과로 언급된 것은 둘 다 로봇이 진정한 인격체라고 전제할 경우에 한하여 유효할 뿐이다. 따라서 이는 일종의 순환논증이다. 저자는 도덕적-법적 지위를 인정 받아야 할 로봇의 조건을 따지는 일 없이, 마땅히 부여되어야 할 지위를 부여함으로써 존재의 정의에 부합하게 될 것이라고 평가함으로써 순환을 고착시킨다.

고든은 이런 지위 부여의 비용-편익 비교를 토대로 로봇 인격화에 반대하는 브라이슨(Joanna Bryson)의 논거를 검토하지만, 그런 인간중심 관점의 비교가 "오도적일 뿐만 아니라 현대적 법철학의 관점에서 볼 때 법의 토대 자체를 훼손한다"[26]고 비판한다. 그러나 그의 비판은 부적절하다. 우선 이 글에서 검토한 법학 분야의 논고들만 보더라도 법의 토대에 관한 고든의 비평은 객관성을 결여하고 있다. 다만, 인공지능이나 로봇의 법인격을 지지하는 논자들에게서 양천수나 고

---

25   Gordon(2020), 4.1.

26   Gordon(2020), p. 465.

든의 논문에 표명된 것과 같은 인간중심주의 비판이 자주 등장한다
는 사실은 주목할 가치가 있다. [27]

인간중심주의나 종차별주의에 대한 다양한 관점의 유의미한 비판
이 존재한다는 사실을 고려하더라도, 이 글의 인공물의 법적 지위에
관한 토론은 인간중심주의의 방식으로 진행하는 것이 적절하다. [28] 그
이유는, 이것이 존재의 진리에 관한 문제가 아니라 법의 문제이기 때
문이다. 앞에서 이미 언급한 것처럼, 법은 사이먼의 인공물, 즉 집합
적 인간이 스스로의 생존과 번영을 위하여 만들고 조절하는 산물이
다. [29] 이러한 관계는 법이 집합적 인간의 생존과 번영에 긍정적으로
기여해야 한다는 요청을 함축한다. 또 반대로 인간 공동체의 생존과
번영을 위협하는 법은 그것의 본령을 위배하고 있음을 함축한다.

인공지능 로봇의 법적 인격에 관한 숙고가 인간중심의 관점에서
이루어져야 한다는 생각은 전자인격 제안을 반대하는 2018년 공개서
한에서도 뚜렷이 표명되었다. 이 문건은 작성자들의 견해를 표명하
는 첫 부분에서 "인공지능과 로봇공학의 영향은 인류의 편익이라는
관점에서 검토되어야 한다"라고 말한다. [30]

---

27 양천수(2017) (2018), V장, 그리고 신동일 · 김두환(2019), 466면을 보라. 고든의 논문에서 이것
은 '인간중심주의' 비판 대신 '종차별주의(specicism)'에 대한 비판으로 나타났다. 이 글의 시각에
서 둘의 취지는 동등한 것으로 간주된다.

28 이러한 관점이 그 자체로 인공물에 인격체 지위를 부여하는 일에 반대하지 않는다는 사실 정도
는 이미 분명해졌으리라고 기대한다. 이 토론에 참여한 논자 중 상당수가 인간중심의 관점에서,
즉 인간 사회의 편익과 비용이라는 관점에서 전자인격의 도입에 찬성하는 점을 기억하라.

29 이런 까닭에 "탈인간중심적 법률체계" 같은 말은, 만일 거기서 '탈-'이 부정이나 '반(反)-'을 뜻
하는 접두어로 사용되었다면, 모순을 내포하는 잘못된 개념이다. 반면에 **인간 사회의 관점에서
더 나은** 법률체계를 추구한 결과가 호모 사피엔스 이외의 존재자들을 적극 법적 주체로 끌어들
이는 법체계 변화로 나타났다면, 그리고 그러한 결과를 가리켜 "탈인간중심적"이라고 표현한다
면, 적절하고 정당한 개념 표현으로 볼 수 있을 것이다.

30 강조가 추가됨. 정보철학의 주요 논자인 플로리디(L. Floridi)는 2018년 5월 네이처에 게재된 글

단, 법의 이와 같은 인간중심주의적 지향이 '인간만을 고려하는 법률체계'를 의미하지 않는다는 점은 강조할 필요가 있다. 개인의 행복한 삶, 나아가 인류 공동체의 존속과 번영은 인간 이외의 수많은 존재자와 얽혀 있는 과제다. 이는 숨 쉴 수 있는 깨끗한 대기와 마실 수 있는 물만 생각하더라도 이미 분명한 관계다. 인간만을 고려하는 법률체계는 이론적으로도 상상하기 어렵지만, 예를 들어 인간 이외의 어떤 존재에게도 "법률에 근거한 보호"라는 개념을 적용할 수 없게끔 되어 있는 법률체계를 상상해보자. 그래서 법적으로 하천이나 임야, 식물과 동물, 우리가 사는 건물 같은 대상들을 위해로부터 보호할 방도가 없다고 상상해보라. 그것은 결과적으로 인간이 생존하고 번영할 수 있는 조건이 위험에 처하는 일을 우리가 스스로의 법률로 방치하는 상황을 뜻할 것이다.

법과 제도의 문제를 논함에 있어서, 인간중심주의는 탈피해야 할 편파적 견해가 아니라 오히려 최대한 세련되게 다듬고 근시안적 시야를 벗어나게끔 확장해야 할 논의 기반이다. 이제 이러한 기반 위에서 전자인격이라는 법적 장치의 가치를 따져보자. 오늘의 기술과 사회 환경에서 전자인격이 우리가 그것에 기대하는 역할을 실현할 수 있을지, 그러한 실현은 사회 차원에서 어떤 비용을 요구할지, 결과적으로 전자인격이라는 법적 장치가 우리가 채택해야 할 합리적인 방안일지 살펴보자.

"Don't grant robots legal personhood"(*Nature* 557, Correspondence)에서 자신이 이 공개서한에 서명하지 않았지만 그것의 취지에 동의한다고 밝히면서, 전자인격이 도덕적 책임과 인과적 책무, 그리고 법적 책임의 소재를 오도할 위험이 있다고 경고한다.

3. 전자인격이 책임공백 문제를 해결할까

1) 책임공백이라는 문제

2장에서 확인한 것처럼, 사회적 효용의 관점에서 전자인격이라는
범주의 도입을 고려할 필요가 있다는 제안의 핵심 근거는 책임공백
(responsibility gap)의 문제다.[31] 고도의 공학적 자율성을 지닌 인공지능
로봇의 작동이 인명이나 재산의 피해를 유발한 경우를 상상해보자.
이 경우, 인공지능 프로그램의 설계자, 로봇의 제작을 담당한 공학
자, 그 작업을 관리하는 공학자, 이 로봇이 재산으로 등록된 회사의
경영자 가운데 어느 누구에게도 윤리적으로 타당한 방식으로 피해에
대한 책임을 물을 수 없는 상황이 발생한다. 다량의 데이터를 기반으
로 하는 기계학습의 속성과 복잡한 신경망 구조에서 비롯되는 인풋–
아웃풋 관계의 특성을 고려할 때, 공학자나 경영관리자의 관점에서
인공지능의 작동 방식을 예견하면서 일일이 제어하는 일이 불가능하
다고 보아야 하기 때문이다. 그렇다면 인공지능 로봇에게 책임을 귀
속하면 어떨까? 그것은 현행법상 불가능하다. 인공지능 로봇은 "현
행법상 물건"이고, 따라서 민법 제750조에서 말하는 "고의 또는 과실
로 인한 위법행위로 타인에게 손해를 가한 자"가 될 수 없음으로 인
해 불법행위 책임의 주체가 될 수 없기 때문이다.[32]

책임공백은 이처럼 책임 귀속과 그에 따른 손실 보전이 요청되는
상황임에도 불구하고 합리적인 책임 귀속이 어려운 상황을 가리킨

---

31 이 글의 논의 범위에서는 도덕적 책임의 공백과 법적 책임의 공백(liability gap)을 나누어 다루지
  않는다.
32 김진우(2021), 32면.

다.[33] 자율주행자동차의 사고를 비롯한 유사한 사태는 인공지능과 로봇기술 발달과 더불어 일상적으로 발생하리라고 예상되며, 따라서 이러한 책임공백을 해결하는 일은 현재 시점에서 중요한 사회적 과제다.

이러한 상황에서 인공지능 로봇에 전자인격이라는 법적 지위를 부여하고 소정의 권리와 의무를 부여함으로써 책임공백의 문제를 해소한다는 것이 사회적 효용의 관점에서 전자인격을 지지하는 사람들의 중요한 논거다.[34] 전자인격에 관한 입법과 제도화를 통해 앞에서 "현행법상 불가능"이라고 평가했던 방안의 법적 장애물을 제거할 수 있다는 것이다.

흥미로운 사실은 반대론자들 역시 책임공백의 문제를 들어 전자인격이라는 방안을 비판한다는 것이다. 책임의 진정한 주체가 될 수 없는 로봇에게 법적 책임을 부과하는 일은 합당한 책임 귀속을 저해하는 결과를 낳을 뿐만 아니라, 실제로 특정한 인간 주체에게 상당히 분명한 책임 귀속이 가능한 경우에조차 인간의 책임을 기계 시스템에 귀속시킴으로써 책임회피를 돕고, 그럼으로써 결과적으로 한층 더 위험한, 진정한 의미의 책임공백을 유발한다는 비판이다.[35] 정리

---

33 본고가 다루는 의미의 책임공백을 처음 거론한 것은 철학자 마티아스(A. Matthias)다. Matthias(2004) 참조. 김상득(2023)과 이상헌(2023)은 AI 로봇과 결부된 책임공백 문제에 관한 개관을 제공한다.

34 여기서 유의할 점은, 책임의 문제를 전자인격이라는 법적 장치로 해결하고자 하는 경우 권리의 문제가 따라온다는 것이다. 이것은 전자인격이 전통적인 의미의 인격과 차별된다는 점을 근거 삼아 그것에서 생명권, 자유권, 평등권, 참정권 같은 권리들을 분리한다고 해도 남는 문제다. 조성은 등(2018)은 "전자인에 대하여 권리 없이 의무만 인정되는 특별한 지위가 부여된다면, 당장 책임재산의 귀속주체가 누구인지에 관한 문제가 발생한다"(42면 각주)라고 지적함으로써 이 문제를 간명하게 드러낸다. 이것은 이 글의 범위를 넘어서는 미세한 논의를 요청하는 문제다.

35 김상득(2023)은 이러한 책임회피의 위험을 '윤리 세탁(ethics washing)'이라는 개념으로 표현한

하자면, 찬성론자들은 현상 차원의 책임공백 문제를 지적하면서 전자인격의 방안을 옹호하는 반면, 반대론자들은 잠재적 해결안인 전자인격이 초래할 심층적 책임공백을 우려하여 전자인격 도입을 비판하는 셈이다.

책임이라는 개념에 대한 관점의 차이를 잠시 가려두고, 이 글의 시각인 사회적 효용의 관점에서 바라보면, 이 문제에 관한 토론의 일차적 핵심은 전자인격이라는 범주의 도입이 여기서 서술된 책임 귀속의 어려움을 해결하는 유효한 방안일 것인가 하는 물음이다. 그런데 이 방안의 효능을 의심하게 하는 현실적인 문제들이 있다. 하나는 책임재산과 관련된 문제이고, 다른 하나는 인격체의 정체 확인 및 재확인과 결부된 문제이다.

2) 책임재산의 문제

특정한 조건을 충족하는 로봇이나 인공지능 프로그램에 전자인격이라는 지위를 부여하고 그것의 작동으로 인해 인명이나 재산의 손실이 발생했을 때 책임을 지도록 하는 방안은 전자인격의 책임 보전에 쓸 재산, 즉 책임재산이 있어야만 실행 가능하다. 전자인격이 책임의 주체라면, 금전적 보상이 실질적으로 유일한 책임 보전의 방식이기 때문이다. 따라서 김진우는 "인공지능에 대한 전자인 제도의 도입을 위한 핵심요소는 책임재산이다"[36]라고 말한다.

다. 책임공백 문제를 주제로 다룬 이상헌(2023)은 결론 부분에서 책임공백을 이유로 로봇 같은 인공물에 책임을 귀속시키는 일이 '도덕의 공백'(114면)을 불러올 것이라고 경고한다. 로봇이 진정한 의미의 책임 주체일 수 있는가 하는 문제에 관해서는 고인석(2012)을 보라.

36 김진우(2019), 37면.

그런데 다수의 전자인격이 사회의 다양한 맥락에서 활동하는 상황을 상상해 보라. 이들의 재산도 자연인의 재산과 마찬가지로 규모가 아주 다양할 것이다. 우선, 김진우가 말하는 것처럼 "책임재산의 1차적 출연자는 [인공지능 시스템이나 로봇의] 제조자와 사용자이어야 할 것"[37]이고, 현실에서 그런 출연의 수준은 천차만별일 것이다. 물론 책임재산(liability fund)은 해당 인공지능 시스템이나 로봇의 활동이 이루어지면서 부가가치를 산출함으로써 1차 출연의 수준을 넘어 증가할 것이며, 이렇게 증가한 재산은 해당 시스템이 유사시에 더 강력한 책임 보전을 할 수 있는 배경이 될 것이다. (이것이 전자인격을 책임 배분의 장치로 활용하려는 논자들의 기대다.) 그러나 자연인들의 사회와 마찬가지로 책임재산의 증가는 전혀 일률적이지 않을 것이다.

이런 상황에서 전자인격이 그것의 책임재산을 훨씬 상회하는 규모의 손실 보전을 해야 하는 경우도 발생할 수 있다. 이와 유사한 일은 현재의 사회에서도 발생하며, 그런 사태를 처리하는 방식과 유사한 법과 제도를 마련하는 일 역시 가능할 것이다. 단, 이런 절차의 실행이 상당한 사회적 비용을 요구하고, 이러한 비용이 전자인격 도입의 결정을 위한 효용—비용 계산에 반영되어야 한다는 사실은 고려되어야 한다.

더 중요하다고 생각되는 문제는 방금 언급한 재산의 증감 과정에서 예상되는 원리적인 문제다. 전자인격을 부여받은 인공지능의 세련도와 질적 수준이 높을수록 그것이 손실을 발생시킬 확률은 원칙적으로 작아지는 반면, 그 질적 수준이 낮거나 현실을 다루는 세련도

37　김진우(2021), 38면.

가 낮은 인공지능은 크고 작은 사고를 일으켜 손실을 발생시킬 확률
이 상대적으로 크다. 예상컨대 전자는 차츰 재산을 불려 가겠지만,
후자는 시장에 진입한 후 초기 단계에서 퇴출될 위험이 크다. 이런
위험을 경제적 불평등과 부익부 빈익빈이 현대 사회의 보편적 현상
이라는 사실을 들어 정당화할 수는 없다. 지금 따지고 있는 것이 기
존의 사회에 대한 분석이 아니라 새로 도입할 사회적 장치에 대한 결
정이기 때문이다.

앞에 언급한 문제와 마찬가지로, 회사법인 등의 유사한 문제에 대
응하는 법적, 제도적 방안을 참고하여 이 문제를 해결하거나 완화할
방안을 마련하는 일은 가능할 것이다. 그러나 방안을 찾고 실행하는
일보다 먼저 답해야 할 선결 물음은 우리가 그런 방안을 모색하고 애
써 사회에 적용할 충분한 이유가 있는가 하는 것이다. 그런 방안의
실행이 사회적 비용을 소모한다는 사실을 기억하면서, 일관성 있게
비용─편익의 관점을 적용해야 한다.

3) 전자인격의 정체 확인과 재확인이라는 문제

우리가 전자인격이라는 새로운 법적 지위를 도입한다면, 그런 사
회적 장치가 그 취지에 맞게 작동한다는 가정, 다시 말해 그것이 책
임공백의 문제를 해결하리라는 가정을 우리가 받아들였기 때문일 것
이다. 뒤집어 말하면, 만일 전자인격이 그것의 도입 취지에 부합하
는 결과를 산출하리라는 희망적 예견이 흔들리는 경우, 전자인격 도
입의 권유는 약화될 것이다. 그런데 실제로 이런 부정적 영향을 미
칠 문제가 있다. 그것은 전자인격의 정체 확인(identification) 및 재확인

(re-identification)[38]이라는 문제다. [39]

전자인격이 책임공백의 문제를 해결하는 방안으로 작동할 수 있기 위해 갖추어야 할 기본 요건 중 하나는 정체 확인과 재확인이 명확하면서도 중요한 어려움 없이 이루어질 수 있어야 한다는 것이다. 이는 자연인이 책임 주체인 경우에는 발생하지 않는 종류의 문제라는 점에서 별도의 주의가 필요하다. 예를 들어 우리는 누가 A를 죽음에 이르게 한 주체인지를 특정하기까지 어려움을 겪을 수 있지만, 일단 그것이 B라는 인물로 특정되고 나면 수많은 사람들 가운데 누가 B인지를 확인하는 일은 비교적 간단한 과제이다. B가 성형으로 외모를 바꾸고 여권을 위조하여 신분을 속인다고 해도, B의 지문이나 홍채, 또는 DNA에 관한 데이터가 있다면 정체를 재확인하는 일은 의문의 여지 없이 이루어질 수 있다.

그러나 전자인격의 경우는 사정이 다르다. 대체 불가능한 단일한 신체로 구현되는 인간의 경우와 달리, 전자인격은 전자적인 방식으로 구체화되기 때문이다. 이러한 본질적 속성 때문에, 한 번 태어나 한 번 죽기까지 단선 구조의 역사를 지니는 인간과 달리, 현실에서 전자인격의 유일성과 고유성은 다양한 방식으로 흐트러질 위험에 처한다. 기술을 활용하여 동시에 법과 제도의 세부 사항을 정밀하게 규

---

38 재확인 역시 정체 확인의 방식으로 이루어질 것이므로 둘을 '정체 확인'의 문제로 묶어서 규정할 수도 있다. 그러나 전자인격의 경우, 기본적인 법적 절차에 따라 법적 정체성이 부여된 (혹은 확인된) 전자적 존재자와 책임 유무의 평가 대상인 전자적 존재자 간의 동일성을 확인하는 재확인이 중요한 문제라는 점을 고려하여 '정체 확인과 재확인'의 방식으로 병렬하여 쓴다.

39 '소통'이라는 주제의 관점에서 전자인격의 전망을 평가한 정성훈(2022)은 소통의 개념이 그 핵심에서 "후속 소통과의 연결"(105면)을 필수조건으로 요청한다고 강조하면서, "후속 소통들에서 기계가 동일화될 수 있느냐"(106면)가 이 문제의 관건이라고 평가한다. 본고의 방식으로 말하자면, 그 역시 정체 확인과 재확인이라는 문제에 주목하고 있는 것이다.

정하고 조정함으로써 이러한 어려움을 구제하는 것은 가능한 일일 것이다. 그러나 본고가 채택하는 효용-비용의 관점에서 그러한 구제의 노고가 합리성의 수준에 도달하리라고 확신할 이유는 없다.[40]

전자인격의 속성은, 심리철학의 개념으로 말하자면, 기능주의(functionalism)의 관점에서 평가되어야 한다.[41] 즉, 만일 전자인격 X와 Y가 동일한 조건이 주어졌을 때 예외없이 동일한 방식으로 작동한다면, 다시 말해 입력이 동일할 경우 출력이 반드시 동일하다면, X와 Y는 동일한 전자인격이라고 보아야 할 것이다. 이 글의 관점에서, 전자인격이 부여된 존재자들에게 우리가 기대하는 것이 바로 주어진 조건에서 인간 사회가 유용하다고 인정하는 방식으로 행동하는 것, 다시 말해 특정하면서도 일관된 입출력 관계 특성이기 때문이다. 만일 특정한 인공지능 로봇이 사고를 내거나 부적절한 계약을 체결하여 재산 손실을 유발했다면, 문제가 되는 것은 주어진 조건에서 사고 혹은 재산 손실로 이어진 출력 반응을 산출한 그것의 속성, 다시 말해 기능주의적 속성에 있다고 보아야 한다.

그런데 이러한 기능주의 관점의 정체성은 다수실현(multiple realization)이 가능하다.[42] 고장난 전자기기 대신 그것과 같은 모델의 제품을 재구매한다면, 그 경우 구매자가 기대하는 것은 기능주의적

---

40 이에 관한 전망을 평가하려면 구체적인 사례를 기반으로 하는 비용-편익 분석 작업이 필요할 것이다.

41 다나허(John Danaher)는 로봇의 도덕적 지위를 평가하는 데 '윤리적 행태주의(ethical behaviourism)'의 관점을 적용하기를 권유한다. 이 관점은 기능주의와 부분적으로 중첩되지만, 그의 결론은 본고와 상이하다. Danaher(2020) 참조.

42 다수실현에 관해서는 스탠포드 철학사전의 관련 항목(https://plato.stanford.edu/entries/multiple-realizability/), 특히 1장을 참고하라.

동일성일 것이다. 그런데 전자인격을 옹호하는 사람들이 동일한 인공지능 소프트웨어를 장착한 두 로봇 X1과 X2를 동일한 전자인격체라고 볼 것인지, 또 그렇게 보는 것이 옳은지는 불분명하다. [43]

물리적으로 다수실현이 가능하다는 전자적 존재자의 속성은 그것의 복제가 가능하다는 사실과 연결된다. 나아가 인공지능의 바탕에 놓인 소프트웨어 같은 전자적 존재자는 복제뿐만 아니라 부분 복제, 미세수정(fine modification), 자르기와 합치기 같은 조작이 용이하다. 예를 들어 어떤 전자인격의 기능 중 특정한 부분만 잘라 베껴서 다른 로봇에 이식하거나 몇 가지 상이한 전자인격들로부터 그것들의 특정한 요소들을 수집하여 새로운 전자인격으로 만드는 일이 가능하다. 전자인격의 특정 속성에서 아주 특수한 조건에서 나타날 반응만 선택하여 미세하게 조절하는 일도 가능하다. 이렇게 다채로운 변화의 결과로 생성되는 전자적 존재자들은 모두 서로 다른, 별개의 전자인격인가?

만일 미시물리적 관점에서 완벽한 쌍둥이인 자매 중 한 사람이 사고를 일으켜 구금의 방식으로 법적 책임을 져야 할 경우, 구금 대상은 당연히 사고를 낸 그 사람뿐이다. 그런데 어떤 인공지능 로봇이 사고를 일으켜 큰 인명 피해를 유발했을 때, 그것의 책임재산을 활용하여 금전적 보상을 실행하는 동시에 사고의 중대성을 고려하여 (인간의 사형에 해당하는) 폐기 판결이 내려졌다고 하자. 이때 누군가가 이 로봇의 잠재적 효용을 고려하여 그것의 인공지능 소프트웨어를 고스

---

43 더구나 특정한 시점(t_0)에 동일한 소프트웨어를 장착하고 작동하기 시작했더라도 그 이후 세계와 상호작용하면서 추가되는 데이터를 기반으로 하는 학습이 이루어지고, 그 결과로 전자인격의 입출력 속성이 변할 수 있으리라는 점을 고려하면 문제는 더 복잡해진다.

란히 장착한 새 로봇을 제작한다면, 이전 로봇과 새 로봇 사이에 우리가 쌍둥이인 두 사람 사이에 적용했던 관점을 똑같이 적용할 수 있을지는 의심스럽다. 이런 의심은 미세한 조정을 통해 원래 로봇과 동일하지는 않지만 99% 유사한 입출력 속성을 지닌 새 로봇을 제작하는 경우에도 작동한다. 인간의 경우 신체가 자연스럽고도 강력한 개별화의 원리로 작용하는 반면, 기능주의의 기반에서 평가되어야 하는 전자인격의 정체성은 소프트웨어에 수반한다고 생각되기 때문이다.

이미 특정한 신체와 일대일로 대응되지 않는 회사 같은 법인의 사례가 있음을 들어 전자인격에도 유사한 방식으로 정체 확인의 실행이 가능하리라는 기대를 표명하는 견해가 있을 수 있다. 이 문제를 명시적으로 언급하지 않았지만, 오병철이 전자인격의 시기와 종기를 확정하는 절차를 논하는 배경에도 전자인격의 단일한 정체성을 확보하는 일에 관한 관심이 깔려 있다고 본다.[44] 전자인격의 법률적, 제도적 실행에 관한 논의에서 등록(registration)을 통한 전자인격 관리는 일반적인 견해이기도 하다. 그러나 방금 논한 문제가 등록을 통한 정체확인의 방식으로 해소되기를 기대하기는 어렵다. 기본적으로 그런 등록이 신체와 정신이 불가분으로 결합된 자연인의 상황을 기반으로 수립된 관리 방식이기 때문이다. 무엇보다 앞에서 검토한 공개서한이 이미 지적하고 있듯이, 전자인격은 회사 등 기존 법인과 달리 대표이사나 이사회 같은 특정 자연인 또는 자연인들 집합과 결부되어 있지 않다는 중요한 속성을 지니며, 이러한 차이 때문에 전자인격과

---

44 오병철(2020)은 본론의 첫 장(II) 전체를 '전자인격의 시기와 종기'라는 주제에 할애하였다.

회사법인의 유사성은 이 문제에 도움을 주지 못한다. 더구나 회사처럼 특정한 자연인(들)과의 대응 관계를 설정하지 않고 반대로 적극 분리된다는 것이 전자인격 도입의 취지에서 도출되는 전자인격의 핵심 속성이라는 점을 고려하면, 이러한 한계는 근본적이다.

이상의 논의를 기준으로 판단할 때, 전자인격이라는 법적 지위는 인공지능 로봇의 활동으로 인한 책임공백 문제를 해결하는 방안으로 적절하지 않다. 1장에서 언급한 유럽연합과 미국 법제의 현황도 이를 간접으로 뒷받침한다. 그러나 이것이 최종적 판결일 이유는 없다. 날로 변하는 기술 현실과 사회 여건 속에서 오히려 우리는 계속, 그리고 적극적으로, 최적 및 최선의 사회 경영 방식을 탐색하고 비교, 평가해야 하며, 전자인격은 점점 더 다양한 영역에서 고도의 자율성을 지니고 활동하는 인공지능 존재자들과 결부된 문제들을 다루는 방안으로서 계속 탐구될 것이다.

4. 결론과 전망

이상 논의의 결론을 정리해보자.

(i) 고도의 자율성을 발휘하는 로봇이 유발하는 법적 책임의 귀속 문제를 해결할 방안을 모색한다는 문제의 맥락에서 전자인격에 관한 토론은 인공지능, 로봇, 인격체의 본성에 관한 토론이 아니라 제안된 방안의 편익—비용 합리성 평가라는 관점에서 진행되어야 한다.

(ii) 전자인격의 도입을 통해 책임공백 문제를 해소하는 데는 중요한 어려움이 있다. 특히 다수실현이 가능하고 복제, 부분 복제, 변조

가 용이한 전자적 존재자의 특성으로 인해 책임 관리의 기본 조건인
정체 확인과 재확인에 난제와 혼란이 야기될 것이고, 이는 책임을 배
분하고 귀속시키는 일을 어렵게 만들 것이다.

(iii) 따라서 전자인격이라는 법적 지위는 그것을 도입하려는 목적
에 부응하는 장치가 되지 못한다.

이 글은 전자인격의 문제를 일관성 있게 사회 관리 또는 사회 경영
의 방안이라는 관점에서 논하려 했다. 그러나 책임재산이라는 운영
방식이 이미 전자인격의 권리라는 문제를 끌어들인다는 조성은 등의
지적[45]이 예고하듯, 사회적 장치로서의 전자인격 도입은 전자인격을
지닌 존재자의 권리에 관한 논의를 유발할 것이고, 이러한 권리와 기
본적이고 본래적인 의미의 인권(human rights) 사이의 경계선을 흐릿
하게 만드는 도전적 논의는 계속 이어질 것이다.[46] 이런 전망 앞에서
필자는 천부(天賦)의 인권이 지닌 속성과 인권의 원리적 확장 가능성
에 대한 논의는 보류하고, 다시 한번 효용—비용 합리성의 관점에서
전자적 존재자들에게 그것이 기능주의 관점에서 자연인과 대등하거
나 그보다 더 우월한 능력을 발휘한다는 이유로 인권에 상응하는 권
리들을 부여하는 일이 자연인들의 인권에 미칠 현실적인 파급효과를
엄밀히 검토해야 할 것이라는 개략적인 원칙만 제안해둔다.

고인석은 인공지능 존재자들의 자율성을 위임이라는 구도에서 볼

---

45 앞의 각주 34 참조.
46 전자인격 반대자들의 2018년 공개서한이 전자인격이 초래할 권리 주장이 인권에 관한 기존의
    원칙과 상충한다는 점을 반대의 근거로 들었던 것을 상기하라.

것을 제안했다.[47] 그런데 이 위임은, 일반적으로 특정한 위임자 개인과 피위임자 간의 관계가 아니라 집합적 위임이다. 예컨대 레벨 5의 자율주행을 하는 자동차가 운송 시스템의 일부를 담당하게 된다면, 그것은 자율주행 기술을 그렇게 활용하기로 한 사회의 결정에 의한 위임이다. 한편 이 일을 떠맡아 운전자의 기능을 수행하는 자율주행 시스템은 그것의 공학적 설계, 전자-정보-기계 시스템의 제작, 그리고 그것의 보수와 관리를 담당하는 자들의 집합적 정신이 외화된 결과물이다.[48] 이러한 집합적 정신(collective mind)은, 좀 더 정밀하게 말하자면, 자연인들로 구성된 특정한 구조의 연결망에 해당할 것이다.

이와 유사한 인공지능 로봇들의 작동 결과와 결부된 책임의 문제를 적절하게 다루는 것이 관건이라면, 그것들을 독립적인 지위의 법적 인격으로 다루기보다 그것의 생성과 운용이라는 차원에서 공학과 경영의 맥락으로 결부된 배후의 자연인 네트워크와 대응시키는 방식으로 다루는 것이 더 적절할 것이다. 그러나 이 글의 역할은 전자의 방안이 부적절한 것임을 논증하는 데 있고, 후자의 방식이 합리적인 대안임을 보이는 일은 다른 연구의 몫일 것이다.

---

47 고인석(2012), 18면.
48 고인석(2012), 5장을 참조하라.

참고문헌

고인석, 「로봇이 책임과 권한의 주체일 수 있는가」, 『철학논총』 67, 2012.

______, 『인공지능과 로봇의 윤리』, 세창출판사, 2022.

김건우, 「법인격론의 최근 연구 동향」, 『법철학연구』 24/3, 2021.

김상득, 「AI 로봇의 도덕적 책임에 관한 윤리학적 연구」, 『동서철학연구』 107, 2023.

김자회 · 주성구 · 장신, 「지능형 자율로봇에 대한 전자적 인격 부여: EU 결의안을 중심으로」, 『법조』 66/4, 2017.

김진우, 「인공지능에 대한 전자인 제도 도입의 필요성과 실현방안에 관한 고찰」, 『저스티스』 171, 2019.

______, 「인공지능 시스템의 책임능력: 전자인 제도의 도입 필요성에 관한 논의를 중심으로」, 『중앙법학』 23/4, 2021.

신동일 · 김두환, 「인공지능과 법체계: 전자인격론의 모순과 정보권한과의 갈등을 중심으로」, 『강원법학』 57, 2019.

양천수, 「인공지능과 법체계의 변화: 형사사법을 예로 하여」, 『법철학연구』 20/2, 2017.

______, 「현대 지능정보사회와 인격성의 확장」, 『동북아법연구』 12/1, 2018.

오병철, 「전자인격 도입을 전제로 한 인공지능 로봇의 권리능력의 세부적 제안」, 『법조』 69/3, 2020.

이상헌, 「'인공지능의 책임' 쟁점에 대한 비판적 고찰」, 『신학과 철학』 45, 2023.

정성훈, 「인공소통의 한계와 기계의 인격화 비판」, 『법철학연구』 25/3, 2022.

조성은 · 선지원 · 이시직 · 김진우 · 양천수, 「인공지능시대 법제 대응과 사회적 수용성」, KISDI 연구총서, 4차 산업혁명의 사회적 수용성 확보를 위한 국가 전략 연구 (I) (연구책임자: 김진우, 양천수), 2018.

"Civil Law Rules on Robotics, European Parliament resolution of 16 February 2017 with recommendations to the Commission on Civil Law Rules on Robotics (2015/2103(INL))", 2017. URL=https://eur-lex.europa.eu/legal-content/EN/TXT/PDF/?uri=CELEX:52017IP0051.

"Open Letter to the European Commission Artificial Intelligence and Robotics", 2018. URL=http://robotics=openletter.eu/.

Bickle, J., "Multiple Realizability", *The Stanford Encyclopedia of Philosophy*, 2020. URL=https://plato.stanford.edu/archives/sum2020/entries/multiple-realizability/.

Bryson, J., "Robots should be slaves", in: Y. Wilks (ed.), *Close Engagements with Artificial Companions: Key social, psychological, ethical and design issues*, John Benjamins, 2010.

Danaher, J., "Welcoming Robots into the Moral Circle: A Defence of Ethical Behaviourism", *Science and Engineering Ethics* 26, 2020.

Floridi, L. & M. Taddeo, "Don't grant robots legal personhood", *Nature* 557, 2018.

Gordon, J.-S., "Artificial moral and legal personhood", *AI & Society* 36, 2020.

Katz, A. & M. MacDonald, "Autonomous Intelligent Agents and the Roman Law of Slavery", in: Edwards, L. et al. (eds.), *Future Law: Emerging Technology, Regulation and Ethics*, Edinburgh University Press, 2020.

Lopez, P. A., "The 2017 AI Rights (Electronic Persons) Debate", URL=https://airights.net/the-2017-ai-rights-electronic-persons-debate.

Matthias, A., "The responsibility gap: Ascribing responsibility for the actions of learning automata", *Ethics and Information Technology* 6/3, 2004.

Pagallo, U., "Vital, Sophia, and Co. – The Quest for the Legal Personhood of Robots", *Information* 9/9, 2018.

Rhee, R. J., "Do AIs Dream of Electric Boards?", *Northwestern University Law Review* 119/4, 2025.

Simon, H., The Sciences of the Artificial (3rd ed.), MIT Press, 1996.

UK Law Commission, *AI and the Law: A Discussion Paper*, URL=https://lawcom.gov.uk/project/contempt-of-court-2/, 2025.

제3부

가상인격과 법률적 문제

6장
인공지능과 법적 인격
― 법적 인격의 인정 가능성과 필요성[*]

양천수

영남대학교 법학전문대학원

I. 서론

연결주의 접근법 가운데 하나인 딥러닝이 성공적으로 구현되면서 인공지능 기술은 비약적으로 발전하고 있다.[1] 심지어 전문가가 예측한 것보다 더 빨리 기술이 발전하기도 한다. 2016년에 있었던 세기적인 바둑 대국에서 인공지능이 인간 최고수 가운데 한 사람을 꺾은 이후 게임과 같은 결정(decision making) 영역에서 인공지능은 인간의 역량을 넘어섰다. 이제는 바둑이나 체스와 같은 게임에서 사람은 인공지능을 이길 수 없는 상황이 되었다. 그뿐만 아니라 이후 GAN과

---

[*] 이 글은 필자가 주저자로 참여한 「인공지능 로봇의 법적 인격성: 새로운 인권 개념 모색을 위한 전제적 시론」, 『인권이론과 실천』 25, 영남대학교 인권교육연구센터, 2019, 59~92면을 대폭 수정 및 보완한 것이다.

[1] 인공지능에 대한 접근법에는 크게 두 가지가 있다. 기호체계 접근법과 연결주의 접근법이 그것이다. 잭 코플랜드, 『계산하는 기계는 생각하는 기계가 될 수 있을까?』, 박영대 옮김, 에디토리얼, 2020, 432면 아래; 장피에르 뒤피, 『마음은 어떻게 기계가 되었나』, 배문정 옮김 · 해설, 지식공작소, 2023, 201면 아래; 레이 커즈와일, 『마침내 특이점이 시작된다』, 이충호 옮김, 비즈니스북스, 2025, 42면 아래.

Transformer 기술이 구현되면서 인공지능은 인간처럼 생성 능력도 획득했다. 인간 존재가 지닌 두 가지 중요한 역량인 결정 역량과 생성 역량을 인공지능도 갖추게 되었다.

인공지능의 역량이 인간에 접근하거나 부분적으로 이를 넘어서면서 인공지능 에이전트라는 개념도 사용되기 시작했다.[2] 이는 인공지능이 기능적인 면에서 이미 독자적인 행위자로 작동하고 있음을 시사한다. 이에 따라 인공지능에 인격성, 더 나아가 법적 인격성을 인정할 수 있는지가 논의된다.[3]

사실 인공지능이 법적 인격성을 지닐 수 있는지는 이세돌–알파고 바둑 대국 이후 법학에서 활발하게 논의되었다. 그때는 주로 인공지능에 법적 책임을 물을 수 있는지의 맥락에서 법적 인격성 논의가 이루어졌고 이후 한동안 소강상태에 머물렀다. 그리고 최근에는 새로운 맥락에서 인공지능이 법적 인격을 지닐 수 있는지 논의된다. 대표적으로 인공지능이 저작물을 생성한 경우 이에 저작권을 가질 수 있는지에 관해 법적 인격 인정 문제가 논의되고 있다. 이는 법적 인격에 관한 문제가 법학에서 다양한 의미 맥락을 지닌다는 점을 보여준다.

필자는 이 문제에 관해 일찍부터 다음과 같은 주장을 펼쳤다. 가능성의 면에서 볼 때 인공지능에 법적 인격을 부여할 수 있지만, 필

---

2   예를 들어 이경전, 『AI 에이전트와 사회 변화』, 커뮤니케이션북스, 2024 참조.

3   본격적인 논의에 들어가기에 앞서 몇 가지 개념을 분명히 하겠다. 이 글에서는 인격과 관련하여 '인격', '인격성', '인격체'라는 개념을 사용한다. 여기서 인격이란 영어 'person'을 번역한 말로서 추상적인 인격 일반을 뜻한다. 이어 인격성이란 이러한 인격의 자격 또는 속성을 말한다. 마지막으로 인격체란 인격을 보유하는 개별 주체를 뜻한다. 이 가운데 인격과 인격성은 서로 구별되기도 하지만, 맥락에 따라서는 분명하게 구별하기 어려운 경우도 있다. 그렇기에 때에 따라서는 양자를 혼용한다.

요성의 면에서 볼 때는 원칙적으로 이를 인정할 필요가 없다는 것이다.[4] 이러한 필자의 주장은 그동안 오해된 바도 있기에 이 글에서는 필자의 주장을 다시 한번 검토 및 논증하겠다.

II. 법적 인격의 의의와 기능

1. 법적 인격의 의의

1) 개념

법학에서는 일반적으로 법적 인격을 법체계 안에서 일정한 주체가 될 수 있는 자격으로 이해한다.[5] 이때 법체계 안에서 일정한 주체가 된다는 것은 무엇을 뜻할까? 법체계 안에서 형성되는 법적 관계는 흔히 권리와 의무로 구성된다. 이에 따라 법적 관계는 '권리/의무' 관계로 지칭되기도 한다. 그렇다면 법적 주체가 된다는 것은 권리/의무의 주체가 된다는 점을 뜻한다. 이는 법적 주체란 권리와 의무를 지닐 수 있는 자격을 뜻한다는 점을 보여준다.[6]

4　양천수, 「현대 지능정보사회와 인격성의 확장」, 『동북아법연구』 12, 1, 전북대학교 동북아법연구소, 2018, 1~26면 참조.

5　인격은 크게 법적 인격과 비법적 인격으로 구별할 수 있다. 후자의 예로 윤리적 인격을 언급할 수 있다. 이 글은 다양한 인격 개념 가운데 법적 인격에 초점을 맞춘다. 법적 인격의 의미 · 기능 · 변화 과정에 관해서는 한국인공지능법학회, 『인공지능과 법』, 박영사, 2019, 37면 아래 참조.

6　이를 지적하는 Hans Kelsen, *Reine Rechtslehre*, Studienausgabe der 1. Auflage 1934, Herausgegeben von Matthias Jestaedt, Tübingen, 2008, pp. 63~64.

2) 인간이 아닌 인격

주의해야 할 점은 법, 특히 18~19세기에 형성된 근대법은 인간 (human; Mensch)이 아닌 인격(person; Person)을 법적 주체로 설정한다는 점이다.[7] 이는 모든 실정법의 근간이 되는 법이자 근대법의 법적 사고에 기초를 제공하는 민법(civil law)에서 확인할 수 있다. 민법은 전체 민사법 관계를 규율하는 '총칙(Allgemeiner Teil)'에서 법적 관계의 핵심 요소가 되는 '권리주체'와 '객체' 그리고 '법률행위'를 규율한다. 이는 근대법의 기본 모델이 되는 '주체/객체/행위 모델'을 수용한 것이다.[8] 이때 민법은 인간이 아닌 인격을 권리주체로 설정한다.[9] 예를 들어 일본을 통해 독일 민법의 판덱텐 체계를 수용한 우리 민법은 '인(人)'을 권리주체로 규정한다. 이때 말하는 '인'은 독일 민법이 규정하는 'Person'을 한자어로 번역한 것이다.[10] 이 점이 보여주는 것처럼 우리 민법과 일본 민법 및 독일 민법은 생물학적 인간을 뜻하는 'Mensch' 대신에 '인' 또는 '인격'을 뜻하는 'Person'을 권리주체로 설정한다.[11] 이는 인간이 아닌 인격이 법적 주체임을 명확히 예증한다.

현대 인권법(human rights law)이 잘 보여주듯이, 오늘날에는 인간 그

---

7   Hans Kelsen, *Reine Rechtslehre*, pp. 64~66.

8   '주체/객체/행위 모델'에 관해서는 양천수, 「현대사회의 구조변혁과 법규범의 대응 방향」, 『인간연구』 46, 가톨릭대학교 인간학연구소, 2022, 37~75면 참조.

9   이는 서구 근대 민법의 근간이 된 로마법으로 거슬러 간다. 예를 들어 로마법학자 가이우스(Gaius)의 유명한 교과서 『법학제요(Institutiones)』는 전체 로마법을 '인법/물법/소권'으로 체계화하는데 이때 인은 인격(personae)을 뜻한다. Hans Schlosser, *Grundzüge der Neueren Privatrechtsgeschichte: Rechtsentwicklungen im europäischen Kontext*, 10. Aufl., Heidelberg, 2005, p. 30.

10   일본 민법 역시 'Person'을 '인'으로 번역한다. 일본의 사회과학 영역에서도 'Person'을 '인'으로 번역한다. 이를 보여주는 佐藤俊樹, 『意味とシステム：ルーマンをめぐる理論社会学的探究』, 勁草書房, 2008, 77면 아래 참조.

11   이에 관해서는 Karl Larenz, *Allgemeiner Teil des deutschen Bürgerlichen Rechts*, München, 1960 참조.

자체의 존엄성이 강조된다는 점을 고려할 때 이는 흥미로운 부분이
다. 이는 아마도 근대 민법의 입법자들이 현실적으로 존재하는 불완
전한 인간 그 자체보다는 이론적, 특히 철학적으로 이상화된 인격을
법적 주체로 내세움으로써 현실적 인간 가운데 일부만을 법적 주체
로 포섭하고자 한 전략이 아니었을까 추측할 수 있다.

물론 현행 법체계는 자연적 인간을 법적 인격의 출발점으로 설정
한다. 원칙적으로 인간만이 법적 인격을 취득할 수 있다. 따라서 인
간이 아닌 존재, 가령 동물은 여전히 법적 인격을 획득하지 못한다.
실정법의 최고법에 해당하는 헌법도 국민과 더불어 인간을 기본권
주체로 설정한다. 이에 따라 헌법은 기본권을 크게 '인간의 권리'와
'국민의 권리'로 구별한다. 주목할 만한 점은 헌법이 인간의 존엄에
관한 권리(제10조)를 가장 중요한 기본권, 즉 기본권의 기본권으로 설
정한다는 것이다. 그 외에 국제법의 형식으로 발전하는 인권법은 인
간의 권리에 관한 법으로서 인간을 전면에 내세운다. 그렇지만 이렇
게 인격이 아닌 인간이 직접 법적 주체로 설정되는 경우는 법체계 전
체에서 볼 때 오히려 예외에 속한다. 법체계에서 중심이 되는 지위는
인격 개념이 차지한다.

3) 자율적 존재로서 인격

앞에서 언급한 것처럼 근대법이 현실적 인간이 아닌 추상화된 인
격을 법적 주체로 설정했다는 것은 법적 주체를 이상화하여 설계했
음을 보여준다. 이때 이상화의 기준점은 칸트 철학으로 거슬러 가는
인격 개념, 즉 실천이성을 지닌 자율적 인격이라는 개념이다. 이는
근대 민법학의 이론적 바탕을 마련한 19세기 독일의 로마법학자 사

비니(Friedrich Carl von Savigny)에서 발견할 수 있다.[12] 역사법학을 창시
하여 법의 역사성을 강조하면서도, 다른 한편으로는 칸트주의자로서
칸트의 철학을 수용해 민법학의 전체 체계를 설계한 사비니는 법적
행위 및 관계의 주체가 되는 인격 역시 칸트 철학의 시각에서 설계한
다.[13] 이에 따라 법적 인격은 실천이성을 지닌 존재로서 스스로 적법
한 행위를 할 수 있는 자율적인 존재로 설정된다.

자율적 존재라는 이상화된 주체를 전제로 하는 법적 인격은 민법
에서 다음과 같이 구체화된다. 첫째, 민법은 권리능력과 행위능력을
구별한다. 권리능력은 살아 있는 인간이기만 하면 법적 인격이 인정
되어 평등하게 부여되는 자격을 뜻한다(민법 제3조).[14] 이와 달리 행위
능력은 법적 거래에 실제로 참여할 수 있는 자격을 말한다. 민법은
원칙적으로 성년에게만 행위능력을 인정한다(민법 제4조 및 제5조). 이
는 미성년자는 아직 실천이성이 완성되지 않아 자율적인 법적 판단
을 할 수 없음을 전제로 한다.

둘째, 민법학에서 정립된 법률행위체계에서도 자율성을 조건으로
한 법적 인격의 모습을 발견할 수 있다.[15] 법률행위체계는 의사주의

---

12 이에 관해서는 임미원, 「〈인격성〉의 개념사적 고찰」, 『법철학연구』 8, 2, 한국법철학회, 2005,
    171면 아래 참조.
13 사비니의 법학에 관해서는 Hans Schlosser, *Grundzüge der Neueren Privatrechtsgeschichte:
    Rechtsentwicklungen im europäischen Kontext*, pp. 147~151; 양천수, 「개념법학: 형성, 철학적·정치적
    기초, 영향」, 『법철학연구』 10, 1, 한국법철학회, 2007, 233~258면; 남기윤, 「사비니의 법사고와
    법이론: 한국 사법학의 신과제 설정을 위한 법학 방법론 연구(8-1)」, 『저스티스』 119, 한국법학
    원, 2010, 5~51면 등 참조.
14 민법 제3조는 "권리능력의 존속기간"이라는 표제 아래 "사람은 생존한 동안 권리와 의무의 주체
    가 된다"고 규정한다.
15 법률행위체계에 관해서는 곽윤직(편집대표), 『민법주해[II]: 총칙(2)』, 박영사, 1992, 법률행위 전
    론(송덕수 집필) 참조.

(Willenstheorie)라는 원리에 기반을 둔다. 자율성을 강조하는 칸트의 철학과 밀접한 관련을 맺는 의사주의는 민법의 법적 행위나 관계를 규율하는 원리가 된다. 가령 의사주의에 바탕을 두는 법률행위체계는 다음과 같은 수직적 체계로 구성된다. '의사주의 → 자율성 → 법률행위 → 계약 → 계약에 따른 권리와 의무 → 계약에 따른 책임'이라는 체계가 그것이다. 이는 법적 인격이 가진 것으로 전제되는 자율적인 의사가 계약을 거쳐 책임까지 이어진다는 점을 보여준다.

셋째, 민법은 책임원리로서 '과책주의(Verschuldensprinzip)'를 수용한다(민법 제390조 및 제750조). 과책주의에 따르면 행위자가 고의나 과실로 채무를 이행하지 않거나 불법행위를 저지른 경우에만 책임을 진다. 이때 고의나 과실은 행위자가 자율적인 존재로서 적법한 행위, 즉 채무불이행이나 불법행위를 저지르지 않을 수 있다는 것을 전제로 한다. 행위자는 자율적인 존재로서 우리 법체계가 설정한 의무를 준수할 수 있는데, 그렇게 하지 않아 고의나 과실이 인정되는 것이다. 바로 이 점에서도 우리 민법이 인격을 자율적인 이성적 존재로 파악하고 있음을 알 수 있다.

2. 법적 인격의 기능

특정한 존재가 법적 인격체로 인정되면 이에 법이 규정하는 권리와 의무가 귀속된다. 그에 따라 법적 인격체는 권리와 의무의 주체로 설정된다. 여기서 권리는 보호 기능, 의무는 책임 귀속 기능과 관련을 맺는다. 이는 법적 인격이 다음과 같은 기능을 한다는 점을 뜻한다.

1) 주체 보호 기능

법적 인격은 주체에게 권리를 부여함으로써 주체를 보호하는 기능을 한다. 이는 동물권 논의에서도 확인할 수 있다.[16] 인간처럼 동물에게도 권리를 인정하는 이들은 동물권을 통해 동물을 인간처럼 보호하고자 하기 때문이다. 따라서 특정한 존재가 법적 인격체로 인정된다는 것은 법이 정하는 권리의 주체가 된다는 것을 뜻하고, 이는 그 존재가 법적 권리에 힘입어 보호될 수 있다는 점을 뜻한다.

2) 책임 귀속 기능

특정한 존재가 법적 인격체로 인정된다는 것은 권리와 더불어 의무의 주체가 된다는 점을 뜻한다. 이때 말하는 의무는 법적 의무를 지칭한다. 법적 의무는 특정한 경우, 특히 법적 분쟁이 발생한 경우에는 법적 책임으로 전환된다. 이를테면 법적 인격체로 인정되는 주체가 민법이 정한 채무를 이행하지 않거나 불법행위를 저질렀을 때는 이에 관해 채무불이행 책임이나 불법행위 책임을 져야 한다. 그에 따라 채무불이행이나 불법행위로 피해를 본 상대방은 해당 법적 인격체에게 손해배상 청구를 할 수 있다. 이렇게 보면 특정한 존재가 법적 인격체로서 의무의 주체가 된다는 것은 책임을 부담하는 주체가 된다는 것을 뜻한다. 이는 법적 인격이 책임 귀속 기능을 한다는 점을 보여준다.

---

16 이에 관해서는 김중길, 「전 인권적 관점에서 본 동물권」, 『인권이론과 실천』 19, 영남대학교 인권교육연구센터, 2016, 71~93면 참조.

3) 상대방 보호 기능

법적 인격이 책임 귀속 기능을 수행한다는 것은 법적 인격체인 주체와 법적 관계를 맺는 상대방을 보호한다는 의미도 지닌다. 특정한 존재를 법적 인격체로 인정함으로써 이 존재와 법적 관계를 맺는 상대방이 법으로 보호될 수 있기 때문이다. 이는 회사와 같은 법인(juristische Person)에서 확인할 수 있다. 주식회사와 같은 특정한 조직체에 법적 인격을 부여하면, 이는 법인이라는 법적 주체가 된다.[17] 그렇게 되면, 이러한 법인과 법적 거래를 하거나 법인으로부터 불법행위 침해를 받은 상대방은 법에 의해 더욱 효과적으로 보호될 수 있다.

4) 법적 관계의 명확화 · 안정화 기능

법적 인격은 법적 관계를 명확히 하는 기능도 수행한다. 특정한 주체나 조직에 법적 인격을 부여함으로써 이러한 주체나 조직체가 행사할 수 있는 권리의 범위나 부담해야 하는 의무의 범위를 명확하게 확정할 수 있기 때문이다. 이를 통해 법적 관계를 명확히 할 수 있다. 이렇게 법적 관계가 명확해지면 법체계 전체의 안정성도 제고된다. 법체계가 안정화되면 법체계 자체의 복잡성도 적절한 수준에서 유지될 뿐만 아니라 법체계의 외부에 속하는 환경의 복잡성도 적절한 수준에서 줄어든다. 그렇게 되면, 다시 법적 인격체인 주체를 보호하는 기능이나 그 상대방을 보호하는 기능 역시 촉진된다. 이는 다시 법적 관계를 명확하게 하는 데 기여하고, 이를 통해 법체계 전체의 안정성

---

17 법체계는 법적 인격을 크게 자연인(natürliche Person)과 법인(juristische Person)으로 구별한다.

이 강화되는 선순환이 형성된다.

III. 인공지능에 관한 법적 인격 논의의 기초

1. 법적 인격 논의의 가능성과 필요성 구별

인공지능이 법적 인격을 획득할 수 있는가를 다룰 때는 법적 인격의 가능성 차원과 필요성 차원을 구별해 논의하는 게 적절하다. 양자는 일치할 때도 있지만 그렇지 않을 때도 많기 때문이다. 예를 들어 법적 인격을 인정할 필요가 있어 보여도 이를 인정할 가능성이 약해 보이는 때가 있다. 동물이나 특정 물건에 권리주체성을 인정할 수 있는지의 문제가 이에 해당한다. 반대로 법적 인격을 인정할 가능성은 있지만, 이를 굳이 인정할 필요가 약할 때도 있다. 필자는 인공지능의 법적 인격 논의가 이에 해당한다고 주장한다.

도덕적 · 윤리적 논의와는 달리 법적 논의에서는 목적론적 관점이나 기능적 관점이 좀 더 중요한 의미가 있다. 법은 그 자체를 위해 존재하기보다는 사회에서 특정한 목적이나 기능을 수행하기 위해 존재하는 수단적 존재이기 때문이다. 그 점에서 19세기에 활약했던 독일의 로마법학자 예링(Rudolf von Jhering)은 법의 목적을 중시하는 목적법학을 제창하기도 하였다.[18] 이 같은 배경에서 볼 때 인공지능의 법적 인격 논의를 전개할 때는 가능성의 차원과 더불어 필요성의 차원, 즉 인공지능에게 법적 인격을 인정할 필요가 있는지를 중요하게

---

18 Rudolf von Jhering, *Der Zweck im Recht*, Bd. I–II, 2. Aufl., Leipzig, 1884~1886 참조.

고려해야 한다.

2. 법적 인격 개념의 상대성과 가변성

법적 인격 개념은 고정된 것이 아니라 공시적 측면에서는 상대적이고 통시적 측면에서는 가변적이라는 점에 주목할 필요가 있다. 이는 독일의 법철학자 마이호퍼(Werner Maihofer)가 제시한 관계존재론이나 사회학자 루만(Niklas Luhmann)이 정립한 체계이론에서 찾아볼 수 있다.[19] 이들 이론에 따르면 법적 인격은 단일한 모습을 가진 고정된 실체가 아니다. 오히려 법적 인격은 이에 관해 사회가 어떤 소통을 전개하는가에 따라 그 모습이 달라지는 다원적인 것이다. 이는 크게 두 가지로 정리할 수 있다. 첫째, 법적 인격은 절대적인 것이 아니라 사회적 관계, 맥락, 체계, 문화 등에 영향을 받는 상대적인 것이다. 둘째, 법적 인격은 시간적 차원에서 볼 때 그 외연이나 내포가 지속적으로 변하는 가변적인 것이다.

3. 법적 인격의 확장

시간적 차원에서 볼 때 법적 인격이 고정된 것이 아니라 가변적인 것이라면, 그 가변성의 방향은 무엇인지 의문을 제기할 수 있다. 이에 한마디로 답하면, 법적 인격은 그 외연이 지속적으로 확장되고 있다는 것이다. 이는 크게 네 가지 측면에서 말할 수 있다.

---

19 양천수, 『인공지능법학』, 박영사, 2025, 234~237면 참조.

1) 자연적 인격 개념의 확장

자연적 인간에 바탕을 둔 법적 인격 개념, 즉 '자연적 인격' 개념의 외연이 지속적으로 확장되었다. 인격 개념을 수용한 고대 로마의 법체계는 노예나 미성년자, 여성은 인격체로 인정하지 않거나 제한했다.[20] 성인 남자인 로마 시민만이 온전한 법적 인격을 취득할 수 있었고 이는 근대법이 등장하기 직전까지 지속되었다. 하지만 1804년에 나폴레옹에 의해 제정된 최초의 근대 민법전인 프랑스 민법전은 인격(Les personnes) 개념을 수용하여 이를 법적 주체로 설정함으로써 신분제를 철폐하고 노예를 더 이상 인정하지 않게 되었다. 이를 통해 자연적 인격의 외연이 확장되었다. 그렇지만 근대법에서도 미성년자나 여성은 여전히 불완전한 법적 인격체로 머물러 있었다. 특히 여성의 경우에는 20세기 초반까지 비록 성인 여성이라 할지라도 온전한 법적 인격체로 승인되지 않았다. 예를 들어 일제강점기에 시행되었던 구 일본 민법은 부부 가운데 아내가 재산적 처분행위와 소송행위를 할 때는 행위무능력자로 취급해 남편의 동의를 받아야 했다.[21] 가족법 관계에서도 여성은 남성보다 열악한 지위에 있는 법적 인격체로 취급했다. 여성이 남성과 동등한 법적 인격체로 승인된 것은 비교적 최근의 일이다.[22]

그뿐만 아니라 법적 인격이라는 지위는 자연적 인간이 사망한 이

---

20 고대 로마법에서 노예는 기본적으로 권리의 대상이었지만 노예 자신의 권리가 부분적으로 인정되기도 하였다. 이에 관해서는 오코 베렌츠, 『로마법』(정병호 역), 에피스테메, 2025 참조.

21 이에 관해서는 양창수, 「우리나라 최초의 헌법재판논의: 처의 행위능력 제한에 관한 1947년 대법원판결에 대하여」, 『서울대학교 법학』 111, 서울대학교 법학연구소, 1999, 125~151면 참조.

22 이러한 변화에 관해서는 윤진수, 「헌법이 가족법의 변화에 미친 영향」, 『서울대학교 법학』 130, 서울대학교 법학연구소, 2004, 233~270면 참조.

후에도 존속한다. 예를 들어 법적 인격체가 살아생전에 한 유언은 자연적 인간이 사망해야 비로소 효력이 생긴다(민법 제1073조 제1항).[23] 생물학적 몸이 소멸한 때에도 법적 인격체의 의사가 여전히 살아 있는 것이다. 또한 현행 형법은 죽은 사람(死者)에 대한 명예훼손죄를 독자적인 범죄로 규정한다(형법 제308조). 명예훼손죄는 법적 인격체가 지닌 인격권 또는 명예권을 침해하는 범죄를 뜻하기에 죽은 사람에 대한 명예훼손죄를 인정한다는 것은 자연적 인간이 사망한 이후에도 법적 인격이 여전히 존재한다는 점을 시사한다.[24] 이를 독일 공법학은 자연적 인간이 사망한 이후에도 여전히 기본권이 효력을 미친다는 의미에서 기본권의 '사후효(Nachwirkung)'라고 부른다.[25] 자연적 인간이 사망으로 소멸하였는데도 기본권이라는 법적 권리가 효력이 있다는 것은 기본권의 귀속 주체인 법적 인격이 여전히 존속한다는 점을 시사한다.

이처럼 자연적 인격 개념은 처음에는 자연적 인간보다 좁게 설정되었다. 하지만 인류 사회가 발전하면서 자연적 인격의 외연은 점점 확장되어 이제는 자연적 인간보다 외연이 더 넓은 개념이 되었다.

2) 인격직 조직체로서 법인 인정

현행 민법은 권리주체가 되는 법적 인격에 '자연인(natürliche Person)' 이외에 '법인(juristische Person)'을 추가한다. 법인은 법체계가 필요하여

---

23 "유언은 유언자가 사망한 때로부터 그 효력이 생긴다."
24 물론 사자에 대한 명예훼손죄가 사자, 즉 죽은 사람의 명예를 보호하는 것인지 아니면 그 가족의 명예를 보호하는 것인지에 관해서는 논란이 있다.
25 이에 관해서는 Detlef Merten/Hans-Jürgen Papier (Hrsg.), *Handbuch der Grundrechte in Deutschland und Europa*, Bd. IV, Heidelberg, 2011, p. 139 아래 참조.

인공적으로 만들어낸 인격이다. 민법에 따르면 법인은 권리능력의 주체가 될 뿐만 아니라 불법행위 책임의 부담 주체가 된다(민법 제35조). 이렇게 보면 법인은 민법의 체계 안에서는 온전한 법적 인격으로 인정된다. 다만 형법학에서는 법인을 형법상 의미 있는 법적 인격체로 볼 수 있는지에 관해 논쟁이 전개된다.[26] 자연적 인격체와는 달리 법인은 스스로 행위를 할 수 없을 뿐만 아니라 독자적인 책임 의식을 지닌다고 보기도 어렵기 때문이다.

이처럼 법인이 법체계가 인정하는 법적 인격체로 포섭되어 제도화되면서 법적 인격은 생물학적 인간보다 더욱 확장된다. 법적 인격 개념이 '탈인간화'되기 시작하는 것이다. 다만 이때 주의해야 할 점은 인공적 가공물이라 할 수 있는 법인이 법적 인격을 취득했다고 해서, 이것이 곧 현행 법체계가 인간중심적 사고와 결별하여 탈인간중심적 사고로 완전하게 나아갔음을 의미하지 않는다는 것이다. 법인은 여전히 자연적 인간을 통지자(송신자) 또는 이해자(수신자)로 하는 소통에 기반을 두기 때문이다. 따라서 자연적 인간이 모두 사라지면 소통이 사라지기에 법인 역시 존재할 수 없다. 그 점에서 법인은 여전히 일정 부분 인간중심적 사고에 머물러 있다.

3) 인간 자체의 확장

외연의 확장 현상은 법적 인격에서만 발견되는 것은 아니다. 과학 기술이 급속하게 발전하면서 자연적 인간 개념 역시 예전보다 확장

---

26   김성돈, 「법인의 형사책임과 양벌규정의 해석과 적용」, 「저스티스」 168, 한국법학원, 2018, 278~330면 참조.

되었기 때문이다. 예를 들어 생명공학이 발달하면서 인간의 범위는 출생을 전제로 하는 기존의 인간 개념을 넘어 태아까지 확대되었고, 인간배아에 관한 연구가 진척되면서 배아 역시 인간 개념에 포섭될 수 있는지가 격렬하게 논의되었다.[27] 이는 법적 인격뿐만 아니라 그에 바탕이 되는 자연적 인간 개념 역시 확장되었음을 보여준다.

4) 동물권 논의

동물권을 인정해야 한다는, 달리 말해 동물을 독자적인 권리주체로 인정해야 한다는 논의에서도 법적 인격의 확장 경향을 읽을 수 있다. 현행 법체계에 따르면 동물에게 권리주체성을 인정한다는 것은 이에 법적 인격을 부여한다는 것으로 새길 수 있기 때문이다. 물론 법적 인격은 자연적 인간에서 출발한 것이기에 법적 인격과 권리주체성을 별개로 파악한다면, 동물에게 법적 인격을 부여하지 않아도 권리주체성을 인정할 가능성이 없지는 않다. 그렇지만 현행 법체계는 법적 인격과 권리주체성을 연결하여 사고하기에 동물에게도 권리를 인정해야 한다는 주장은 동물을 독자적인 법적 인격체로 보아야 한다는 주장으로 읽어도 큰 무리는 없을 것이다. 만약 이렇게 동물권 옹호론자들이 주장하는 것처럼 동물에게도 법적 인격과 권리주체성을 인정할 수 있다면, 법적 인격은 더 이상 인간중심적 개념일 수는 없을 것이다. 법적 인격은 자연적 인간과 결별하면서 탈인간중심적 개념으로 재구성될 수 있게 된다. 다만 우리나라에 한정해 보면 현

---

27 이에 관해서는 위르겐 하버마스, 『인간이라는 자연의 미래: 자유주의적 우생학 비판』, 장은주 옮김, 나남출판, 2003 참조.

행 법체계 및 판례는 동물을 법적 인격체로 승인하지는 않는다. 동물은 권리주체성도, 소송의 당사자능력도 가질 수 없다는 것이다.[28] 그 점에서 법적 인격은 여전히 인간중심적 사고에서 완전히 벗어나지는 않았다.

IV. 인공지능의 법적 인격 인정 가능성

1. 논의 필요성

지금까지 살펴본 것처럼 법적 인격은 애초에 자연적 인간에서 출발했다. 하지만 인류 사회가 발전하면서 그 외연이 확장되어 이제는 법적 인격과 자연적 인간의 연결고리가 희석되었다. 그리고 오늘날 법적 인격은 새로운 문제와 마주한다. 바로 인공지능에게도 법적 인격을 인정할 수 있는지의 문제가 그것이다. 이 문제는 인공지능 기술이 놀랍도록 발전하면서 '인공지능 에이전트'가 출현한 상황과 무관하지 않다. 만약 인공지능 에이전트가 고의 또는 과실로 사람에게 해악을 가하는 경우, 이에 독자적인 법적 책임을 물을 수 있는지가 논란이 되기 때문이다. 그런데 동물권 논의에서 확인할 수 있듯이 인공지능에게 법적 책임을 묻기 위해서는 이에 책임능력을 인정할 수 있어야 한다. 책임능력을 인정할 수 있으려면 인공지능을 법적 인격체로 승인할 수 있어야 한다. 바로 이 점에서 인공지능을 법적 인격체로 볼 수 있는지 문제가 된다.

---

28 이 문제에 관해서는 김영란, 『판결을 다시 생각한다』, 창비, 2015 참조.

2. 인격의 인정 기준에 관한 논의

1) 도덕적 인격과 법적 인격

어떤 경우에 그리고 무엇을 기준으로 법적 인격을 인정할 수 있는지 논의하기에 앞서 구별해야 할 개념이 있다. '법적 인격'과 '비법적 인격'이 그것이다. 인격 개념은 법 영역에서만 사용되는 것은 아니다. 그 외에도 다양한 영역에서 인격 개념이 사용된다. 따라서 인격 개념을 논의할 때는 어떤 성격의 인격을 다루는지 명확히 할 필요가 있다. '법적/비법적 인격'이라는 구별은 이에 유용한 기준이 된다. 이때 비법적 인격은 도덕적 인격으로 지칭해도 무방할 것이다. 인격에 관한 논의가 활발하게 이루어지는 영역으로 법 이외에 도덕 영역을 들 수 있기 때문이다. 도덕 영역에서 인격 개념은 주로 도덕 또는 윤리적 의무의 귀속 주체라는 맥락에서 사용된다. 이렇게 보면 도덕적 인격과 법적 인격은 모두 규범과 관련을 맺는다는 점에서 공통점이 있다. 그렇지만 '자율성/타율성'이라는 측면에서 도덕과 법이 구별되는 것처럼 도덕적 인격과 법적 인격 사이에는 차이도 있다. 가장 큰 차이 가운데 하나는 법적 인격은 타율성과 결합한 법적 권리와 의무의 귀속 여부가 문제 되는 개념이라는 것이다.

2) 인격의 기준에 관한 기존 논의

법적 인격을 포함하는 넓은 의미의 인격 개념에 관한 기준을 어떻게 설정해야 하는지에 관해서는 그동안 도덕철학에서 주로 동물권과 관련하여 논의가 이루어졌다. 여기에서는 다음과 같은 기준이 인격

개념의 기준으로 제시되었다. [29]

첫째, 외양 기준이다. 자연적 인간과 같은 외양을 가진 경우 인격을 부여할 수 있다. 이에 따르면 인간의 외양을 갖춘 안드로이드는 인격체로 인정될 가능성이 높다. 영화 〈엑스 마키나(Ex Machina)〉에 나오는 여성 안드로이드를 이러한 예로 볼 수 있다. 이와 달리 동물은 인격체로 승인될 수 없다. 그러나 외양 기준은 현행 법체계에서 인정하는 법인의 법적 인격을 설명하기 어렵다. 외양 기준에서 보면 ChatGPT와 같이 인간의 외양을 갖추지 않은 인공지능 에이전트에도 인격성을 인정할 수 없다.

둘째, 지적 능력 기준이다. 이에 따르면 특정한 존재가 지적 능력을 보유하면 인격체로 승인될 수 있다. 이는 애초에 인간이 인격을 부여받는 이유는 인간만이 합리적으로 판단할 수 있는 지적 능력을 갖추고 있다는 점에 주목한다. 따라서 인간처럼 합리적으로 판단할 수 있는 존재가 있다면, 이러한 존재에게도 인격을 인정할 수 있다는 것이다. 다만 이 기준에 관해서는 여기서 말하는 지적 능력이 어느 정도의 지적 능력을 뜻하는지 문제가 될 수 있다. 그동안 축적된 연구 성과에 따르면, 동물 역시 일정 정도의 지적 능력뿐만 아니라 의식을 갖추고 있다고 인정되기 때문이다. 또한 인간의 경우에도 지적 능력이 균일하지 않을뿐더러 그렇다 하더라도, 가령 지적장애인에게도 인격이 인정된다는 점에서 이 기준은 한계가 있다.

셋째, 쾌고감수능력 기준이다. 이에 따르면 특정한 존재가 쾌락과

---

29 이에 관해서는 목광수, 「인공지능 시대에 적합한 인격 개념: 인정에 근거한 모델을 중심으로」, 『철학논총』 90, 새한철학회, 2017, 187~212면 참조.

고통을 느낄 수 있는 능력을 지니는지가 인격 부여의 기준이 된다. 이 기준은 특히 동물에게 인격을 부여하고자 할 때 유용하게 사용될 수 있다. 왜냐하면 인간처럼 동물 역시 쾌고감수능력이 있기 때문이다. 그렇지만 이 기준은 인공지능처럼 기계적 존재에게는 적용할 수 없다는 한계가 있다.

넷째, 자율적 능력 기준이다. 특정한 존재가 자율적인 판단 능력이 있으면 인격체로 승인될 수 있다. 사실 이 기준이야말로 인격의 인정 여부를 판단할 때 가장 핵심 기준이 된다. 칸트의 도덕철학에서 확인할 수 있듯이 인간이 존엄한 이유, 인간이 인격체가 될 수 있는 이유는 바로 실천이성에 바탕을 둔 자율성을 인간이 지닌다고 보기 때문이다.

다섯째, 미래감 기준이다. 특정한 존재가 미래감을 가지면, 바꿔 말해 삶의 주체성을 느낄 수 있으면 인격으로 인정될 수 있다. 그러나 이 기준은 그 자체가 막연해서 인격 인정 여부를 판단할 때 적용될 수 있는 객관적 기준이 되기는 어렵다.

여섯째, 이해 관심 기준이다. 일정한 존재가 특정한 이해 관심을 가지면, 바꿔 말해 이익과 손실에 관한 관심을 가지면 인격체로 인정될 수 있다. 철학저 공리주의에 바탕을 둔 기준이라 할 수 있다. 이에 따르면 특정한 존재에게 생존 욕구 및 자기보존 욕구가 있다면 인격체로 볼 수 있다. 다만 이 기준을 사용하면 인간뿐만 아니라 모든 생명체에도 인격을 부여해야 한다.

3. 새로운 법적 인격 기준 설정의 가능성

1) 법적 인격 개념에 관한 두 가지 패러다임

인격 개념에 관해 지금까지 논의된 기준을 보면 모두 자연적 인간이 지닌 특성에 기반을 둔다는 점을 확인할 수 있다. 그 점에서 지금까지 제시된 인격 개념에 관한 기준은 여전히 인간중심적 사고에서 완전히 벗어나지 못하고 있다. 따라서 이러한 기준만으로는 새롭게 출현하는 인공지능의 인격 인정 문제에 적절하게 대응하기 어렵다.[30]

앞에서 언급한 기준 가운데 법적 인격에 관해 유의미한 기준으로 인간 외양, 지적 능력, 자율적 능력을 언급할 수 있다. 법체계는 기본적으로 지적 능력과 자율적 능력을 갖춘 인간 존재에게 법적 인격을 부여했기 때문이다.[31] 그 외에 추가적으로 언급할 만한 기준으로 소통 능력을 들 수 있다. 그렇지만 인공지능 에이전트 시대에도 자연적 인간에 바탕을 둔 이러한 기준을 여전히 고수해야 하는지 의문이 제기될 수 있다.

앞에서 언급하였듯이 인격 개념, 특히 법적 인격 개념은 자연적 인간과 달리 고정된 실체가 아니라 시간과 공간, 역사와 사회 및 문화에 의존하는 관계적 개념이다. 법적 인격 개념은 각 시대에 적합하게 그리고 우리의 필요에 따라 새롭게 구성 및 설정되는 구성적 · 관계

---

30 물론 이 같은 기준을 고수하면서 인공지능 에이전트에는 인격을 인정하기 어렵다고 주장하는 것도 가능하다.

31 다만 실제로 지적 능력과 자율적 능력이 있는지가 기준이 되지는 않는다. 지적장애인이나 미성년자도 법적 인격체로 인정되기 때문이다.

적 개념이라는 것이다. 사실이 그렇다면 인공지능 혁신이 진행되는 오늘날 우리가 인공지능을 법적 인격체로 자리매김할 필요가 있다고 판단하면, 법적 인격 개념 역시 이에 적합하게 새롭게 구성할 수 있을 것이다.

그렇지만 인공지능을 법적 인격체로 인정할 필요가 있다고 해서 곧바로 법적 인격이 부여되는 것은 아니다. 일단 인공지능을 법적 인격체로 승인할 수 있도록 법적 인격 개념을 새롭게 구성할 수 있을지 검토해야 한다. 만약 이게 가능하지 않다면, 아무리 인공지능을 법적 인격체로 인정할 필요가 있다고 해도 그렇게 할 수는 없다.

필자는 기존 연구에서 법적 인격 개념에 관해 세 가지 패러다임을 제안한 바 있다. 인간중심적 모델, 불완전한 탈인간중심적 모델, 완전한 탈인간중심적 모델이 그것이다.[32] 아래에서는 이를 두 가지 모델, 즉 인간중심적 모델과 탈인간중심적 모델로 정리해 논의하겠다.

2) 인간중심적 모델

인간중심적 모델은 자연적 인간 개념에 바탕을 두어 법적 인격 개념을 설정한다. 이때 인간 개념과 인격 개념이 원칙적으로 구별되면서도 시로 연결된다는 점에 주목할 필요가 있다. 그동안 우리에게 친숙한 법적 인격 개념은 인간중심적 모델에 기반을 둔 것이었다. 인간중심적 모델에 따라 법적 인격 개념을 판단할 때는 다음과 같은 요건이 중요한 역할을 한다.

---

32 이에 관해서는 양천수, 「현대 지능정보사회와 인격성의 확장」, 13~26면; 양천수·우세나, 「인공지능 로봇의 법적 인격성: 새로운 인권 개념 모색을 위한 전제적 시론」, 『인권이론과 실천』 25, 영남대학교 인권교육연구센터, 2019, 59~92면 참조.

먼저 인격을 부여받을 존재가 자연적 인간이어야 한다. 인간이 아닌 존재, 가령 동물이나 인공지능은 인간중심적 모델에 따르면 법적 인격을 부여받을 수 없다. 이를테면 도롱뇽은 법적 권리의 주체가 될 수 없다.

다음으로 실천이성을 지닌 인간으로서 자율적인 의사결정을 할 수 있어야 한다. 물론 현실적으로 반드시 자율적인 존재여야 하는 것은 아니다. 자율적인 존재가 될 잠재력을 갖추기만 해도 법적 인격을 부여받을 수 있다. 나아가 자율적인 행위를 할 수 있어야 한다. 이때도 실제로 자율적인 행위를 할 수 있는지가 중요한 것은 아니다. 자율적인 행위를 할 수 없는 때, 바꿔 말해 행위능력이 제한되는 때에도 원칙적으로 법적 인격체로 승인된다. 미성년자가 이에 해당한다.

3) 탈인간중심적 모델

이에 반해 탈인간중심적 모델은 법적 인격 개념을 자연적 인간에서 분리한다. 자연적 인간이 아니어도 법적 인격을 부여받을 수 있도록 하는 것이다. 탈인간중심적 모델에 따르면 자연적 인간뿐만 아니라 특정한 체계(system), 즉 회사와 같은 사회적 체계나 인공지능과 같은 기계적 체계도 특정한 요건을 충족하면 법적 인격을 부여받을 수 있다. 그 점에서 탈인간중심적 모델은 인간중심적 모델보다 포괄적으로 법적 인격 개념을 설정한다. 탈인간중심적 모델은 다음과 같은 경우에 법적 인격을 부여한다.

첫째, 특정한 존재가 사회에서 진행되는 소통에 참여할 수 있어야 한다. 이때 말하는 소통 참여는 특정한 소통에 연결된다는 것을 뜻한다. 소통에서 전달되는 정보를 해당 존재가 진정 이해할 수 있는지가 중요한 것은 아니다.

둘째, 이러한 존재는 자율적인 존재여야 한다. 다만 여기서 말하는 자율성은 인간 존재가 지닌 정도의 자율성을 뜻하지는 않는다. 주어진 다양한 선택지 가운데 어느 하나를 스스로 선택할 수 있거나 새로운 저작물을 스스로 생성할 수 있을 정도의 자율성을 지칭한다.[33]

셋째, 이러한 존재는 그 존재가 아닌 것과 구별될 수 있어야 한다. 달리 말해 존재의 경계가 명확하게 획정될 수 있어야 한다. 이는 다수의 컴퓨터 서버가 병렬적으로 연결된 인공지능 체계의 경우에 문제가 될 수 있다. 이때에는 회사와 같은 법인의 기준을 활용하면 될 것이다. 예를 들어 ChatGPT처럼 특정한 이름 아래 작동하는 경우 ChatGPT를 사용하는 작동과 그렇지 않은 작동을 경계의 기준으로 삼을 수 있다.

4. 인공지능에 대한 법적 인격 부여 가능성

1) 두 가지 모델에 따른 판단

인공지능에 법적 인격을 부여할 수 있을까? 인간중심적 모델은 법적 인격을 인정받기 위한 요건으로 특정한 존재가 자연적 인간일 것을 요구한다. 이에 따르면 인공지능은 법적 인격체가 될 수 없다. 그러나 탈인간중심적 모델을 선택하면 인공지능에도 법적 인격을 인정할 수 있다. 이 모델을 선택하면 다음과 같은 요건을 갖춘 경우 인공지능에도 법적 인격을 부여할 수 있다.

---

33 이에 관해서는 아래 IV. 4. 2) 참조.

첫째, 인공지능이 자신이 아닌 것과 구별될 수 있어야 한다. 다시 말해 인공지능 체계가 명확한 경계를 지녀야 한다. 둘째, 인공지능이 자율적으로 법적 판단을 할 수 있어야 한다. 셋째, 인공지능이 법체계와 같은 사회적 체계의 소통에 참여할 수 있어야 한다.

2) 인공지능의 자율성에 관한 문제

따라서 우리가 인공지능에도 법적 인격을 인정하고자 한다면, 탈인간중심적 모델을 수용하면 될 것이다. 이에 따라 특정한 인공지능이 이 모델에서 요구하는 세 가지 요건을 충족하는지 검토하면 된다.

이에 관해 짚어보아야 할 문제가 있다. 자율성과 관련된 문제가 그것이다. 탈인간중심적 모델에 의할 때도 인공지능이 법적 인격을 취득하려면 자율성을 지녀야 한다. 달리 말해 자율적으로 법적 판단을 할 수 있어야 한다. 그런데 이때 말하는 자율성이란 무엇인지, 과연 어느 정도의 자율성을 지녀야 인공지능이 법적 인격을 획득할 수 있는지 문제가 된다.

이를 판단하는 것은 쉽지 않다. 최근 들어서 인간 역시 자율적인 존재가 아니라는 뇌과학자의 주장 역시 제기되기 때문이다.[34] 따라서 이 문제를 해결하려면 법적 인격을 취득하는 데 필요한 자율성이란 무엇인지 근원적으로 성찰할 필요가 있다. 다만 현재 인공지능이 도달한 기술 수준을 고려하면 다음과 같은 시사점을 얻을 수 있다.

인공지능은 여러 기준으로 구별되는데 자율성과 같은 정신 능력을

---

34 이 문제에 관해서는 프란츠 M. 부케티츠, 『자유의지, 그 환상의 진화』, 원석영 옮김, 열음사, 2009; 레이 커즈와일, 『마침내 특이점이 시작된다』, 124면 아래 참조.

기준으로 보면 약한 인공지능, 강한 인공지능, 초인공지능으로 구별할 수 있다. [35] 우선 약한 인공지능은 아직 인간과 동등한 정신적 판단 능력을 갖추지 못한 인공지능을, 강한 인공지능은 인간과 동등한 정신적 판단 능력을 갖춘 인공지능을, 마지막으로 초인공지능은 인간의 정신적 판단 능력을 초월한 인공지능을 말한다. 이 가운데서 강한 인공지능과 초인공지능에는, 물론 이러한 인공지능이 과연 구현될 수 있는지에 의문이 제기되지만, 손쉽게 법적 인격을 부여할 수 있을 것이다.

문제는 약한 인공지능이다. 현재 우리가 갖춘 약한 인공지능은 아직 인간 존재와 동등한 수준의 자율성을 발휘하지는 못하기에 이에 법적 인격을 인정할 수 있을지 문제가 된다. 그러나 이 문제는 법적 인격을 인정하는 데 필요한 자율성의 수준을 어떻게 설정하는가에 따라 해결될 여지가 있다. 만약 자율성을 인간처럼 스스로 목표를 설정하면서 왜 이 목표를 설정해야 하는지를 반성적으로 판단할 수 있는 정도의 수준으로 설정한다면, 약한 인공지능에는 법적 인격을 부여하기 어려울 것이다. 하지만 그게 아니라 주어진 조건에 따라 다양한 선택지 가운데 어느 하나를 스스로 선택할 수 있는 능력이나(결정 인공지능의 경우) 기존에 존재하지 않던 저작물을 새롭게 생성할 수 있는 능력으로(생성형 인공지능의 경우) 자율성을 설정한다면, 현재의 약한 인공지능에도 법적 인격을 인정할 수 있다. 현재의 기술 수준에서 볼 때 결정 인공지능(AI in decision making)이나 생성형 인공지능(generative

---

35 　이에 관해서는 레이 커즈와일, 『특이점이 온다: 기술이 인간을 초월하는 순간』, 김명남 · 장시형 옮김, 김영사, 2007; 마쓰오 유타카, 『인공지능과 딥러닝: 인공지능이 불러올 산업구조의 변화와 혁신』, 박기원 옮김, 동아엠엔비, 2016 등 참조.

AI)은 모두 이러한 수준의 능력을 갖추었기 때문이다.

3) 현행 법체계의 법적 인격 기준

이와 관련하여 현행 법체계는 인격에 관해 어떤 기준을 요구하는지, 달리 말해 법적 인격 기준에 관해 어떤 모델을 수용하는지 살펴보자. 현행 법체계는 인간중심적 모델과 탈인간중심적 모델 가운데 어떤 모델을 수용하고 있을까?

이는 무엇보다도 민법에서 그 해답을 찾을 수 있다. 현행 민법은 법적 인격으로 두 가지를 규정한다. 자연인과 법인이 그것이다. 자연인이라는 법적 인격은, 개념 그 자체에서 명확하게 드러나듯이 자연적 인간에 바탕을 둔다. 이에 대해 법인은 법체계의 필요에 따라 인위적으로 만들어낸 법적 인격이다. 자연적 인간이 아닌 조직체, 체계이론의 시각에서 말하면 사회적 체계(social system)에 법적 인격을 인정하는 것이다. 이 점을 고려하면 현행 법체계는 불완전하지만 탈인간중심적 모델을 이미 수용하고 있다고 말할 수 있다. 현행 법체계는 이미 어느 정도 인간중심적 사회와 작별을 고하고 있었던 셈이다.[36]

이러한 견지에서 보면 현행 법체계가 인공지능을 법적 인격체로 승인하는 것도 그다지 어려운 일은 아니다. 민법이 법적 인격의 유형으로서 자연인과 법인 이외에 이른바 '전자인(electronic person)'을 추가하면서 전자인을 법인과 동등하게 취급한다고 규정하는 것만으로도 인공지능이 유발하는 법적 문제에 충분히 대응할 수 있다. 그만큼 현

---

36 정성훈, 「인간적 사회와의 작별: 니클라스 루만의 사회관을 통한 새로운 사회비판의 출발점 모색」, 『시대와 철학』 18, 2, 한국철학사상연구회, 2007, 81~116면 참조.

행 법체계는 우리가 생각하는 것보다 더욱 높은 수준으로 탈인간중심적 사회에 대응할 수 있는 역량을 이미 갖춘 것이다.

V. 인공지능의 법적 인격 인정 필요성

1. 문제점

이처럼 탈인간중심적 모델을 받아들이면 인공지능에도 법적 인격을 인정할 가능성이 있다. 그러나 여기서 우리는 좀 더 근본적인 문제에 부딪힌다. 과연 인공지능에 법적 인격을 부여할 필요가 있는가 하는 문제가 그것이다. 앞에서 언급한 것처럼 인공지능의 법적 인격 인정 문제를 논의할 때는 가능성의 차원과 더불어 필요성의 차원을 검토해야 하기 때문이다.

현행 법체계에서 특정한 주체에 법적 인격을 부여하는 것은 다음과 같은 이유 때문이다. 첫째, 특정한 존재에게 권리주체성을 인정함으로써 권리를 부여하고 이를 보호한다. 둘째, 이를 통해 권리주체에 관한 법적 관계를 명확하게 한다. 셋째, 법적 관계를 명확하게 함으로써 권리주체와 법적 관계를 맺는 상대방을 보호한다. 넷째, 특정한 주체를 원인으로 하여 법적 문제가 발생한 때에는 이러한 주체에게 책임을 귀속시킨다. 이는 다시 다음과 같이 요약할 수 있다. 주체 보호 기능, 책임 귀속 기능, 법체계의 명확화 및 안정화 기능이 그것이다.[37] 그중에서 법체계의 명확화 및 안정화 기능은 주체 보호 기능과

---

37 상대방 보호 기능은 책임 귀속 기능에 포함할 수 있다.

책임 귀속 기능이 제대로 수행될 때 충족된다.

2. 주체 보호 기능 수행 여부

인공지능에 법적 인격을 부여하면 이러한 기능을 수행할 수 있을까? 우선 인공지능에 법적 인격을 인정하면 권리주체가 되므로 인공지능을 법으로 보호하는 데 효과적이다. 예를 들어 우리의 일상생활에서 집안일을 도와주는 인공지능에게 법적 인격을 부여하면 인공지능을 학대하거나 정당한 사유 없이 파괴하는 일을 막을 수 있을 것이다.[38] 이러한 논의는 동물권 논의에서도 찾아볼 수 있다. 우리가 동물에게 권리주체성을 부여하고자 하는 주된 이유는 동물을 법으로 보호하기 위해서이기 때문이다. 이러한 점을 고려하면 인공지능에게 법적 인격을 부여함으로써 인공지능이라는 존재를 더욱 효과적으로 보호할 수 있다.

3. 책임 귀속 기능 수행 여부

인공지능에 법적 인격을 부여하면 책임 귀속 기능을 충실하게 수행할 수 있을까? 그러나 이는 회의적이다. 그 이유를 아래에서 다루겠다. 이를 위해 법체계에서 가장 대표적인 책임 귀속 유형에 해당하는 민사책임 귀속과 형사책임 귀속을 대상으로 하여 책임 귀속 기능

---

38 이 문제에 관해서는 정지훈, 「안드로이드 하녀를 발로 차는 건 잔인한가?」, 권복규 외, 「미래 과학이 답하는 8가지 윤리적 질문: 호모 사피엔스씨의 위험한 고민」, 메디치, 2015 참조.

을 살펴본다.

1) 민사책임의 경우

현행 민법에 따르면 특정한 법적 인격체에게 민사책임을 귀속시키는 이유는 이를 통해 손해배상 청구권을 확보하기 위해서이다. 예를 들어 특정한 법적 인격체가 민법상 불법행위를 저지르면 피해자는 이러한 법적 인격체에게 손해배상을 청구할 수 있다(민법 제750조). 이때 손해배상은 금전배상을 원칙으로 하기에 손해배상 청구권이 현실적으로 관철되려면 법적 인격체에게 이를 담보할 수 있는 책임재산이 있어야 한다(민법 제394조). 만약 이를 담보할 수 있는 충분한 책임재산이 법적 인격체에게 없으면 피해자에게 인정되는 손해배상 청구권은 유명무실한 권리에 지나지 않는다. 충분한 재산이 있어야 손해배상 청구도 의미가 있다.

그런데 인공지능은 인간과 달리 재산을 축적할 필요가 없을 것이다. 이로 인해 인공지능은 대개 손해배상 청구권을 담보할 수 있는 충분한 책임재산을 갖지 않게 된다. 사실이 그렇다면, 과연 인공지능에 법적 인격을 부여하여 민사책임을 귀속시킬 필요가 있을지 의문이 든다. 그 대신 인공지능을 소유하거나 활용하는 자연적 인간에게 사용자 책임이나 소유자 책임을 이유로 하여 손해배상 청구를 하도록 하는 것이 더욱 적절한 방안이지 않을까? 이는 민법이 미성년자에 대한 감독자 책임(민법 제755조)이나 근로자에 대한 사용자 책임(민법 제756조)을 별도로 인정하는 이유를 살펴보아도 알 수 있다.

예를 들어 민법은 사용자와 근로관계를 체결하여 일하는 피용자가 제3자에게 손해를 야기한 경우 일정한 요건이 충족되면 손해를 입은 피해자가 사용자에게 직접 손해배상 청구를 할 수 있게 한다. 이를 사용자 책임이라고 한다(민법 제756조). 이때 피해자는 손해를 일으킨 피용자에게도 손해배상 청구를 할 수 있지만, 사용자에게 손해배상 청구를 하는 게 더욱 유리하다. 그 이유는 피용자보다 사용자가 손해배상을 하는 데 충분한 책임재산을 보유하는 경우가 대부분이기 때문이다. 이는 마치 피해자를 더욱 효과적으로 보호하기 위해 법적 인격을 지닌 피용자의 책임을 제한하는 것과 유사하다.

이러한 사고방식은 인공지능이 오작동 등으로 피해를 일으킨 때에도 적용할 수 있다. 책임재산을 보유하지 않은 인공지능에게 굳이 손해배상 책임을 묻기보다는 인공지능을 활용하는 사용자에게 손해배상 책임을 묻는 게 피해자를 보호하는 데 더욱 효과적이라는 것이다. 이를 고려하면 인공지능에게 법적 인격을 부여하여 책임 귀속의 주체로 설정할 필요는 없어 보인다.

2) 형사책임의 경우

다음으로 인공지능에 형사책임을 귀속시키는 경우를 생각해 보자. 여기서 우리는 왜 범죄자에게 형사책임을 부과하는지 고민할 필요가 있다. 이에 관해 형법학에서는 보통 세 가지 대답을 한다. 응보와 일반예방 및 특별예방이 그것이다. 이는 형법학에서는 형벌론(Straftheorie)이라는 이름으로 논의된다. [39]

응보이론에 따르면 범죄자는 자신이 저지른 범죄에 상응하는 대가

---

39 이를 알기 쉽게 설명하는 문헌으로는 빈프리트 하세머, 『범죄와 형벌: 올바른 형법을 위한 변론』, 배종대 · 윤재왕 옮김, 나남, 2011 참조.

를 형벌로 치러야 한다. 일반예방이론에 따르면 국가는 사전에 범죄를 억제하거나 형법 규범에 관한 일반인의 신뢰를 강화하기 위해 형벌을 부과한다. 특별예방이론에 따르면 범죄자를 교육하고 재사회화하기 위해 형벌을 부과한다.

문제는 이러한 응보, 일반예방, 특별예방을 인공지능에도 적용할 필요가 있는가 하는 점이다. 만약 인공지능이 범죄에 해당하는 일탈 행위를 저질렀다면 굳이 번잡하고 비용이 많이 드는 형사절차를 거쳐 형벌을 부과할 필요가 있는지 의문이 들기 때문이다. 이 경우에는 간단하게 인공지능을 재프로그래밍하거나 성능 개선이 불가능한 경우에는 마치 폐차를 하는 것처럼 인공지능을 폐기 처분하는 것만으로 충분하지 않을까 생각하기 때문이다. 요컨대 인공지능에게 굳이 형사책임을 부과해야 할 필요가 있는지 그 의문이 해소되지는 않는다.

3) 중간 결론

이상의 논의에 비추어 보면 인공지능에게 법적 인격을 인정하여 민사책임이나 형사책임을 귀속시키는 것은 그다지 필요해 보이지 않는다. 민사책임의 경우에는 인공지능을 책임 귀속 주체로 설정함으로써 오히려 피해자를 적절하게 보장하기 어려울 수 있고, 형사책임의 경우에는 인공지능을 범죄자로 취급하는 것이 오히려 더 번잡하고 비용이 많이 들 수 있기 때문이다. 인공지능에게 법적 인격을 부여하지 않아도 인공지능에 의해 야기된 문제를 해결할 수 있는, 아니 오히려 더 간편하게 피해자를 구제할 수 있는 적절한 보장 방안이 있기에 책임 귀속을 위해 인공지능에게 법적 인격을 부여하는 것은 불필요해 보인다.

4. 법체계의 안정화 기능 수행 여부

인공지능에게 법적 인격을 인정하는 것은 법체계를 안정화하는 기능을 수행할까? 만약 인공지능에게 법적 인격을 부여하지 않아 인공지능에 의해 유발된 법적 문제를 해결하는 것이 어렵다면, 이는 법체계를 안정화하는 데 장애가 될 것이다. 법적 관계가 불명확해지고 이로 인해 법체계 전반에 대한 신뢰가 저하될 것이기 때문이다. 그렇지만 인공지능에게 굳이 법적 인격을 인정하지 않아도 법적 문제가 충분히 해결될 수 있다면, 인공지능을 법적 인격체로 인정하지 않는다고 해서 법체계의 안정성이 저해되지는 않을 것이다.

그런데 앞에서 논증한 것처럼 인공지능을 법적 인격체로 보아 책임 귀속을 인정하는 것은 굳이 필요하지도 않고 때에 따라서는 피해자를 보호하는 데 미흡할 수 있다. 이렇게 되면 오히려 법체계에 혼란을 유발할 수도 있다. 따라서 인공지능에게 법적 인격을 부여하는 것이 필연적으로 법체계를 안정화하는 데 기여하는 것은 아님을 알 수 있다.[40]

다만 앞으로 인공지능, 특히 인공지능 로봇이 우리의 일상생활에서 보편적으로 활용되면 인공지능 자체를 보호하기 위한 일환으로 이에 법적 인격을 인정할 필요가 있을지도 모른다. 물론 현재는 아직 그럴 때는 아닌 것으로 보인다.

---

[40] 물론 인공지능 저작물처럼 인공지능에게 저작권을 인정해야 할 필요가 있는 경우에는 인공지능의 법적 인격을 제한적이나마 인정할 수도 있을 것이다. 그렇지만 이 경우에도 인공지능에게 저작권을 인정하기보다는 인공지능이 생성한 저작물은 인공지능에 의한 것이라고 의무적으로 표시하게 하는 것으로 충분할 수 있다.

VI. 맺음말

지금까지 법적 인격의 의미와 기능을 고려하면서 인공지능의 법적 인격 인정 문제를 가능성의 차원과 필요성의 차원에서 살펴보았다. 이 글은 특히 가능성의 차원보다는 필요성의 차원을 강조했다. 법적 인격 자체가 구성적이면서 다원적인 개념이라는 점, 법적 인격에 관해서는 인간중심적 모델을 넘어서는 탈인간중심적 모델도 적용할 수 있다는 점을 고려하면 인공지능에도 법적 인격을 인정할 가능성이 있다. 그렇지만 인공지능에게 법적 인격을 부여하는 것은 인공지능을 권리주체로 보아 그 자신을 보호하는 데는 도움이 되지만, 책임 귀속 기능이나 법체계의 안정화 기능에는 크게 도움이 되지 않는다. 가능성의 차원에서는 인정될 여지가 있지만, 필요성의 차원에서는 인공지능에 대한 법적 인격 부여가 정당화되기 어렵다. 사실이 그렇다면 현재로서는 굳이 인공지능에 법적 인격을 인정해야 할 필요가 있을지 의문이다. 어쩌면 인공지능의 법적 인격 인정 논의가 인공지능을 개발하고 이를 사업에 활용하는 이들의 책임을 면책하는 도구로 악용되는 것은 아닌지 주의할 필요가 있어 보인다.

참고문헌

곽윤직(편집대표), 『민법주해 [II]: 총칙(2)』, 박영사, 1992.

김성돈, 「법인의 형사책임과 양벌규정의 해석과 적용」, 『저스티스』 168, 한국법
    학원, 2018.

김영란, 『판결을 다시 생각한다』, 창비, 2015.

김중길, 「전 인권적 관점에서 본 동물권」, 『인권이론과 실천』 19, 영남대학교 인
    권교육연구센터, 2016.

남기윤, 「사비니의 법사고와 법이론: 한국 사법학의 신과제 설정을 위한 법학
    방법론 연구(8-1)」, 『저스티스』 119, 한국법학원, 2010.

뒤피, 장피에르, 『마음은 어떻게 기계가 되었나』, 배문정 옮김 · 해설, 지식공작
    소, 2023.

마쓰오 유타카, 『인공지능과 딥러닝: 인공지능이 불러올 산업구조의 변화와 혁
    신』, 박기원 옮김, 동아엠엔비, 2016.

목광수, 「인공지능 시대에 적합한 인격 개념: 인정에 근거한 모델을 중심으로」,
    『철학논총』 90, 새한철학회, 2017.

부케티츠, 프란츠 M., 『자유의지, 그 환상의 진화』, 원석영 옮김, 열음사, 2009.

빈프리트 하세머, 『범죄와 형벌: 올바른 형법을 위한 변론』, 배종대 · 윤재왕 옮
    김, 나남, 2011.

양창수, 「우리나라 최초의 헌법재판논의: 처의 행위능력 제한에 관한 1947년
    대법원판결에 대하여」, 『서울대학교 법학』 111, 서울대학교 법학연구소,
    1999.

양천수, 「개념법학: 형성, 철학적·정치적 기초, 영향」, 『법철학연구』 10, 1, 한국법철학회, 2007.

______, 「현대 지능정보사회와 인격성의 확장」, 『동북아법연구』 12, 1, 전북대학교 동북아법연구소, 2018.

______, 「현대사회의 구조변혁과 법규범의 대응 방향」, 『인간연구』 46, 가톨릭대학교 인간학연구소, 2022.

______, 『인공지능법학』, 박영사, 2025.

양천수·우세나, 「인공지능 로봇의 법적 인격성: 새로운 인권 개념 모색을 위한 전제적 시론」, 『인권이론과 실천』 25, 영남대학교 인권교육연구센터, 2019.

오코 베렌츠, 『로마법』, 정병호 옮김, 에피스테메, 2025.

윤진수, 「헌법이 가족법의 변화에 미친 영향」, 『서울대학교 법학』 130, 서울대학교 법학연구소, 2004.

이경전, 『AI 에이전트와 사회 변화』, 커뮤니케이션북스, 2024.

임미원, 「〈인격성〉의 개념사적 고찰」, 『법철학연구』 8, 2, 한국법철학회, 2005.

정성훈, 「인간적 사회와의 작별: 니클라스 루만의 사회관을 통한 새로운 사회비판의 출발점 모색」, 『시대와 철학』 18, 2, 한국철학사상연구회, 2007.

정지훈, 「안드로이드 하녀를 발로 차는 건 잔인한가?」, 권복규 외, 『호모 사피엔스씨의 위험한 고민: 미래 과학이 답하는 8가지 윤리적 질문』, 메디치, 2015.

커즈와일, 레이, 『마침내 특이점이 시작된다』, 이충호 옮김, 비즈니스북스, 2025.

__________, 『특이점이 온다: 기술이 인간을 초월하는 순간』, 김녕남·장시형 옮김, 김영사, 2007.

코플랜드, 잭, 『계산하는 기계는 생각하는 기계가 될 수 있을까?』, 박영대 옮김, 에디토리얼, 2020.

하버마스, 위르겐, 『인간이라는 자연의 미래: 자유주의적 우생학 비판』, 장은주 옮김, 나남출판, 2003.

한국인공지능법학회, 『인공지능과 법』, 박영사, 2019.

佐藤俊樹, 『意味とシステム: ルーマンをめぐる理論社会学的探究』, 勁草書房, 2008.

Detlef Merten/Hans-Jürgen Papier (Hrsg.), *Handbuch der Grundrechte in Deutschland und Europa*, Bd. IV, Heidelberg, 2011.

Hans Kelsen, *Reine Rechtslehre*, Studienausgabe der 1. Auflage 1934, Herausgegeben von Matthias Jestaedt, Tübingen, 2008.

Hans Schlosser, *Grundzüge der Neueren Privatrechtsgeschichte: Rechtsentwicklungen im europäischen Kontext*, 10. Aufl., Heidelberg, 2005.

Karl Larenz, *Allgemeiner Teil des deutschen Bürgerlichen Rechts*, München, 1960.

Rudolf von Jhering, *Der Zweck im Recht*, Bd. I-II, 2. Aufl., Leipzig, 1884~1886.

7장
인공지능 법인격 논쟁 다시 보기[*]

김건우

광주과학기술원(GIST) 인문사회과학부

I. 인공지능 법인격의 문제

근래 인공지능이 정치, 경제, 노동, 교육 등 사회 여러 방면에서 어떠한 영향을 미칠 것인지, 이로부터 인간과 세계의 미래에 대해 어떠한 함의를 읽어낼 수 있는지에 관한 논의가 넘치고 있다. 인공지능이 불러올 영향과 충격이 매우 크리라는 데 대해서는 의문의 여지가 없다. 따라서 이에 대한 논의는 적어도 우리의 안전과 복리라는 '현실적·도구적' 차원에서 간절하게 요청된다. 하지만 우리가 인공지능을 윤리적·법적으로 어떻게 다룰 것인가 하는 '규범적·당위적' 차원에서의 논의 역시 중요하다. 우리가 마주하는 변화는 인간 존재와 삶의 가치에 관한 근원적 변화일 수 있기 때문이다. 쉽게 말해, 인공지능의 시대에 인간 존재와 삶은 어떠하며 또 그것은 어떠해야 하는가 하는 규범적 물음들을 되묻지 않을 수 없다.

---

[*] 이 글은 졸고, 「인공지능 법인격 논쟁 다시 보기: 철학적 분석」, 『법철학연구』 제26권 제3호, 209~250면을 본서의 취지에 맞게 다듬고 분량을 다소 줄인 것이다.

이 같은 배경에서 우리는 "인공지능이란 무엇인가?"라는 근본 물음으로 되돌아가게 된다. 정확히 말하자면, 인공지능의 도덕적·법적 지위가 어떠한가, 혹은 인공지능을 도덕적·법적 차원에서 무엇으로 볼 것인가 하는 물음 말이다. 이러한 물음은 인공지능이 기술적·공학적으로 무엇인가를 묻는 것이 아니라, 인공지능을 어떻게 취급해야 마땅한가를 묻는 '규범적' 질문이다. 따라서 이 질문은 인공지능과 관련한 다른 모든 도덕적·법적 문제가 수렴하는 지점일 수 있다. 특히 이 질문이 제기하는 문제는 그 자체로 법에 관한 중요한 철학적 문제일 뿐 아니라, 인공지능과 관련하여 실정법학에서 제기되는 여러 문제를 푸는 열쇠일 수 있다. 예를 들면, 인공지능이 민법상 계약의 주체가 될 수 있는지, 인공지능이 탑재된 자율주행자동차가 일으킨 사고나 발생한 손해에 대한 책임을 누가 져야 하는지, 인공지능이 만든 저작물의 저작권이 누구에게 있는지 등의 문제에 대해서 말이다. 이러한 근본 물음은 흔히 '법인격(성)[legal person(-hood)]'이라는 개념을 통해 제기된다.

(Q) 인공지능은 법인격인가?

위 물음 (Q)에 대한 답은 무엇인가? 많은 논자가 다양한 논거를 들어 이 물음에 대해 긍정하는 답변(긍정론)과 부정하는 답변(부정론)을 다각도로 제출해 왔고 치열한 공방(攻防)과 논쟁을 이루기도 했다. 답변의 추세를 보면, 초기에는 부정론이 지배적이었다가 점차로 긍정론이 힘을 얻어가고 있는 것으로 보인다. 다만 양쪽 간 이론적 공방과 대립은 여전히 팽팽한 듯하다.

인공지능 법인격 문제는 결국 언급한 긍정론과 부정론의 여러 견해 중에서 어떤 것을 선택할 것인가의 문제로 수렴하는 것처럼 보인다. 하지만 양 진영 간의 논쟁은 해소될 조짐이 없으며, 양 진영에 속하는 다양한 긍정론과 부정론 중에서 타당한 선택을 할 수 없는 것처럼 보이기도 한다. 이러한 교착상태를 어떻게 타개할 것인가?

이를 위해 필자는 일종의 메타(meta-)철학적 분석을 시도한다. 다만 해당 논쟁에 직접 뛰어들어 기존의 여러 긍정론과 부정론 중에서 어느 한 입장을 지지하거나 혹은 필자만의 새로운 입장을 내놓기보다는, 논쟁이 교착상태에 빠지게 된 연원을 분석하고자 한다. 논쟁에 동원된 주요 논거의 성격을 분석함으로써, 이 논쟁에 등장하는 주요 견해들 간의 대립의 연원이라 할, 상이한 몇 가지 논점을 추출할 수 있는데, 바로 이러한 논점들이 해결되지 않았을 뿐 아니라 서로 뒤섞여 제대로 구별되지 않았기 때문에 해당 논쟁이 교착상태에 빠졌다는 것을 드러내고자 한다. 분석에 앞서 인공지능 법인격 문제와 관련한 긍정론과 부정론, 그리고 논쟁의 양상이 어떠한지부터 살펴보기로 하자.

II. 논쟁의 양상

먼저 부정론을 보자. 부정론에 해당하는 견해 중에서 가장 흔히 제기되는 것은 '법률적·실정법학적' 관점에서 비롯한 부정론이다. 이를 간단한 논변으로 예시하면 다음과 같다.

현행 실정법상으로 보면 인공지능은 법인격이 아니다. 일반적으로 실정 법학에 따르면, 법인격 여부는 현행 실정법(질서)이 정하기에 달린 문제인데, 현행법은 자연인과 법인만을 법인격으로 정했을 뿐 인공지능을 법인격으로 인정한 적이 없을 뿐 아니라, 그렇게 인정할 필요도 없다고 보기 때문이다.

이러한 답은 문제를 (법)철학적 수준으로 끌고 가지 않고 실정 법률의 수준에서 해소하고자 한다는 점에서, 일종의 '법률학적' 부정론이라 할 수 있다.[1] 하지만 몇몇 논자들은 (Q)에 대한 답이 실정 법질서가 인공지능의 법인격을 인정하는가에 달려 있다고 보는 데에 그치지 않는다. 그들은 인공지능의 형이상학적 속성이나 자연적 속성 자체를 논거로 삼아 더 적극적인 부정론을 개진하기도 한다. 미국의 법학자 로렌스 솔럼(Lawrence Solum)이 그 예다. 다음을 보자.

인공지능은 그 이름이 내포하듯 '인공물'이다. 인공지능은 인간이 아님은 물론, 동물, 산, 강, 나무, 바위와 같은 자연물도 아니다. 그래서 인공지능에게는 자유의지, 의도, 영혼, 의식, 감정 등 인격의 주요 요소라 할 만한 것이 없다. 따라서 인공지능에 대해서는 법인격이 인정될 수 없다.[2]

이 같은 견해는 서구의 법학계에서 하나의 통념이다. 이러한 견해

---

1   이 같은 논변의 예로, 이하 (주6)의 문헌들 참조.

2   Lawrence B. Solum, "Legal Personhood for Artificial Intelligences", *North Carolina Law Review*, Vol. 70, 1992, pp. 1231~1287. 이 논변을 현대적으로 재구성한다면, "딥러닝 등 기계학습에 바탕을 둔 생성 인공지능과 같은 현대적 인공지능의 경우에 대해서도 그것이 인공물임에는 변함이 없다"는 말을 이 논변에 추가할 수 있을 것이다.

는 인공지능이 가지는 형이상학적 속성이나 자연적 속성이 무엇인가를 그것의 법인격 여부를 결정하는 열쇠로서 적극적으로 채택하고 있으며, 그러한 근거에서 인공지능의 법인격을 부정하고 있다. 이러한 견해는 일종의 '철학적' 부정론이라 하겠다.[3] 하지만 일부 논자들은 위와 같은 통념을 뒤집는 견해, 즉 긍정론을 제시해 왔다. 긍정론은 근래 인공지능 기술의 획기적 발전과 더불어 고무되고 있다. 마치 법인에 대해 그래왔듯이, 인공지능에 대해서도 일정한 법인격성이나 권리주체성을 인정할 수 있으며 그렇게 할 필요가 있다는 주장이다.

긍정론의 논거도 적어도 다음 두 가지 양상으로 제기되어 왔다. 하나는, 일정한 '정책적(혹은 사회경제적)' 필요성이 인정되는 경우 인공지능에 대해 법적 권리를 담지할 주체로서의 자격을 인정할 수 있다는 것이다. 책임재산에 대한 소유권과 같은 권리의 주체로서 말이다. 이러한 논변은 인공지능이란 무엇인가에 관한 모종의 철학적 논변에 직접적으로 기대지 않고서 단지 정책적(혹은 사회경제적) 사유만으로 법률학적 견지에서 그것의 법인격을 인정하고자 한다. 이 점에서 '법률적' 긍정론이라 할 수 있다.

또 다른 긍정론 논변은 인공지능이란 무엇인가에 대한 하나의 답으로서 인공지능 자체의 형이상학적 혹은 자연적 속성(특질)에 호소하는 것이다. 즉 인공지능의 자율성이나 도덕성 등 인격적 속성, 또는 자의식이나 인지능력 등 자연적 속성이 인정될 것이라는 기대하에, 그리고 이러한 속성이 인간의 그것과 유사할 것이라는 기대하에, 그러한 속성을 가지는 인공지능에 대해서도 법인격을 인정할 수 있다

---

3 '형이상학적'이나 '자연적'보다 '철학적'의 외연이 넓어 편의상 후자로 부르기로 한다.

는 것이다. 이는 모종의 적극적인 철학적 논변에 의거한다는 점에서 '철학적' 긍정론이라 하겠다.

두 긍정론 중 어느 쪽이건 간에, 긍정론에는 공히 법인격(성)이나 법적 권리주체성이 인간을 넘어 인공지능이라는 '전자인(電子人, electronic person)'에게도 확대하여 적용될 수 있으리라는 전망이 담겨 있다.[4] 이 같은 생각은 일견 급진적으로 보이지만, 학계 안팎에서 점차 지지세를 넓혀가는 듯하다. 이러한 전향적 시도가 이론적·학술적 차원에서만 포착되는 것은 아니다. 몇몇 국가에서는 이미 로봇에 법인격을 부여하거나 법적 지위를 인정하고자 하는 시도를 법안(혹은 권고안)이나 행정처분의 형태로 행한 바 있다. 예를 들어 2017년 1월 12일 유럽연합(EU)은 브뤼셀에서 인공지능을 탑재한 로봇을 전자인으로 인정할 것을 권고하는 결의안을 의결했다.

위에서 소개한 여러 긍정론과 부정론을 정리해 보자. 우선 법률학적 긍정론과 법률학적 부정론은 다음과 같이 정식화할 수 있다.

(법률학적 긍정론) 법인격이란 당대의 법률적·정책적(사회경제적) 필요에 따라 얼마든지 부여할 수 있는 구성적 개념이다. 또한 (자연인과 법인 외에) 인공지능에게도 현실적으로 그러한 필요성이 있다(크다). 따라서 인공지능에게도 법인격이 부여될 수 있다.[5]

---

4   이중기, 「인공지능을 가진 로봇의 법적 취급: 자율주행자동차 사고의 법적 인식과 책임을 중심으로」, 『홍익법학』 제17권 제3호, 2016; 제리 카플란, 『인간은 필요 없다』, 신동숙 옮김, 한즈미디어, 2016, 제5장; Peter M. Asaro, "A Body to Kick, but Still No Soul to Damn: Legal Perspectives on Robotics", in Patrick Lin, Keith Abney, and George Bekey, (ed.) *Robot Ethics: The Ethical and Social Implications of Robotics*, MIT Press, 2012, 제11장 등 참조.

5   이러한 입장의 예로, 이중기, 앞의 글(주4); 신현탁, 「인공지능(AI)의 법인격: 전자인격

(법률학적 부정론) 법인격이란 당대의 법률적·정책적(사회경제적) 필요에 따라 얼마든지 부여할 수 있는 구성적 개념이다. 하지만 (자연인과 법인 외에) 인공지능에게는 현실적으로 그러한 필요성이 없다(작다). 따라서 인공지능에게는 법인격이 부여될 수 없다. (혹은 인공지능 법인격이란 적어도 아직은 시기상조이다.)[6]

이 두 견해를 비교하면, 둘 다 법인격 문제가 '법률학적' 성격의 것임에는 공감하되, 인공지능에게 그것을 인정해야 할 '현실적 필요성'에 대해 상반된 시각을 갖고 있으며, 그 결과 상반된 결론으로 나아감을 알 수 있다. 이 경우 논쟁의 관건은 그러한 필요성이 있는가를 논구하는 일이 될 것이다.

한편 철학적 긍정론과 철학적 부정론도 다음과 같이 정식화할 수 있다.[7]

(철학적 긍정론) 인공지능은 인간의 것과 같은 형이상학적 특질이나 자연적 특질(자율성과 도덕성 등)을 이미 가지고 있거나 향후 가

(Electronic Person) 개념에 관한 소고」, 『인권과 정의』 Vol. 478, 2018, 12면; 김진우, 「인공지능에 대한 전자인 제도 도입의 필요성과 실현방안에 관한 고찰」, 『저스티스』 통권 제171호, 2019, 5~48면; 이경규, 「인(人) 이외의 존재에 대한 법인격 인정과 인공지능의 법적 지위에 관한 소고」, 『인하대학교법학연구』 Vol.21 No.1, 2018, 323~356면; 제리 카플란(신동숙 옮김), 위의 글(주4) 등이 있으며, 그중에서도 신현탁과 이경규의 견해가 다소간 신중한 긍정론인 반면, 김진우의 견해는 상대적으로 적극적 긍정론에 가깝다.

6 이러한 입장의 예로, 송호영, 「인공지능 로봇은 법인격을 가질 수 있는가?」, 『저스티스』 통권 제184호, 2021, 83~113면; 이상용, 「인공지능과 법인격」, 『민사법학』 제89호, 2019; Simon Chesterman, "Artificial Intelligence and the Limits of Legal Personality", *International and Comparative Law Quarterly* vol. 69, 2020, pp. 819~844 등이 있다.

7 필자가 행한 분류와 다소 차이가 있기는 하나, 인공지능의 법인격성에 대한 긍정론과 부정론을 각각 몇 가지로 분류하여 소개하고 있는 글로, 송호영, 위의 글(주6) 참조.

지게 될 것이다. 따라서 인공지능은 법인격일 수 있다.

(철학적 부정론) 인공지능은 인간의 것과 같은 형이상학적 특질이나 자연적 특질(자율성과 도덕성 등)을 아직 가지고 있지 않거나 향후 가질 수 없을 것이다. 따라서 인공지능은 법인격일 수 없다. [8]

이 두 견해를 비교하면, 둘 다 법인격 문제가 '철학적' 성격의 것임에는 공감하되, 인공지능이 문제의 철학적 특질을 이미 가지고 있거나 향후 가질 것인가에 대해 상반된 시각을 갖고 있으며, 그 결과 상반된 결론으로 나아감을 알 수 있다. 이 경우, 논쟁의 관건은 그러한 특질이 현재 혹은 미래에 실재하는가를 논구하는 일이 될 것이다. 다만 (철학적 긍정론)을 직접적으로 옹호하는 이는 흔치 않았고, 많은 이들은 그것을 기존 (철학적 부정론)과 절충하여 다음과 같은 새로운 형태의 (철학적 긍정론)'으로 제시하기도 했다.

(철학적 긍정론)' 인공지능은 인간의 것과 같은 형이상학적 특질이나 자연적 특질(자율성과 도덕성 등)을 아직 가지고 있지 않거나 향후 가질 수 없을 것이다. 하지만 만약 '법인격'을 새로이 이해하고 정의한다면, 그러한 인공지능도 마땅히 법인격일 수 있다. [9]

8　국내외의 많은 논자들이 이러한 논변을 전개한 바 있다. 그 예로, Lawrence B. Solum, 앞의 글(주2); 계승균, 「법규범에서 인공지능의 주체성 여부」, 『법조』 Vol. 724, 2017, 158~196면; 이상용, 앞의 글(주6) 등이 있는데, 그중에서 이상용은 법률학적 부정론과 철학적 부정론을 모두 취하고 있다는 점에서 흥미롭다.

9　이러한 논변의 예로, 이중기, 「자율주행차의 운전자 지위와 인격성」, 『법학에서 위험한 생각들』, 윤진수 · 한상훈 · 안성조 대표편집, 법문사, 2018, 452~453면; 양천수, 「현대 지능정보사회와 인격성의 확장」, 전북대학교동북아법연구소 간(刊), 『지능정보사회에서 법과 윤리』, 이웃사람들, 2019 등이 있다.

이 절충적 견해는 (철학적 긍정론)의 전제를 부정하고 (철학적 부정론)의 전제를 긍정하되, 여기에 새로운 전제를 추가하여, 결국 (철학적 긍정론)의 결론을 긍정하는 것이다.

위와 같이 인공지능 법인격 문제에 관한 여러 긍정론과 부정론을 분류하고 이들 간의 대립지점을 확인해 보면, 위 논쟁에서 결정적 논점이 무엇인가를 분리하여 추출할 수 있다. 바로 다음 세 가지이다.

(논점 1) 인공지능 법인격의 문제란 법률적·실정법학적 사안인가, 아니면 철학적 사안인가?

(논점 2) [위 (논점 1)에서 인공지능의 법인격 문제가 철학적 사안이라고 가정할 때] 인공지능은 인간이 가지는 바와 같은 형이상학적 특질이나 자연적 특질(자율성과 도덕성 등)을 현재 혹은 미래에 가지는가?

(논점 3) [위 (논점 1)에서 인공지능의 법인격 문제가 철학적 사안이라고 가정하고, 또한 위 (논점 2)에서 인공지능은 인간이 가지는 바와 같은 형이상학적 특질이나 자연적 특질(자율성과 도덕성 등)을 현재 혹은 미래에 가지지 않는다고 가정할 때], '법인격'을 새로이 이해하고 정의한다면 그러한 인공지능도 마땅히 법인격일 수 있는가?

이렇게 상이한 논점을 분리·추출하고 보면, 문제의 논쟁이 지독한 교착상태에 빠져 있는 이유를 대략 알 수 있다. 바로 위 논점 각각이 제대로 해결되지 않았기 때문이다. 즉 이들 논점에 대해 양 진영

간 상반된 견해만 충돌할 뿐, 아무런 유의미한 합의도 이루어지지 않았기 때문이다.

그러나 필자는 위 논점들이 해소되지 않았다는 사실 외에 또 다른 문제의 연원이 있다고 본다. 그것은 바로 위 논쟁에서 적어도 철학적 긍정론과 철학적 부정론에 관한 한, 즉 (논점 2)와 (논점 3)에 관한 한, 양 진영 모두 '인격'과 '법인격'의 관계가 어떠한가에 대해 진지하게 주목하지 않았으며, 심지어 그 관계를 잘못 판단해 왔다는 것이다. 즉, 양 진영에서는 두 개념을 쉽게 동일시하거나 전자가 후자를 일의적으로 함축한다고 쉽게 가정해 왔는데, 이러한 가정이 인공지능의 법인격 문제를 풀어가는 데 중대한 걸림돌이 되어 왔다.

이러한 논점은 이하 V과 VI에서 상론하기로 하고, 다음 III과 IV에서는 이를 위한 기초 논의로서 '인격'과 '법인격'의 개념적·역사적 의의를 차례로 살펴보기로 한다.

III. 인격이란 무엇인가

인격(person)이란 무엇인가?[10] 인격은 일견 그 의미가 단순하고 명쾌할 것 같지만 실상은 전혀 그렇지 않다. 무엇보다 인격은 맥락에 따라 그 의미가 다르다.[11] 일상적 의미부터 보면, 한국어에서 '인격'

---

10 서구의 주요 사상가들이 인격 개념을 어떻게 이해하고 다루었는가에 관한 전반적 소개로는, 진교훈 외, 『인격』, 서울대학교출판부, 2007 참조.

11 Robert Spaemann, *Persons: The Difference between 'Someone' and 'Something'*, Oxford University Press, 1996, p. 13.

은 사전적 의미로 "인간으로서의 품격"을 뜻한다.[12] 현대 서구에서 '인격'은 특히 일상언어적으로 대개 개체로서의 '인간(human)'과 동의어로 쓰인다. 하지만 사전적 의미가 아니라 철학적 지평에서 '인격'은 상당히 모호한 개념임을 알 수 있다. 일상적 의미와 구별되는 전문용어로서 다양한 층위의 철학적 언어로 해명되어 왔기 때문이다.

'인격'에 대한 다양한 해명은 그것의 지위와 관련한 다음과 같은 상이한 철학적 질문에서 비롯한다. '인격'은 사람 개별자를 가리키는가, 개별자로서의 사람 개개인이 가지는 특정한 속성을 가리키는가? 혹은 그러한 속성과 관계된 어떤 가치를 가리키는가, 그러한 속성을 개별자–독립적으로 담지하고 있는 보편자를 가리키는가? 나아가 그러한 속성이나 가치의 담지와 관련된 어떤 성원권(membership)을 가리키는가? 이 난해한 질문들이 암시하듯, '인격'은 늘 논란을 불러온, 포착하기 어려운 개념으로서, 아직 만족할 만한 정의가 없다.[13] 이처럼 '인격'에 배태된 어의적 모호성과 복합성은 어쩌면 결코 제거될 수 없다는 점이 그 개념의 '본질적' 특질인지도 모른다.

'인격'의 모호성과 복합성은 단순히 어의적 차원을 넘어, 역사, 특히 지성사나 종교사의 차원에서도 뒷받침된다. '인간'이 인문학, 사회과학, 자연과학을 포괄하여 사실상 모든 학문의 궁극적 주제였던 것처럼, '인격'은 어떤 식으로건 인간 개념에서 비롯하면서도 그것을 넘어선 특별한 개념으로서 철학과 신학의 주요한 주제였다. 그래서 '인격'에 부침(浮沈)이 있었다면, 그것은 서양 형이상학과 기독교 전통의

---

12 국립국어연구원, 『표준국어대사전』, https://stdict.korean.go.kr/search/searchResult.do.
13 진교훈 외, 위의 책(주10).

부침과 궤를 같이하는 것이었다. 그리고 '인격'은 철학과 신학, 그리고 과학에서 시대나 사상가, 혹은 사조에 따라 달리 정의되었다. 역사적 흐름에 따라 그 내용을 간략히 추적해 보자.

고대 그리스에서는 '인격'의 기원이라 할 '페르소나(persona)'라는 개념이 있었다. 이는 '가장(假裝)' 혹은 '가면(假面)'이라는 뜻으로, 사회적 신분이나 계급, 직위 등 개개의 인간에 대응되는 타이틀을 일컫는 말이었다. 이는 인간의 '개별자적' 면모를 내포한 개념이다. 물론 이러한 의미의 개인은 근대적 의미의 (보편적) 개인이 아니라 그러한 페르소나에 의해 평가된 개인일 뿐이었다. [14] 고대 로마 도시공화정 전통에서도 페르소나는 로마 시민의 법적 지위를 지칭하는 용어로서 로마 시민을 로마에 사는 사적 개인과 특별히 구별해주는 역할을 했다. [15] 중세를 뛰어넘어 근대의 정치사상가 토머스 홉스에 오면, 그에게 '국가'란 주권자가 쓰는 일종의 페르소나(가면)였다. 이처럼 '페르소나로서의 인격'은 인격 개념의 중요한 요소로서 오늘날까지 여러 분야에서 적용되고 있다.

한편 중세, 특히 교부철학에 오면 '인격'은 더욱 넓고도 두꺼운 개념이 되었다. 페르소나로서의 인격 개념에 더해, '인격'은 신학적 관심과 목표하에서 인간의 '보편자적(的)' 면모를 반영한 개념으로 진화한 것이다. 잘 알려져 있듯, 인격 개념의 신학적 기원은 예수 그리스도(Jesus Christ)와 삼위일체(the Trinity)의 본성을 둘러싼 초기 교회의 논쟁에서 비롯한다. [16] 즉 고대적 페르소나 개념은 신의 삼위일체성의

---

14 금교영, 「근대 이후 독일의 인격 개념」, 진교훈 외, 위의 책(주10), 132면.
15 한나 아렌트, 『혁명론』, 홍원표 옮김, 한길사, 2004, 194~195면.
16 허준, 「바르트의 인격론」, 진교훈 외, 위의 책(주10), 347~350면; 로베르트 슈패만, 『왜 인격들

문제 및 그리스도의 신(神)-인(人) 이원성 문제에 관한 신학적 논쟁을 거치며 인격 개념으로 심화했다. 이후 이러한 인격 개념은 인격성, 개인성 등 근현대적 의미에 가깝게 진화했다.[17] 주지하듯, 아우구스티누스는 삼위일체를 통해 '성부(聖父, The Father)', '성자(聖子, The Son)', '성신(聖神, The Holy Spirit)'의 인격 개념을 도출하고 활용하여 삼위는 한 분의 신이면서 동시에 신의 세 가지 모습이라고 주장했다.[18] 하지만 이후 토마스 아퀴나스(Thomas Aquinas)에 오면 인격 개념은 신적 계시와 더불어 인간의 이성에 의해 해명되었다. 아퀴나스에 의하면, 신이나 그리스도의 인격 개념과 달리, 인간의 인격 개념은 인간 개념과 밀접하면서도 구별된다. '인간'은 구체적으로 개별화하여 존재하는 개인들을 전제로 하되 그들 개인의 종적 본성을 지시하는 개념인 반면, '인격'은 각 개인이 지닌 저마다의 고유한 개별적 특성들까지를 포함하는 전체로서의 개인 자체를 지시한다는 것이다.[19]

하지만 이 같은 종교적 인격관은 근대에 와서 크게 변모했다. 근대에는 신학의 그늘에서 벗어나 인간의 이성과 경험에 입각한 새로운 인식론과 형이상학이 전개되었으며, 이에 따라 '인격'도 천상계로부터 인간계로 내려왔다. 과거 초월적이고 신(神) 중심적 형이상학에 기반했던 인간관과 세계관이 인간 스스로의 내적 경험, 이성, 자율성, 그리고 도덕성을 중심으로 재편된 것이다. 그러한 변화의 흐름을 약

에 대해 말하는가」, 박종대 · 김용해 · 김형수 옮김, 서광사, 2019, 41~49면.

17 임미원, 「'인격성'의 개념사적 고찰」, 『법철학연구』, 제8권 제2호, 2005, 174면; 임미원, "인격성 개념의 기초적 고찰", 한국민사법학회(편), 『우리 민법학은 지금 어디에 서 있는가: 한국민사법학 60년 회고와 전망』, 박영사, 2006, 66면.

18 금교영, 「근대 이후 독일의 인격 개념」, 진교훈 외, 위의 책(주10), 132~133면.

19 이경재, 「토마스 아퀴나스의 인격 개념」, 진교훈 외, 위의 책(주10), 82~84면.

술하면 다음과 같다.

근대 경험주의 철학자 존 로크(John Locke)는 인간의 내적 경험에 초점을 둔 심리적·인식론적 인격관을 전개했다. 고전 철학자들과 달리, 그에게 '인격'은 인간의 정체성·동일성(personal identity) ― 간단히 인격(성)(personality) ― 이란 무엇인가에 대한 답변이었다. 이는 고대와 중세에 대체로 영혼과 육체의 관계로써 그러한 질문에 답했던 것과는 사뭇 다른 답이었다. 인간을 인간이게끔 하는 것은 무엇인가? 나를 나이게끔 하는 것은 무엇인가? 만약 시간의 흐름 속에 미세하게라도 변화를 겪은 내가 그 전의 나와 동일하다면, 무엇이 이러한 동일성을 만드는가? 로크의 인격의 동일성 개념에 따른다면, 나를 나이게끔 하는 것, 혹은 과거의 나와 현재의 나를 동일한 존재로 만드는 것은 곧 나의 동일한 인격(성)이다. 이때 인격이란 "믿음, 욕망, 기억, 목표 등의 요소를 모두 포함하는 전체 집합"을 뜻한다.[20] 또한 인격이 동일성을 유지한다는 말은 내 인격의 그러한 요소들이 세부적으로 불변한다는 것이 아니라, 그러한 세부적 변화 속에서도 전체적으로 연속성을 유지한다는 것이다.[21]

한편 로크가 말한 "주관적-경험적 자기의식의 주체"로서의 인격은, 근대 이성주의 철학자 칸트에 오면 "도덕적 실천의 주체"로서의

---

20 셸리 케이건, 『죽음이란 무엇인가』, 박세연 옮김, 엘도라도, 2012, 185면.

21 로크의 인격론은 이후 주로 분석철학 전통에서 '인간 동일성(personal identity)'이라는 현대 형이상학의 주요 주제로 계승되었고, 이 과정에서 로크의 접근법은 관련 논의의 섬세한 틀을 형성하는 데 크게 기여했다. 관련하여 현대적 논의를 충실히 소개한 문헌으로, Olson, Eric T., "Personal Identity", *The Stanford Encyclopedia of Philosophy* (Fall 2019 Edition), Edward N. Zalta (ed.), URL = 〈https:// plato.stanford.edu/archives/fall2019/entries/identity-personal/〉 참조.

인격으로 새로이 정의된다.[22] 칸트는 인간의 예지적 이성에 입각한 도덕철학적 · 형이상학적 인격관을 주창한 것으로 유명하다. 이러한 인간관 및 인격관에 따르면, 인간은, 그리고 오로지 인간만이, 그러한 이성을 가진 존재요, 진정으로 자유로운 존재이며, 도덕적 행위를 할 수 있고 도덕적 책임을 질 수 있는 존재이며, 그러한 이성을 가진 인격체이다. 따라서 인간을 수단으로 취급해서는 안 된다. 그래서 중세의 인격 개념, 특히 토마스 아퀴나스의 신학적 인격 개념이 실체형이상학에 기반한 것이라면, 칸트는 인격 개념의 중심을 (실체형이상학으로부터) 도덕형이상학으로 옮겨왔다고 평가되기도 한다. 또한 칸트의 이 같은 인격론은 아리스토텔레스적 자연형이상학 전통과 기독교의 종교적 형이상학 전통에 의거한 인격론으로부터, 인격을 다른 무엇으로도 환원불가능한 근본적인 것으로 보는 현대의 인간학적 인격론으로 이행하는 전환점을 제시한 것으로도 평할 수 있다.[23]

코페르니쿠스와 뉴턴, 그리고 다윈으로 대표되는 근대 과학혁명이 도래하면서 인격 개념도 새로운 국면으로 접어들었다. 즉, 인간은 물질세계와의 연속성하에서 자신을 새로이 이해하게 되었고, 이는 스스로의 인격관을 바꾸어 놓았다. 기존의 형이상학적 · 종교적 · 도덕적 인격관을 자연적 · 과학적 인격관으로 대체해야 한다는 생각이나, 혹은 인격 없는 인간 개념으로 대체해야 한다는 생각까지 등장하기에 이르렀다. 이는 '자연주의(naturalism)' 혹은 '과학주의(scientism)'에 입각한 인격관이라 하겠다. 형이상학적, 신학적 인격관을 배격하

---

22 임미원, 앞의 글(주17), 179면.
23 임미원, 앞의 글(주17), 178면.

면서 인간과 인격의 본성을 인간 종이라는 범주 자체의 특질, 특히 쾌고감수성이나 신경계의 발달과 같은 과학적(생물학적) 특질에서 찾고자 한 것이다. 이러한 취지에서 현대의 윤리학자 피터 싱어(Peter Singer)나 동물권 연구자 개리 프랜시온(Gary L. Francione)은 동물의 인격성을 포함한 새로운 인격 개념을 주창하고, 그 연장선에서 몇몇 논자들은 동물의 법인격성이나 권리주체성을 옹호하기도 했다.[24]

'인격'의 변천사를 요약하면, '인격'은 대체로 신학, 형이상학(실체형이상학과 도덕형이상학), 과학, 그리고 현대의 인간학 등에 의해 규정되고 해명되어 왔다. 이러한 인격관은 인간의 개별자적 면모를 강조하거나 인간의 보편자적 면모를 강조했으며, 때로는 이러한 양자의 면모를 결합한 것이기도 했다. 적어도 근대 이후 '인격'은 이러한 인격관 각각이 당대의 사상에 따라 달리 강조되거나, 혹은 아예 여러 인격관이 하나의 인격 개념하에 공존하기도 했다.

여기서 한 가지 중요한 쟁점이 떠오른다. 그러한 다양한 인격관은 서로 어떤 관계에 있는가? 이들 상이한 인격관은 서로 양립이 가능한가? 아니면, 그중 어느 하나만이 옳은가? 어느 하나만이 근본적인 것이라면, 다른 여럿은 그 하나로 환원될 수 있는가? 이 같은 개념적 문제에 답하는 일은 그 자체로 넓고도 깊은 과제로서 이 글의 범위를 넘어선다. 그럼에도 단순화의 위험을 무릅쓰고 말한다면, '인격'은 여러 인격관 사이에서 인간에게 공통적이라 할 "모종의 특별하고도 본유적인 가치와 의의"를 담아내기 위해 서양에서 고안해낸 개념으로

---

24 다만 다음 사실에 유의하라. 인간의 자연적, 과학적 특질을 인격의 핵심 요건으로 보는 이러한 흐름이 한편으로 동물의 인격성을 옹호하는 근거가 되기도 하지만, 다른 한편으로 인간 중에서도 그러한 특질을 결여한 존재의 인격성을 의심하게 만들기도 한다.

서, 단순히 약정에 의한 것이 아니라, 말 그대로 인간에 대한 경험으로부터의 추상화와 선험적 개념화가 한데 어우러진 결정체라 할 수 있다.

하지만 '인격'에 그러한 중핵이 있다고 할지라도, 그것이 이성적 속성이나 종교적 속성(신성성), 혹은 자연적 속성 중에서 특정한 단일 속성으로 포착될 수 있는지는 여전히 의문스럽다. 즉 그러한 인간 공통의 가치와 의의가 형이상학적 탐구나 개인의 내적 경험, 혹은 자연과학적 이해 중에서 어느 단일한 방법론을 통해 온전하게 밝혀질 수 있을 것 같지는 않다. 본 절에서 살펴보았듯이, '인격'은 그 자체로 "본질적으로 다툼이 있는 개념(essentially contested concept)"이라 해도 될 만큼 그 핵심 내포가 다중적(multiple)이기 때문이다. 그러한 다중성을 이루는 개별 요소들은 제각기 제거 불가능할 정도로 '인격'의 해명에 유의미한 역할을 해 왔다고 할 것이다. 나아가 인격에 관한 이러한 여러 개념관(conceptions)[25]은 다채로운 각각의 내포를 담고서 결코 좁혀지거나 합쳐지지 않은 채 오늘날까지도 인격이라는 단일 개념(concept) 속에서 미묘하게 복합적인 동거를 하고 있는 듯하다. 즉, '인격'은 다중적이고(multiple) 복합적이어서 매우 애매한(ambiguous) 개념이며, 따라서 '인격'은 어쩌면 '법인격'과 같은 유관 개념을 해명하는 원천으로서 결정적 역할을 하기에는 충분하지 않을 수 있다.

---

25 본고에서 'concept'는 '개념'으로, 'conception'은 '개념관'으로 번역하여 둘을 구별하고자 한다. 간단히 말해, '개념'은 어떤 주제 용어에 관해 공유된 일반적 관념(shared general idea)을 말하고, '개념관'은 그 주제 용어에 관한 여러 이론이 있다고 할 때 이들 이론 각각이 제시하는 각각의 이해 내용을 말한다. 이 구분에 대한 간략한 설명으로, Lawrence Solum, "Legal Theory Lexicon 028: Concepts and Conceptions", https://lsolum.typepad.com/legal_theory_lexicon/2004/03/legal_theory_le_1.html 참조. (최신검색일: 2025년 9월 30일)

Ⅳ. 법인격이란 무엇인가[26]

그렇다면 '법인격'은 어떠한가? 대한민국 민법 제3조는 "사람은 생존한 동안 권리와 의무의 주체가 된다"라고 하여 '자연인'의 법인격성(권리주체성)을 규정하고 있고, 민법 제34조는 "법인은 법률의 규정에 좇아 정관으로 정한 목적의 범위 내에서 권리와 의무의 주체가 된다"라고 하여 '법인'의 법인격성(권리주체성)을 규정하고 있다. 또한 많은 법학 교과서에서도 법인격이란 '자연인'과 '법인', 두 가지라고 간단히 정의하고 있다. 이처럼 '법인격'을 이 둘로 대별하면서 그것을 권리담지자(권리주체)와 동일시하는 견해는 현대 법체계에서 하나의 상식에 가까우며, '정통적 견해(The Orthodox View)'라고 불리기도 한다.[27]

이 같은 서술을 보면, '정통적 설명'이 (Q)에 대한 직접적 답을 주는 것처럼 보인다. 게다가 '인격'이 철학에서 다각도로 개념화된 것과는 달리, '법인격'에 대한 설명과 정의는 실정법률에 의한 의율이라는 단일한 방식으로 이루어지고 있는 것처럼 보인다. 자연법에 의해서가 아니라 실제로 현실에서 작동하는 법에 의해 하나의 관행이자 규약(convention)처럼, 혹은 하나의 의제(fiction)처럼 굳어진 것으로 말이다.

그러나 좀 더 깊게 들여다보면, ('인격'이 무엇인가에 대해서와 같이) '법인격'이 무엇인가에 대해서도 답하기가 간단치 않음을 알 수 있다. 먼저 사상사를 보면 법인격 개념의 주요한 출처이자 근거가 된 것은

---

26 본 절은 전반적으로 졸고, 「법인격론의 최근 연구 동향」, 「법철학연구」 제24권 제3호, 2021, Ⅱ절에서의 서술과, 졸고, 「자연주의 법인격론의 도전: 토마시 피에트르코브스키의 이론을 중심으로」, 「법철학연구」 제25권 제3호, 2022, 9~13면의 내용을 활용하여 요약하고 재서술한 것이다.

27 Visa A. J. Kurki, *A Theory of Legal Personhood*, Oxford University Press, 2019, pp. 55~56.

'인간'과 '인격'인데, 앞 절에서 본 것처럼 이것이 각각 무엇인가에 대해 사실상 '정의(定意)'는 없으며, 단지 그러한 질문에 대한 답으로서 상이한 견해가 각축해왔을 뿐이다. 따라서 '법인격'의 핵심 내포가 무엇인지가 쉽게 해명되지 않는다. 게다가 고대사회의 '노예'가 그러했듯이, 인간임에도 법인격임을 인정받지 못했던 사례가 있는가 하면, 근대에 오면 인간이 아님에도 법인격임을 인정받거나 혹은 인정받아야 한다고 주장하는 사례들도 늘고 있다. 곧 '법인격'이 법률적 '자연인'이라는 전형사례(exemplar) 외에 회사 등 '법인'이라는 인공물마저 포괄하게 되었을 뿐만 아니라, 오늘날 심지어 동물이나 기타 자연물까지도 법인격일 수 있다거나 법인격이어야 한다고 주장하는 이들이 점차 늘고 있기도 하다.[28] '법인격'의 해명에 따르는 난점은 오늘날 심지어 인공지능의 법인격 문제에까지 고스란히 투영되고 있다.

비록 '법인격'에 관한 온전하고 단일한 내용은 아닐지라도 그것을 구성하는 주요한 '내용'(내포)이 무엇인가를 해명하고자 하는 시도는 있었다. 호주의 법철학자 나이리 너핀(Ngaire Naffine)이 제공한 논의가 그 한 예인데, 너핀은 저서 『법이 말하는 생명의 의미』[29]에서, "법은 누구를 위한 것인가?(Who is law for?)"를 묻는다. 그러면서 이제까지 이 질문에 대한 답으로서 법(학)에서 개진된 다양한 철학적 견해들을 '법률주의(Legalism)', '이성주의(Rationalism)', '종교주의(Religionism)', '자연주의(Naturalism)', 그리고 자신이 비판적으로 옹호하는 '관계주의

---

28 Visa Kurki, "Why Things Can Hold Rights: Reconceptualizing the Legal Person", in Visa Kurki & Tomasz Pietrzykowski (ed.), *Legal Personhood: Animals, Artificial Intelligence and the Unborn*, Springer International Publishing, 201, 제5장.

29 Naire Naffine, *Law's Meaning of Life: Philosophy, Religion, Darwin and the Legal Person*, Hart Publishing, Oxford, UK, 2009.

(Relationism)' 등 다섯 가지로 대별한다. 그에 따르면, 이들 견해가 법인격의 의의와 역할을 바라보는 시각은 제각각이다. 이들 각 견해를 간략히 살펴보자.

먼저 **법률주의**는 대체로 법을 기술(技術)적으로 다루는 법률가들이 취하는 견해다. 이에 따르면, 법인격은 권리와 의무를 담지할 수 있는 능력으로 정의되며, 이러한 능력은 순전히 법률관계(legal relations) 내에서 행사된다.[30] 법인격은 "하나의 허구이자, 장치이자, 구성물이자, 발명품"일 뿐이며,[31] 거기에는 어떠한 경험적 내용이나 도덕적 내용도 들어 있지 않다. 어떤 존재자가 법인격인가의 여부는 단지 법률이 정하기에 달려 있을 뿐이다. 그래서 법에서는 일찍이 자연인만이 아니라 회사 법인(corporations)도 법인격을 '부여'받은 바 있으며, 경우에 따라 국가나 선박, 혹은 우상(idols)이 법인격을 부여받기도 했다.[32]

이성주의는 오늘날 법철학자들에게 가장 영향력이 있는 견해로서,[33] 주로 자연법론 계열의 법철학자들에게서 많이 발견된다. 이에 의하면, "법에서 인격을 가장 유력하게 정의하는 것은 바로 정교한 높은 수준의 이성적 능력"[34]이다. 이러한 견해의 철학적 연원으로 꼽을 수 있는 것은 중세 철학자 보에티우스(Boethius)의 정의다. 그는 '인격'을 "이성적 본성의 개별적 실체(rationalibilis naturase individua substantia)"라고 정의했다. 혹은 잘 알려진 대로, 근대 철학자 칸트의

---

30   Naffine, 앞의 책(주29), p. 6.
31   Naffine, 앞의 책(주29), p. 36.
32   Naffine, 앞의 책(주29), p. 35.
33   Naffine, 앞의 책(주29), p. 59.
34   Naffine, 앞의 책(주29), p. 59.

철학도 이성주의 법인격론의 주요한 연원이다. [35] '인격'에 관한 이성주의의 발상은 현대의 법 및 법사상에 넓고도 뿌리 깊게 퍼져 있다. 특히 헌법과 형법에서 발견되는 인간과 법인격에 대한 관점에서 확인된다. 인간은 자유의지와 의도를 가진 이성적 존재로서 자신의 행위를 선택할 자유가 있으며, 그러한 선택 및 그 결과에 대해 책임을 져야 한다는 생각이 그것이다. [36]

종교주의도 자연법론자 등의 법철학자들에게 익숙한 견해다. 이에 따르면, 인간이나 생명에는 영혼이 깃들어 있어서 그 자체로 신성하기에, 인간은 마땅히 법인격이 된다. 이 같은 신성함은 오직 인간만의 것이며, 인간 외 다른 존재에게로 결코 확장될 수 없다. [37] 설령 인간 외 다른 존재가 일정한 법의 보호를 받아 마땅하거나 그럴 수 있다고 하더라도, 그러한 보호가 규범적으로 정당화되는 것은 그것이 인간을 위한 것이거나 인간에게 유의미한 중요성을 갖는 경우에 한한다. 이러한 취지에서, 드워킨이나 피니스(John Finnis)와 같은 자연법론 진영의 법철학자들은 이성주의와 종교주의 양자에 걸치는 입장을 취했다.

자연주의는 (법)인격과 같은 주제를 탐구할 때에 다윈의 진화론 등 현대과학이 인간과 기타 존재의 자연적 특성에 대해 말해주는 바를 중요한 참조점으로 수용해야 한다는 견해다. 앞서 인격에 관한 자연적·과학적 견해에 관한 서술에서 보았듯이, 법인격에 관한 자연적·과학적 견해 역시도 쾌고감수성이나 신경계의 발달과 같은 자연

---

35 Naffine, 앞의 책(주29), pp. 64~65.

36 Naffine, 앞의 책(주29), p. 72.

37 Naffine, 앞의 책(주29), pp. 100~101.

적 특질을 법인격 여부를 결정짓는 유력한 기준으로 삼는다. 과학이야말로 오늘날 인간의 경험과 지식에 대해 가장 신뢰할 만한 이해와 근거를 준다는 것이다. 이 점에서, 그러한 견해는 법인격에 관한 일종의 경험주의이자 과학주의라 할 수 있다.[38]

너핀에 따르면, '법인격'에 관한 이 네 가지 견해는 법(학)에 깃든 상이한 인간관을 대별함으로써, 법(학)의 여러 영역에는 세속적, 이성주의적, 인본주의적, 종교적 인간관 등이 제각기 자리하고 있다는 것이다.[39] 예를 들어 형법 영역에서는 이성주의적 인간관이 뿌리 깊게 투영되어 있고, 의료법 영역에서는 종교적·신학적 인간관이 중심적 역할을 하고 있다. 또한, 이들 어느 인간관도 '법인격'을 온전하게 해명해주지는 못하며, 각각 자신의 권역을 차지하고 때로는 경합하면서 서로 간에 미묘하게 동거하고 있다. 즉, 법은 이들 인간관이 동거하고 있는 거대한 영토와도 같다는 것이다.

나아가 너핀은 이들 견해를 '실체 중심적 접근법', 혹은 '속성 중심적 접근법'이라고 하면서, 이들과는 구별되는 것으로서 '관계 중심적 접근법', 즉 이른바 **'관계주의**(relationalism)'를 자신의 대안으로서 제안한다. 그 요점은, 한 인간의 인격이란 본질적이고 불변적인 방식으로 결정되는 것이 아니라 타자와의 사회적 관계를 통해 형성되고 정의되는 것이며, 이와 마찬가지로 법이 형성하는 인격, 즉 법인격 역시도 사회적으로 형성되는 법적 관계를 통해 이루어진다는 것이다.[40]

---

38 자연주의 법인격론에 대한 좀 더 상세한 소개로, 졸고(주26)(2022), 22~23면. 여기서 필자는 그것을 "급진 자연주의"와 "온건 자연주의"로 나누어 설명한 바 있다.

39 이 네 가지 입장에 관한 너핀의 더 상세한 서술과 필자의 논평은 졸고(주26)(2021), 140~144면 참조.

40 Naffine, 앞의 책(주29), pp. 169~170.

따라서 관계적 인격의 키워드는 '상호성'과 '대화성', 그리고 '소통'이다. 다만 관계주의를 이보다 더 해명하고 비평하는 것은 이 글의 목표를 벗어날 것이다.

V. 인격 대(對) 법인격: 따로 또 같이

III과 IV에서는 인격과 법인격의 의미를 각각 개념적, 역사적으로 해명하고자 했다. 이제 이를 토대로 두 개념을 비교해 보고 그 관계가 어떠한가를 살펴보자.

원칙적으로 '법인격'은 개념상 '인격'과 어떤 식으로든 연관될 수밖에 없다고 생각할 법하다. '법인격'은 그것이 여하한 것이든 정의상 법적 '인격'이기에, 전자는 후자에 담긴 최소한의 문언적 내포를 포함할 수밖에 없을 것이기 때문이다. 그래서 입법가든 법해석자든 '법인격'을 다루면서 '인격'의 의미로부터 자유로울 수는 없을 것이다. '법인격'이 법률주의적 개념, 즉 아무런 형이상학적 혹은 자연적 토대 없이 철저히 사회적 관행과 규약으로만 존재하거나 인간의 의도와 기획에 의해 '구성'되기만 하는 개념이 아닌 한 말이다.

'인격'과 '법인격' 두 개념 간의 연관은 역사적으로도 확인된다. 무릇 이 두 개념은 각각 도덕공동체와 법공동체의 (구성원의) 범위를 어떻게 획정할 것인가 하는 물음에 대한 답이라 할 수 있다. 사유하고 경험하는 존재로서 인간은 종(縱)으로 형이상학을 통해, 횡(橫)으로 경험과학을 통해 자신(자연인)과 외부 세계(동물, 사물 등)를 이해하고 규정해 왔다. 그러한 이해의 결과는 '인격'에 반영되었고, 이어서 '법인격'

에도 다각도로 반영되었다. 그리고 IV에서 살펴본 대로, 그러한 이해의 내용은 특히 근대의 헌법, 형법, 민법 등에서 근대법적 인간상을 형성하며 근대적 법인격 개념을 위한 중요한 토대가 되었다. 특히 이러한 인간상은 '법인격'에 투영되어 현대 헌법 논의에서 개인이 자신의 '인격'과 관련하여 가지는 권리(인격권)를 국가가 보호해야 할 기본권의 일환으로 다룰 수 있게 해주었다. 그리하여 근대의 '인격'을 자양분으로 한 '법인본주의(Juridical Humanism)',[41] 즉 법이란 궁극적으로 인간의 이익을 위해 복무하도록 고안된 것이라는 믿음은 이후 근대와 현대 서구의 법체계 전반을 관통하는 하나의 패러다임으로 자리잡았다. 이러한 패러다임하에서 자연인의 법인격성은 논의의 여지 없이 당연시되었다.

'법인'이 법인격이 된 경위를 살펴본다면 이러한 연관을 더욱 자신할 법하다. 일반적으로 '법인격'은 '육체적 인간'과 그게 기초한 '인격'을 중심으로 한 추상화의 산물로 해명될 수 있을 것이기 때문이다. 이미 고대 로마에서는 사람들의 결사체가 그 구성원들의 법적 존재와 구별되는 법적 존재로 간주될 법한 경우, 그것을 '코르푸스(Corpus)'라고 불렀다. 코르푸스는 조직된 인간공동체를 일컫는 최초의 용어였다.[42] 그러한 공동체는 일종의 '집합적 몸'인 셈인데, 이에 대해 물질성을 부여하는 일은 사물의 자연적 질서 안에서는 생각하기 어려운 일이지만, 기독교인들의 초자연적 의식 속에서는 가능한

---

41 이 용어는, Pietrzykowski, "Towards Modest Naturalization of Personhood in Law", *Revus*, Vol. 32, 2017, pp. 60~61에서 따온 것이다.

42 쟝-피에르 보, 『도둑맞은 손: 살아있지만 인격의 일부라고 말할 수 없는 인간적인 어떤 것에 관한 탐구』, 김현경 옮김, 이음, 2019, 111면.

일이었다. 따라서 중세의 교회는 그러한 집합적 몸을 그리스도의 신성한 몸과 다르지 않은 것으로 간주래 인격화하였고, 그 결과 법인은 법인격이 되었다. [43] 이런 식의 사유는 정치체에도 적용되었다. 근대 초기 토머스 홉스가 '리바이어던'이라고 칭한 국가는 정치체를 '공화국의 몸'으로 인격화하여 법인이 된 것이다. 13, 14세기에 '법인'은 그렇게 '법인격'으로 재창조된 것이다. [44] 자연인이 인간의 몸을 인격화하여 법인격이 되었다고 한다면, 법인도 이와 유사한 사유에서 법인격이 되었다는 것이다. 한 마디로 '자연인'이든 '법인'이든 간에, 여전히 '법인격'의 핵심에는 '인격'이 있고, '인격'의 핵심에는 '자연인'을 하나의 표준이자 원천으로 한 모종의 추상화가 자리하고 있다.

이상의 논의에 따르면, 특히 '인격'의 의미를 이루는 요소와 '법인격'을 이루는 요소는 내용상 서로 유사해 보인다. 두 개념의 주요 요소로서 인간의 형이상학적 이성과 도덕성, 종교적 신성성과 존엄성, 그리고 쾌고감수성이나 신경계의 발달과 같은 자연적 특질 등 다양한 요소가 거론되지만, 어떤 것이든 그것은 두 개념의 공통적 요소라 할 수 있기 때문이다. 이렇게 보면, '법인격'과 '인격'은 일종의 '통상적 연접(common conjunction)'이라는 밀접한 관계 양상하에 있다고 할 법하다.

이 같은 밀접한 연관은 어떻게 정식화될 수 있는가? 만약 그러한 관계 양상이 예외 없는 연관이라면, 그것에 대한 정식화의 유력한 후보로서 다음 두 가지를 고려해 볼 수 있다. 하나는 외연적 동치 진

43　쟝-피에르 보, 앞의 책, 111면.
44　쟝-피에르 보, 앞의 책, 110~114면.

술(equivalence statement)이고, 다른 하나는 필연성에 관한 양상 진술(modal statement)이다.

(E) 모든 존재자(x)에 대하여, 어떤 존재자가 인격(P)이면 그리고 오직 그 경우에만(if and only if) 그것은 법인격(LP)이다.

혹은

(N) 필연적으로, 어떤 존재자(x)가 인격(P)이면 그것은 법인격(LP)이다.

이 두 정식화는 '인격'과 '법인격'이라는 두 속성을 관련짓는 서로 다른 두 방식을 나타내지만, 모두 그 두 속성의 예화(instantiation)를 예외 없이 관련짓고 있다. 이 점에서 정식화 (E)는 '인격-법인격 동치 논제', 그리고 (N)은 '인격-법인격 결정(함축) 논제'라고 부를 수 있겠다.

그러나 이 같은 연관이 상존하는 것으로 보임에도 불구하고, 법의 역사를 조금 달리 보면 그러한 연관을 부정할 수 있다. '법인격'이 '인격'에 항상 일의적이고 명시적인 방식으로 의존한 것은 아니기 때문이다. 두 개념이 서로 대면한 대안적 방식 중 하나는 이렇다. 무엇이 '법인격'인가에 대한 답이 — 무엇이 '인격'인가에 의해 일의적으로 결정되는 것이 아니라 — 종종 당대의 법적 관행에 따라 자연스럽게 형성되거나, 혹은 당대의 법 공동체가 가진 목표와 기획에 의해 의도적으로 구성되기도 했다는 것이다. 특히 법에서는 인간이나 인격이란 무엇인가에 관한 특정한 철학적 입장을 전제하지 않은 채 단지 법인격 개념을 법 내적으로 기술적인 의미로만 사용하는 것이 가능했고, 그러한 사례는 이미 적잖이 있었던 것이다.

다시 '법인'이 법인격이 된 경위로 돌아가자. 추상화라는 공통의 기제만 놓고 보더라도, 자연인과 법인이 법인격이 된 데에는 여전히 서로 간에 유의미한 차이도 있어 보인다. 자연인, 특히 노예나 여성처럼 애초에 인간이면서도 법인격이 아니었던 존재가 법인격이 된 것은 자연인의 전형 사례, 즉 이성적이고 자율적이며 임신하지 않은 성인(남성)으로부터의 자연스러운 연장(extension)에 따른 것이라고 볼 수 있다. 이에 반해, 법인이 법인격이 된 것은 그러한 연장이 아니라 사람들의 '과감한 상상력에 기초한 은유'이자 동시에 '현실적(사회경제적) 필요성에 기초한 의제'라고 보는 것이 자연스러울 것이다. 만약 그렇다면, 법인의 경우, 비록 그 연원상 모종의 은유와 의제에 의해 인격임을 거쳐 법인격이 되었다 할지라도, 오늘날 그것은 '인격 아닌 법인격'이라 해야 할 것이다. 오늘날 법인이 법인격임을 부정하고자 하는 사람이 별로 없듯이,[45] (법인의 인격권에 관한 논의를 예외적인 것으로 본다는 가정하에) 법인을 여전히 모종의 '인격'이라고 보는 사람은 별로 없을 것이기 때문이다. 민법이나 상법상 '법인'과 국제법상 '국가'가 현 시점에서 철학적·형이상학적 의미의 '인격'이라 할 수 없음에도 불구하고 여전히 '법인격'으로는 간주되는 데에는 상대적으로 어려움이

---

45 법인의 법인격성을 부정해야 한다는 주장이 아예 없지는 않다. 톰 하트만의 책 『기업은 어떻게 인간이 되었는가』(이시은 옮김, 어마마마, 2014)에서 저자는 기업이 법인격의 자격을 얻음으로써 누리게 된 특권과 책임 회피를 날카롭게 고발하면서, 이를 해결하기 위해서는 기업의 법인격을 무효화해야 한다고 주장한다.

없지 않은가?[46] 이와 반대로, 노예나 태아, 혹은 무뇌아와 같이 인격이라 할 만한 좋은 (철학적 혹은 기타의) 이유가 있음에도 법인격으로 인정받지 못한 경우들도 있었다. 요컨대 '법인'이 법인격이 된 기제에는 '법인'이 사람의 몸을 집합적 차원에까지 추상화한 데서 비롯한 면이 있지만, 그것은 결국 현실적 필요에 의거하여 은유와 의제를 통해 법인격임이 인정된 전형적 사례라 할 수 있다. 즉 법인이 법인격이 된 것은 법률주의에 따른 것이다.

따라서 역사적으로 볼 때, 법은 종종 특정한 인간관이나 인격관을 명시적으로건 암묵적으로건 내포하기도 했지만, 그것이 법인격성 여부를 판가름하는 절대적이고 불변적인 기준은 아니었다. 법인격 개념이 인격 개념에 본질적 · 필연적으로 의존하거나 그것(후자)에 의해 일의적으로 결정되지는 않았다. 즉 '인격'과 '법인격' 간에 관찰되는 밀접한 연관은 모종의 동치 관계나 결정 · 함축 관계라고 보기는 어렵다. 달리 말해, '인격'과 '법인격'은 서로 간에 '통상적 연접'에 가까운 관계 양상을 보일 뿐, '항상적 연접(constant conjunction)'의 관계를 보이지는 않으며, '필연적 결속(necessary connection; necessitation)'의 관계를 보이는 것은 더더욱 아니다. 항상적 연접이 필연적 결속을 함축하지 않는다고 하는 철학자 흄(David Hume)의

---

46 법인이나 국가를 철학적 · 형이상학적 의미에서 '인격'으로 간주할 수 있다고 하는 주장도 있기는 하다. 하지만 이는 이른바 '집합적 인격(collective personhood)'에 의거한 것으로, 전술한 바 일반적 의미의 인격과는 다른 의미의 것이다. 유사한 취지로, 국제법에서는 다른 유형의 정치공동체, 가령 초국가적(transnational) 공동체, 계급공동체, 국제기구 등도 집합적 인격으로 간주하기도 한다. Alexander Wendt, "State as Person in International Theory", Review of International Studies 30 (2), 2004, pp. 269~280; Rafi Youatt, "Personhood and the Rights of Nature: The New Subjects of Contemporary Earth Politics", International Political Sociology, 2017, pp. 1~16 참조.

저 유명한 논제를 떠올려 볼 때, 마땅히 '인격'과 '법인격' 간의 관계로서 추정되는 '통상적 연접'은 항상적 연접도 필연적 결속도 함축하지 않는다. 양자 간에는 단지 '우연적' 연접(contingent conjunction) 혹은 심지어 산발적인 우연의 일치(coincidence)가 있는 것처럼 보일 뿐이다. 이로써 위의 두 정식화 (E)와 (N), 즉 인격–법인격 동치 논제와 인격–법인격 결정(함축) 논제는 모두 부정된다.

이상과 같은 분석을 통해 다음과 같은 귀결을 얻는다. '법인격'과 '인격' 사이에는 유의미한 개념적 간극이 존재한다. '인격'과 '법인격'의 의미는 쉽게 동일시될 수 없으며, 후자를 전자로 환원하여 해명하고자 하는 시도가 결코 자명하게 옳은 것은 아니다. 법의 본성에 관한 모종의 자연법론을 전제하거나, 혹은 법인격에 대한 실체주의(substantivalism)나 본질주의(essentialism)를 전제하지 않는 한, 무엇이 법인격인가가 무엇이 인격인가에 의해 일의적으로 결정되어야 할 어떠한 선험적(a priori) 이유도 없다. '법인격'을 해명하기 위해 '인격'을 해명하는 것이 반드시 필요하다거나, 전자의 과업을 후자의 과업으로 환원시켜 행할 수 있다고 하는, 세간의 흔한 믿음은 범주의 오류를 범한 것일 수 있다. 비록 '법인격'이 '인격'과 무관한 개념도 아니고, 전자를 후자로부터 반드시 절연(絕緣)해야만 하는 것은 아니라 할지라도 말이다. 다소 모호한 표현을 써서라도 나타내본다면, '인격'과 '법인격'은 '따로 또 같이' 가는 관계일 수 있다. [47]

---

47 인공지능의 '인격'과 '법인격' 간의 관계에 관한 이러한 함축은 더 일반화될 수도 있다. 필자는 다른 곳에서 이를 지적하여, 일반적으로 인공지능(로봇)에 관해 법적 접근법과 도덕적 접근법이 있다고 할 때, 이 두 접근법이 '따로 또 같이' 가는 관계에 있음을 주장한 바 있다. 졸고, 「로봇윤리 vs. 로봇법학: 따로 또 같이」, 『법철학연구』 제20권 제2호, 2017 참조.

VI. 다시, 인공지능 법인격으로

이제 인공지능으로 돌아와 보자. '인격'과 '법인격'에 대해 II, III, IV 등 앞에서 도출한 일반적 함의를 소환해 보라. 그것은 I에서 제기한 물음 (Q)에 대해, 즉 인공지능이라는 비인간 존재자의 법인격 여부에 대해 어떠한 함축을 주는가? 그것은 II에서 살펴본바 이 물음에 대한 여러 긍정론과 부정론 간의 논쟁이 현재 처해 있는 답보상태에 대해 어떠한 함축을 주는가?

먼저 이들 긍정론과 부정론을 다시 검토해 보면 다음 사실을 확인할 수 있다. 많은 논자가 '인공지능의 법인격'이라는 주제를 논의하면서도 그것을 '인공지능의 인격'에 관한 문제로 치환하려 애썼다. 철학적 긍정론과 철학적 부정론 모두가 그렇다. 그들은 인공지능의 법인격이라는 주제를 인공지능의 특질과 본성이 무엇인가를 밝히는 문제, 즉 모종의 '형이상학적' 문제 혹은 '자연적·경험과학적' 문제로 접근했고 인공지능이 자유의지나 자의식, 혹은 자율성과 같은, '인격'의 주요 지표라 할 특질을 가지는가를 자신들의 주요 논거로 삼으려 했다.

사실 이러한 경향에는 더 근본적 연원이 있다. 이는 인공지능의 '법인격'이라는 문제에 와서 특별히 일어난 것도 아니요, 그것을 '인격'과 반드시 관련짓고자 한 데에서만 비롯한 것도 아니다. 인공지능의 '법인격'에 관한 논의와는 별도로, 인공지능의 '인격'이라는 문제에 관한 논의 자체가 인공지능을 '인간'과 비교하는 데에서 출발했을 뿐 아니라 사실상 거기에 매몰되어 왔는데, 이것이 문제의 발단이었다. 많은 이들은 인공지능의 인격, 자율성, 도덕성 등에 관한 (철학적) 논의를 하면서, 실상은 인식, 이해, 사유, 자유의지, 의식, 자의식 등의 면에서 인공지능과 인간의 능력을 비교하는 데에 집중했으며, 이러한 비교의 결과를 근거로 하여 인공지능의 인격, 자율성, 도덕성 등을 긍정하거나 부정하는 주장으로 나아갔다.[48]

이런 식의 논변은 흔히 인공지능의 인격, 자율성, 도덕성 등을 부정하는 결론으로 나아갔다. 애초에 인공지능이 마치 세계 속의 새로운 유형의 행위주체인 것처럼 등장한 이후, 많은 논자가 인간만이 상상력이나 창의력을 가질 뿐 인공지능은 결코 그러한 능력을 가질 수 없다고 주장했다. 일부 논자는 인공지능이 인간의 다른 어떤 인지적, 외적 능력은 모방할 수 있을지언정 쾌락이나 욕망이 없고 반성적 사고를 할 수 없기에, 개그, 위트, 풍자, 해학 등과 같은 인간 특유의 주관적 정서를 표현하고 이해할 수는 없다고 주장했다. 그리고 바로 이런 이유로, 인공지능의 등장에도 불구하고 인간의 고유함과 특별함은 훼손하거나 제거될 수 없다고 주장하기도 했다. 이처럼 인공지능을 인간과 비교하고 평가하여 도출해 낸 주장은 꽤 공감대를 얻기도 했다.

인공지능의 '법인격'에 관한 많은 논거도 그것의 '인격'으로서의 특질, 혹은 심지어 그것의 '인간'으로서의 특질과 비교하는 것이었다. 앞서 I에서 소개한 **(철학적 긍정론)**과 **(철학적 부정론)** 양쪽 모두 이를 옹호하는 논변 대부분이 그러한 소용돌이에 빠졌다. 이를 좀 더

48　예를 들어 철학자 존 설(John Searle)의 유명한 중국어방 논변(Chinese Room Argument)을 생각해 보라. 혹은 관련 논의의 예시로, 웬델 월러치 & 콜린 알렌 지음, 『왜 로봇의 도덕인가』, 노태복 옮김, 메디치, 2014, 제4장; Lawrence B. Solum, "Legal Personhood for Artificial Intelligences", *North Carolina Law Review*, Vol. 70, 1992, pp. 1231~1287 등 참조. 2016년 알파고 사건 이후 국내 많은 논자들(특히 많은 인문학자들)이 이러한 주장을 펼쳤다.

부연해 보자.

먼저 (철학적 부정론)에 따르면, 무릇 법인격이라면 인간과 같은 자율성이나 책임을 부여받을 수 있는 인격이어야 하는데 현재의 인공지능은 그렇지 못하며, 앞으로도 그럴 것으로 기대할 수 없기에 인공지능은 법인격일 수 없다는 것이다. 관련한 여러 논자의 논변이 전반적으로 그랬다.[49]

철학적 긍정론자들도 다르지 않았다. 그들 몇몇은 좀 전에 서술한 바와 같이 인공지능도 인간 고유의 인격적·인간적 특질을 가질 수 있음을 논구하려 했다. 반면 그들 나머지 다수는 상대적으로 온건한 전략을 취했다. 그들은 앞서 I에서 정식화한바 (철학적 긍정론)'을 주창하면서 현재와 가까운 미래에 구현될 약한 인공지능의 경우, 비록 인간이 가지는 것과 같은 의도(intent)나 도덕성, 혹은 자율성을 가진다고 볼 수는 없을지라도, 적어도 '기능적(functional)' 혹은 '현상론적(phenomenological)' 수준에서 일정한 '행위성(agency)'을 가진 존재로 볼 수 있음에 주목했다.[50] 특히 몇몇 논자들은 이러한 행위가 특별히 예측 불가능함을 강조하여 그것을 '창발적(emergent)'이라고 표현하기도 했다.[51] 이들은 인공지능의 그러한 기능적, 현상적, 창발적 특질을 기존의 '자율성'을 대체할 '인격성'의 핵심 표지로 내세운 것이

---

49 자세한 내용은 관련한 여러 예를 통해 확인할 수 있다. 본고(주8)의 문헌들 참조.
50 인공지능 특유의 행위성을 그 자율성의 정도에 따라 세분하여 그 의의를 논한 흥미로운 글로, James H. Moore, "The Nature, Importance, and Difficulty of Machine Ethics", *IEEE Intelligent Systems* Vol. 21, 2006 참조.
51 미국의 인공지능법학자 라이언 케일로(Ryan Calo)의 주장이 그러한 예이다. Ryan Calo, "Robotics and the Lessons of Cyberlaw", *California Law Review*, 2015, pp. 513~563, 특히 II장 B절 참조. 케일로가 창발성을 포함하여 인공지능(로봇)의 특별한 성질로서 제안한 바에 대해서는 졸고(주57)(2017) II에서 상론한 바 있다.

다. 그들 중 몇몇은 여기에서 한 걸음 더 나아가 인공지능의 그 같은 특질을 새로운 의미의 자율성으로 간주할 수 있다는 입장을 개진했다.[52]

일반적으로 인간이 타인의 행위를 평가하고자 할 때조차도 결국 그 행위를 '기능적' 수준에서 서술하고 평가하는 것은 불가피하다. 마찬가지로 인공지능의 행위나 판단 결과를 '윤리'라는 범주에서 다루기 위해서는 그것이 기능적 수준에서 기대되는 일정한 조건을 충족하는가의 여부를 놓고서 서술하고 평가할 수밖에 없다. 이러한 이유에 근거하여 몇몇 논자들은 인공지능의 법인격성을 옹호할 수 있다는 주장으로 나아가기도 했다.[53] 예를 들어 양천수는 '인격'이 '인간'과 분리되면서 법인격의 외연이 확장되어 왔음을 지적하면서, 인공지능이나 로봇도 탈인간중심적으로 새로이 정의된 자율성이나 소통의 주체가 될 수 있다는 점을 들어 그것이 법인격일 수 있다고 주장했다.[54] 비슷한 취지에서 이중기는 인공지능 법인격 문제와 관련하여

---

52 이러한 노선 전략에서 월러치와 알렌은 진정한 인간적 도덕성과는 다를지라도 인공지능이 새로운 의미에서 자율적 도덕성을 가지는 것으로 볼 수 있다고 주장했다. 그들은 그것을 기계적 자동화에 다를 바 없는 '조작적 도덕성(operational morality)'과 구별하여 '기능적 도덕성(functional morality)'이라고 불렀다. 웬델 월러치 & 콜린 알렌 지음, 『왜 로봇의 도덕인가』, 노태복 옮김, 메디치, 2014, 제4장; 혹은 Ryan Calo, "Robotics and the Lessons of Cyberlaw", California Law Review, 2015, pp. 513~563, 특히 II장 B절 참조. 그는 자신이 고안한 새로운 '자율성'을 '창발성(emergence)'이라고 부르고 있다. 한편 이 같은 노선에 선 국내 논자(철학자)로는 신상규, 「인공지능은 자율적 도덕행위자일 수 있는가?」, 『철학』 제132집, 2019, 265~292면 등을 참조할 수 있다.

53 이러한 노선 전략을 취하는 예로, Samir Chopra & Laurence F. White, *Legal Theory for Autonomous Artificial Agents*, The University of Michigan Press, 2011; Lawrence B. Solum, 앞의 글(주2); 유사한 취지의 국내 연구로, 양천수, 「현대 지능정보사회와 인격성의 확장」, 전북대학교 동북아법연구소 간(刊), 『지능정보사회에서 법과 윤리』, 이웃사람들, 2019 등 참조.

54 양천수, 앞의 글(주9) 등 참조. 다만 그는 '인격'과 '법인격'을 분리하는 전략을 취하는 것이 아니라 둘을 탈인간중심적 세계상에 의거한 새 모델인 '체계모델' 하에서 연동하도록 한다.

다음과 같이 전향적으로 사고할 것을 제안했다.

> 현대를 사는 우리는 '[법]인격'에 대한 의식 속에 17세기에 형성된 '인간의 존엄성'을 '인격'(혹은 '권리주체성')을 이해하는 유일한 특징으로 생각하지 않는다. […] 21세기를 사는 우리는 이제 '인격' 혹은 '권리주체'라는 이름으로 존엄성뿐만 아니라 '재산과 책임의 귀속단위' 같은 '기능성'에 대한 의식들을 형성하고 있으며, 이러한 새로운 의식들은 기존의 '인격'이라는 이름하에 접목되고 있다. 이와 같이 '인격'에 대한 의식의 형성이 존엄성에서 출발해 [조직법상] 출자의 연결점과 같은 '기능성'에 대해 확장되고 있다면, 이러한 기능성에 기반해 '인격'에 대한 의식을 법인 이외의 자율성을 지닌 다른 존재에 대해서도 확장할 수 있다고 생각한다.[55]

이러한 제안에 따르면, 여느 개념처럼 '법인격'도 역사성을 띠는 개념이기에, 기존에 '(인간적) 존엄성'을 [법]인격의 주요 개념지표로 삼았다면 이제는 인공지능 특유의 '기능성'(재산과 책임의 귀속단위로서의 기능성)을 [법]인격의 새로운 개념지표로 삼을 수 있다는 것이다.

다만 이처럼 인공지능의 행위성이 가지는 특별한 의의에 공감하는 — 그래서 법률학적 논거를 넘어 '철학적' 논거를 제시하고자 한 — 모든 논자가 인공지능의 법인격을 긍정하는 것은 아니다. 그러한 공감 속에서도 일부 논자는 법인격을 부여하는 데에는 신중하거나 회

---

55 이중기, 「자율주행차의 운전자 지위와 인격성」, 『법학에서 위험한 생각들』, 윤진수·한상훈·안성조 대표편집, 법문사, 2018, 452~453면. 이 글의 저자는 이 글에서 기존의 "인격성" 개념을 수정·확장하여 향후 (완전)자율자동차의 인격성을 인정해야 할 것임을 주장한다. 이 과정에서 저자는 계속해서 '인격'을 언급하는데, 혼동을 피하기 위해서는 이를 '법인격'을 의미하는 것으로 이해해야 하겠다.

의적 태도를 취하기도 했다.[56] 예를 들어 박도현은 기능적, 현상적 수준에서 인공지능의 행위성을 '창발적 자율성'이라고 부르면서, 이것이 기존의 인간적 자율성과 구별되는 새로운 의미의 자율성일 수 있음을 인정해야 한다고 주장했다. 그럼에도 그는 인공지능에 법인격을 부여하는 데에 대해서는 그 실익이 크지 않을 것으로 보아 회의적 입장을 취했다.[57]

그렇다면 철학적 긍정론과 철학적 부정론 간의 논쟁에 대한 이 같은 분석이 주는 교훈은 무엇인가? 무엇보다 인공지능의 법인격에 관한 기존의 일련의 찬반 주장들과 그 배후에 자리한 철학적 세계상을 모두 재고해볼 만하다는 것이다. 특히 인공지능의 작동으로부터 확인되는바 특유의 '기능성'이나 '창발성'을 인간 특유의 자유의지나 자율성과 같은 인격적·인간적 특질과 쉽게 동일시하거나 전자를 후자로 쉽게 환원 혹은 치환할 수 있다고 하는 믿음은 재검토되어야 한다는 것이다.

물론 인공지능의 경우에 대해서도, 이런저런 철학적 혹은 자연적 '인격'이나 '인간'의 개념요소가 인공지능의 법인격성 논의를 위한 유의미한 참조점이 될 수 있음은 부인할 수 없다. 인간을 포함한 많은 기존 존재자의 법인격에 대한 논의가 그러해 왔던 것처럼, 인공지능의 법인격 여부에 대한 논의에서도 인공지능이 인간과 같은 의미에서 의식을 갖고 사고하며 행동하는 것인지, 그래서 그것이 인격인지

---

56 이러한 신중한 입장으로, 졸고, 「법적 주체로서 인공지능로봇 I: 의의와 관점」, 『성균관법학』 제 30권 제2호, 2018, 215~238면 참조. 박도현, 「인공지능과 자율성의 역학관계」, 『홍익법학』 제20 권, 2019, 501~538면 참조.

57 박도현, 위의 글(주56) 참조.

에 대한 고찰은 결코 가볍지 않은 관심사일 수 있다. 동물과 같은 비인간 행위자도 권리주체로서 인정해야 한다고 주장하는 이들과 이에 반대하는 이들의 논변을 떠올려 보라. 이들 모두는 동물이 자율성이나 자의식을 갖는가의 질문에 초점을 맞추면서도 그 질문에 대한 답을 달리한다. 이러한 사실을 고려한다면, 인공지능에 대해서도 유사한 논점이 부각되는 일이 하등 이상할 것은 없을 것이다.

하지만 비록 동물에 대해 그러했다고 하더라도, 인공지능의 법인격이나 권리주체성에 관한 논의에서 인공지능이 주체성이나 자의식을 갖는지가 논점의 전부인지는 의문이며, 심지어 그것이 가장 지배적 논점이어야 하는지조차 불분명하다. 그러한 철학적, 자연적 인격 개념이 인공지능의 법인격에 관한 유일한 판정 기준이나 최선의 판정 기준이 되어야만 할 마땅한 이유는 없기 때문이다.

VII. 결론을 대신하여

끝으로, 필자의 논지를 더욱 분명히 하기 위해 본고의 내용과 성격에 대해 다음 몇 가지 논평을 덧붙인다.

첫째, 필자의 위와 같은 논변이 인공지능 법인격 문제 (Q), 즉 "인공지능이 법인격인가?"에 대한 여러 긍정론과 부정론 중에서 어느 특정한 견해를 지지하거나 옹호하는 것은 아니라는 점이다. 필자의 논변은 특히 철학적 긍정론과 부정론의 견해들이 공통으로 처한 한 가지 개념적 맹점을 드러낼 뿐, 과거 논자들이 그러했듯이 그러한 긍정론과 부정론의 견해들 가운데 어느 특정한 견해를 지지하려 한 것이 아니다. 필자는 선수로서 그러한 찬반 논쟁의 경기장에 다시 뛰어들려고 한 것이 아니다. 즉 필자가 행한 분석은 논쟁의 일차적(first-order) 층위가 아니라 '이차적(second-order)' 혹은 '메타적' 층위의 것이다.

둘째, VI장 말미에 이끌어낸 교훈이 말해주듯이, 필자의 논변이 법학이나 법이론, 혹은 법인격론 일반에서 '인격론'을 소거해야 함을 의미하지는 않는다. 주지하듯, 근대법은 '인간'중심적이다. 달리 말하면 '인격'중심적이다. 근대법은 권리와 의무, 행위, 그리고 책임의 주체로서 (혹은 예외적으로 객체로서의) '인간'과 '인격'을 중심으로 하여 구축되고 이해되어 온 체계라는 점에서 그렇다. 이러한 취지로 독일의 법철학자 쿠르트 젤만(Kurt Selmann)은 근대법에서 인격성의 의의를 이렇게 강조한다.

인격체 개념, 즉 그 상호작용에 기하여 법질서가 형성되는 주체를 가리키는 개념은 두 전제 요건을 필요로 하기 때문에, 그것은 포기할 수 없다. 다른 사람에게 권리와 책임을 귀속시킨다는 것은, 그를 상호작용의 당사자, 의미(Sinn)의 작성자이자 수령인으로 만든다는 것을 뜻한다. […] 다른 사람을 그의 행위와 생각에 대해 책임이 있는 인격체로서 진지하게 생각할 때에만 법률관계가 가능하다. [58]

이처럼 젤만은 근대법을 인간중심적이고 인격중심적으로 바라본다. 더욱이 상호작용과 상호존중을 근대법의 대전제로 바라본다. 사실 이 같은 관점은 근대법에 관한 흔하고 유력한 이해 방식의 하나다. 물론 근대법에서 인간성(humanity)이나 인격성(personhood)이 얼마나 지배적 역할을 하는지에 대해서나 그것이 얼마나 근본적 토대를 이루는지에 대해서는 이견이 있을 수 있다. 젤만 류의 관점을 근대법에 관해 유일하게 타당한 관점이 아니라 단지 가능한 여러 이해 방식 중의 하나로만 볼 수도 있기 때문이다. 그렇지만 본 논문이 인격에 기반한 법학이나 법이론, 혹은 법인격론의 의의와 전망 자체를 부정하고자 한 것은 아니다.

셋째, 인공지능 법인격 논쟁에 대한 상기 분석의 성격과 의의가 무엇인지를 좀 더 거시적으로 조망하기 위해, II에서 제시한 논쟁 현황으로 돌아가 보자. 필자는 해당 논쟁에서 제시된 다양한 견해들을 긍정론과 부정론으로 대별하고 비판적 분석을 거기에 집중했다. I에서 이끌어낸 세 논점 중에서 **(논점 1)**에 대해서는 특정한 답, 즉 인공지

---

58 쿠르트 젤만(김재형 역), 「법에 대한 도전으로서의 인간의 본성」, 『과학기술과 법』, 서울대학교 기술과 법센터 편, 서울대학교출판부, 2007, 103~104면.

능 법인격 문제를 철학적 사안이라고 보는 것을 가정했을 뿐이다. 이 논점은 분석 · 해명되지 않은 채로 남았다.

(논점 1) 인공지능 법인격의 문제란 법률적 사안인가, 아니면 철학적 사안인가?

(법)철학적 관심에 경도되지 않은 여러 논자가 이 논점에 직접 답하지 않고서, 즉 법률학적 차원의 논거와 철학적 차원의 논거를 구별하지 않고서 양자를 넘나들곤 했다. **(법률적 긍정론)**과 **(철학적 긍정론)** 내지 **(철학적 긍정론)'**을 함께 옹호하거나, 혹은 **(법률적 부정론)**과 (철학적 부정론)을 함께 옹호하는 식으로 말이다. [59]

그렇지만 개념적으로 보면, '법률적' 견해와 '철학적' 견해는 양립 불가능하다. 이는 마치 법이란 무엇인가에 관한 이론(법본성론)의 일환으로서 법실증주의의 일환이라 할 '법률적 견해'와 '자연법적 견해'가 양립 불가능한 것과 같다. 전자에 의하면 그 본성상 "무엇이 법인가?"의 답은 법률을 형식으로 하여 사람의 의지, 의도, 행위, 혹은 관습에 의해 '인위적으로' 결정되는 것인 반면, 후자에 의하면 그러한 물음에 대한 답은 인간 내외의 인자에 의해 '자연적 · 본성적으로' 결정되는 것이라는 점에서다. 법인격 일반에 대한, 혹은 인공지능의 법인격에 대한 '법률적' 견해와 '철학적' 견해 간의 대립도 이와 마찬가

---

59 예를 들어 **(법률적 긍정론)**과 **(철학적 긍정론)'**을 함께 옹호한 예로, 이중기, 앞의 글(주11) 및 양천수, 앞의 글(주9); 반면 **(법률적 부정론)**과 **(철학적 부정론)**을 함께 옹호한 예로, 이상용, 앞의 글(주6) 참조. 혹은 박도현의 논변은 내용상 이들의 논변과 미묘하게 다르지만, 두 범주를 넘나들고 있다는 점에서는 마찬가지다. 박도현, 앞의 글(주56) 참조.

지로 개념적으로 선명하다. 전자에서는 인공지능을 포함한 어떤 존재자가 법인격인지의 여부란 법이(결국 사람이) 정하기에 달려 있다고 보는 반면, 후자에서는 법인격이란 인공지능 및 인간의 자연 혹은 본성으로서의 특질에 달려 있다고 보기 때문이다. 한 마디로 두 견해는 결을 달리하는 양립 불가능한 법인격론이기에 양자를 쉽게 넘나들어서는 안 될 일이다.

요컨대 (논점 1)은 (논점 2)와 (논점 3)에 논리적으로 우선하는 쟁점이다. 또한 — 비록 본고에서 직접적으로 다루지는 않았지만 — 그 쟁점은 적어도 (법)철학적 관심하에서라면 마냥 피할 수 없는 근본문제다.

Ⅰ. 국내문헌

계승균, 「법규범에서 인공지능의 주체성 여부」, 『법조』 Vol. 724, 2017.

김건우, 「로봇윤리 vs. 로봇법학: 따로 또 같이」, 『법철학연구』 제20권 제2호, 2017.

______, 「로봇법학이란 무엇인가?」, 『비교법연구』 제17권 제3호, 2017.

______, 「법적 주체로서 인공지능로봇 I: 의의와 관점」, 『성균관법학』 제30권 제2호, 2018.

______, 「법인격론의 최근 연구 동향」, 『법철학연구』 제24권 제3호, 2021.

______, 「자연주의 법인격론의 도전: 토마시 피에트르코브스키의 이론을 중심으로」, 『법철학연구』 제25권 제3호, 2022.

김도균, 『권리의 문법』, 박영사, 2008.

김민배, 「AI 로봇의 법적 지위에 대한 쟁점과 과제」, 『토지공법연구』 제87호, 2019.

김진우, 「인공지능에 대한 전자인 제도 도입의 필요성과 실현방안에 관한 고찰」, 『저스티스』 통권 제171호, (2019.

박도현, 「인공지능과 자율성의 역학관계」, 『홍익법학』 제20권, 2019.

송덕수, 『신민법강의』 제8판, 박영사, 2015.

송호영, 「인공지능 로봇은 법인격을 가질 수 있는가?」, 『저스티스』 통권 제184호, 2021.

신상규, 「인공지능은 자율적 도덕행위자일 수 있는가?」, 『철학』 제132집, 2019.

신현탁, 「인공지능(AI)의 법인격: 전자인격(Electronic Person) 개념에 관한 소
고」, 『인권과 정의』 Vol. 478, 2018. 12.

양천수, 「현대 지능정보사회와 인격성의 확장」, 전북대학교동북아법연구소 간
(刊), 『지능정보사회에서 법과 윤리』, 이웃사람들, 2019.

오세혁, 「법의 한계에 대한 시론(試論)적 고찰」, 『중앙법학』 제14집 제4호, 2012.
12.

이경규, 「인(人) 이외의 존재에 대한 법인격 인정과 인공지능의 법적 지위에 관
한 소고」, 『인하대학교법학연구』 Vol.21 No.1, 2018.

이상용, 「인공지능과 계약법」, 『비교사법』 제3권 제4호, 2016.

______, 「인공지능과 법인격」, 『민사법학』 제89호, 2019.

이중기, 「인공지능을 가진 로봇의 법적 취급: 자율주행자동차 사고의 법적 인식
과 책임을 중심으로」, 『홍익법학』 제17권 제3호, 2016.

______, 「자율주행차의 운전자 지위와 인격성」, 『법학에서 위험한 생각들』(윤진
수 · 한상훈 · 안성조 대표편집, 법문사, 2018.

임미원, 「'인격성'의 개념사적 고찰」, 『법철학연구』 제8권 제2호, 2005.

______, 「인격성 개념의 기초적 고찰」, 한국민사법학회(편), 『우리 민법학은 지
금 어디에 서 있는가: 한국민사법학 60년 회고와 전망』, 박영사, 2006.

정채연, 「법패러다임 변화의 관점에서 인공지능과 법담론: 법에서 탈근대성의
수용과 발전」, 『법과사회』 제53호, 2016.

진교훈 외, 『인격』, 서울대학교출판부, 2007.

한희원, 「인공지능(AI)의 법인격 주체 가능성의 이론적 기틀에 대한 기초 연구」,
『중앙법학』 제20집 제3호, 2018.

Ⅱ. 외국문헌

보, 쟝–피에르, 『도둑맞은 손: 살아있지만 인격의 일부라고 말할 수 없는 인간
적인 어떤 것에 관한 탐구』, 김현경 옮김, 이음, 2019.

슈패만, 로베르트, 『왜 인격들에 대해 말하는가』, 박종대 · 김용해 · 김형수 옮김, 서광사, 2019.

아렌트, 한나, 『혁명론』, 홍원표 옮김, 한길사, 2004.

월러치, 웬델 & 알렌, 콜린 지음, 『왜 로봇의 도덕인가』, 노태복 옮김, 메디치, 2014.

젤만, 쿠르트, 「법에 대한 도전으로서의 인간의 본성」, 『과학기술과 법』, 김재형 옮김, 서울대학교 기술과 법센터 편, 서울대학교출판부, 2007.

카플란, 제리, 『인간은 필요 없다』, 신동숙 옮김, 한즈미디어, 2016.

케이건, 셸리, 『죽음이란 무엇인가』, 박세연 옮김, 엘도라도, 2012.

하트만, 톰, 『기업은 어떻게 인간이 되었는가』, 이시은 옮김, 어마마마, 2014.

Asaro, Peter M., "A Body to Kick, but Still No Soul to Damn: Legal Perspectives on Robotics", in Patrick Lin, Keith Abney, and George Bekey, (ed.) *Robot Ethics: The Ethical and Social Implications of Robotics*, MIT Press, 2012.

Calo, Ryan, "Robotics and the Lessons of Cyberlaw", *California Law Review*, 2015.

Chesterman, Simon, "Artificial Intelligence and the Limits of Legal Personality", *International and Comparative Law Quarterly* vol. 69, 2020.

Chopra, Samir & White, Laurence F., *Legal Theory for Autonomous Artificial Agents*, The University of Michigan Press, 2011.

Gunoo Kim, "Naturalism in Jurisprudence", in M. Sellers & S. Kirste (ed.), *Encyclopedia of the Philosophy of Law and Social Philosophy*, Springer Nature, 2020.

Kelsen, Hans, *Pure Theory of Law* [translated from the Second(Revised and Enlarged) German Edition by Max Knight], University of California Press, 1967.

Kurki, Visa A. J. & Pietrzykowski, Tomasz(ed.), *Legal Personhood: Animals,*

Artificial Intelligence and the Unborn, Springer International Publishing, 2017.

Kurki, Visa A. J., "Legal Person", in M. Sellers & S. Kirste (ed.), *Encyclopedia of the Philosophy of Law and Social Philosophy*, Springer Nature, 2020.

__________, *A Theory of Legal Personhood*, Oxford University Press, 2019.

Moore, James H., "The Nature, Importance, and Difficulty of Machine Ethics", *IEEE Intelligent Systems* Vol. 21, 2006.

Naffine, Ngaire, *Law's Meaning of Life: Philosophy, Religion, Darwin and the Legal Person*, Hart Publishing, 2009.

Olson, Eric T. "Personal Identity", *The Stanford Encyclopedia of Philosophy* (Fall 2019 Edition), Edward N. Zalta (ed.), URL = ⟨https://plato.stanford.edu/archives/fall2019/entries/identity−personal/⟩

Parfit, Derek, *Reasons and Persons*, Oxford University Press, 1984.

Patterson, Orlando, *Slavery and Social Death: A Comparative Study*, Harvard University Press, 1982.

Pietrzykowski, Tomasz, "Towards Modest Naturalization of Personhood in Law", *Revus*, Vol. 32, 2017.

Singer, Peter, *How Are We to Live? Ethics in an Age of Self-Interest*, Oxford: Oxford University Press, 1997.

__________, *Animal Liberation: A New Ethics for Our Treatment of Animals*, Random House, 1975.

Solum, Lawrence B., "Legal Personhood for Artificial Intelligences", *North Carolina Law Review*, Vol. 70, 1992.

Spaemann, Robert, *Persons: The Difference between 'Someone' and 'Something'*, Oxford University Press, 1996.

Turner, Jacob, *Robot Rules: Regulating Artificial Intelligence*, Palgrave Macmillan, 2019.

Wendt, Alexander, "State as Person in International Theory", *Review of International Studies* 30 (2), 2004.

Youatt, Rafi, "Personhood and the Rights of Nature: The New Subjects of Contemporary Earth Politics", *International Political Sociology*, Vol.11 (1), 2017.

http://www.iep.utm.edu/law-phil/#H2

Nonhuman Rights Project, Inc. ex rel. Tommy v. Lavery, 54 N.Y.S.3d 392, 394 (N.Y. App. Div. 2017)

8장
가상인격과 개인정보

최주선

법무법인 민후 변호사

한국포스트휴먼연구소 이사장

1. 법률 속 '인격'

언론중재 및 피해구제 등에 관한 법률(이하 '언론중재법') 제5조 제1항은 인격권을 "생명, 자유, 신체, 건강, 명예, 사생활의 비밀과 자유, 초상(肖像), 성명, 음성, 대화, 저작물 및 사적(私的) 문서, 그 밖의 인격적 가치 등에 관한 권리"라고 정의한다. '인격'에 대해서는 따로 정의하고 있지 않으나, 인격적 가치의 예시를 사람의 "생명, 자유, 신체, 건강, 명예, 사생활의 비밀과 자유, 초상(肖像), 성명, 음성, 대화, 저작물 및 사적(私的) 문서"로 들고 있는 것을 볼 때, 인격을 '사람의 육체와 정신 그리고 그 사람에 대한 정보의 결합체'로 이해하고 있다고 해석할 수 있어 보인다. 예컨대 사람의 육체를 인격 구성의 한 요소라고 전제한다면, 생명, 신체, 건강, 초상, 음성이 인격적 가치에 포함되는 것이 자연스럽고, 사람의 정신을 인격 구성의 요소라고 전제하면, 자유, 명예, 사생활의 비밀과 자유가, 그리고 그 사람에 대한 정보, 즉 개인정보를 인격 구성의 한 요소라고 전제하면, 성명, 대화,

저작물, 사적 문서 등이 인격적 가치에 포함되는 게 자연스럽다.[1] 특히 개인정보가 인격 구성의 한 요소로 포함될 수 있다는 것은 '인격'의 어원이 페르소나(가면)인 것과도 매우 잘 어울린다. 페르소나는 한 사람의 육체와 정신 그 자체라기보다는 스스로 및/또는 타인에 의하여 사회적으로 구성된 정보의 집합이라고 볼 수 있기 때문이다.

2. '가상인격'의 의미

'가상인격'이라는 단어는 법적으로나 사회적으로나 그 개념이 확립된 단어는 아니다. 때문에 매우 다양한 상황에서 '가상인격'이라는 단어가 사용되고 있는데, 주로 사용되는 사례로는 ① 실존하는 (또는 실존했던) 사람의 인격을 가상 공간에 복제하거나 확장하여 표현한 경우와 ② 실존하지 않는 (그리고 실존한 적이 없는) 허상의 인물을 가상 공간에 창조하여 표현한 경우, 또는 ③ 가상 공간에서 인공지능 시스템이 사람처럼 행동하는 것을 가상인격이라고 부르는 경우도 있다.

이는 다시 실제 사람이 배후에 존재하는 경우 (위 ①의 경우)와 기계 시스템이 배후에 존재하는 경우 (위 ③의 경우)로 나눌 수 있다.[2] 따라서

---

[1] 물론 위 인격적 가치가 법률 속에서 반드시 자연인에 대해서만 성립 가능한 것은 아니다. 법인도 명예훼손의 대상이 될 수 있는 것처럼 일부 인격적 가치는 자연인 아닌 존재에 대해서도 인정되고 있다. 다만 '인격'이라는 개념의 출발점은 자연인인바 법인은 사회적으로 필요한 범위에 한하여 자연인을 모방하여 일부 인격적 가치도 누릴 수 있도록 약속되었을 뿐이다.

[2] 위 ②의 경우는 배후에 그 허상의 인물을 연기하는 사람이 실존한다면 전자에 가까울 것이고, 배후에 그 허상의 인물을 연기하는 사람이 실존하지 않으며 사람의 구체적인 지시 없이 인공지능 시스템이 그 허상의 인물을 표현하는 중이라면 후자에 가까울 것이고, 배후에 사람도 인공지능 시스템도 없이 그저 제작사의 구체적인 컨트롤만 있는 것이라면 평범한 저작물에 해당할 뿐이어서 가상인격의 논의 대상조차 되지 않을 것이다.

가상인격을 논할 때 이 책의 저자들은 이를 인간의 가상인격과 비인간의 가상인격(김재희), 인격의 가상화와 기계의 인격화(정성훈), 가상인격과 인공인격(박충식) 등으로 나누어 논하기도 한다. 특이한 것은, '가상인격'이라는 단어를 다룰 때 보통은 디지털 세계로 이해되는 '가상 공간'을 전제로 한다는 점이다. 그러나 한자로는 假想으로 표현되고 영어로는 Virtual로 표현되는 '가상'이라는 단어가 반드시 그 뒤의 '인격'이라는 단어를 공간적으로 수식하여 디지털 세계에 놓여진 인격으로 한정시키는 단어라고 단정할 필연적 이유는 없다.

'가상'의 의미를 그 문언적 의미 그대로 '진짜인 것처럼 생각·상상되는'이라고 새긴다면, '가상인격'은 '진짜인 것처럼 생각·상상되는 인격'이라는 의미가 될 것이고, 이 경우 가상인격은 인격을 개념적으로나 내용적으로 복제 또는 확장한 모든 경우를 포괄하여 지칭하는 단어가 될 것이다. 예컨대 법인격은 단체에 인격이 있는 것처럼 생각하여 단체에게 일종의 가상인격을 인정한 사례가 될 것이고, 이는 인격의 개념을 단체에 덧씌워서 이에 대한 사회적·법적 약속까지 이룸으로써 인격의 개념을 확장시킨 경우라고 볼 수 있다. 또한 사람을 모방하여 행동하도록 설계된 인공지능 시스템에 인격을 인정하려는 움직임도 인격의 개념을 그 인공지능 시스템에 덧씌워서 이에 대해 사회적·법적 약속까지 이르려는 경우로 볼 수 있다.

또한 인간 외부의 세계에 말이나 글 등으로 표현되어 타인이 진짜라고 생각하는 정보집합은 모두 가상인격이라고 할 수 있을 것이다. 다만 SNS 계정과 같은 가상 공간은 그러한 정보집합이 머무르는 새로운 매체에 불과할 뿐이며 특별히 새로운 무언가가 탄생한 것이라고 보기는 어려울 수 있다. SNS 계정을 통해 표현되든, 종이 신문이나 잡지를 통해 표현되든, 외부 세계에 표현된 정보집합을 인격의 일부라고 보는 것은 모두 그 정보집합을 실제 인격인 것처럼 상상하는 현상일 뿐이다.

이처럼 가상인격의 다양한 경우를 살펴보다 보면, 실제 사람이 배후에 존재하고 그 사람의 인격의 실제 구성내용이 외부에 표현된 정보집합으로까지 확장되는 것은 하나의 '현상'이고, 법인이나 인공지능 시스템에 인격의 개념을 덧씌워서 인격의 개념을 확장하는 것은 '약속'의 문제임을 알 수 있다. 전자는 굳이 사회적 약속이 없더라도 자연스럽게 일어나는 일이고, 후자는 특별한 약속이 없다면 성립하지 않는다. '인격'이 사람에서 출발하는 개념인 이상, 사람이 아닌 존재에 인격의 개념을 확장 적용하는 것은 법적·사회적 약속이 반드시 수반되어야 할 수밖에 없기 때문이다.

이처럼 비인간적 존재에 인격의 개념을 확장 적용할 때에는 그 존재에게 인정하는 인격권의 내용도 사회적 필요를 기준으로 약속한 범위에 한정되기 마련이다. 헌법재판소가 "법인도 법인의 목적과 사회적 기능에 비추어 볼 때 그 성질에 반하지 않는 범위 내에서 인격권의 한 내용인 사회적 신용이나 명예 등의 주체가 될 수 있"다고 한 것은(헌법재판소 2012. 8. 23. 선고 2009헌가27 결정) 법인에게 인정되는 인격권의 내용이 제한적이고, 법인의 목적과 사회적 기능이 그 제한 경계의 기준임을 보여주는 대표적인 선언이다.

그렇다면 ③ 가상 공간에서 인공지능 시스템이 사람처럼 행동하는 것에 대해 가상인격을 논하는 것은 사실상 그러한 존재에 법적 인격을 인정하기로 법적·사회적 약속을 할 것인가 말 것인가의 논의에 불과하게 된다. 물론 특정한 사람의 기억을 이식받고 육체에 갇힌 데

다가 감정이나 사고가 인간과 매우 흡사한 구조로 작동하는 인공지능 시스템처럼 SF 영화에 출현하여 관객을 고민하게 만드는 아주 특수한 조건의 경우라면, 이는 약속의 문제를 넘어 현상 분석의 대상이 되어야 하겠지만, 일단 그런 기술이 나오지도 않았고 윤리적으로 연구가 허용될 수 있을지도 불분명한 그런 조건의 상황을 미리 상상하여 그 존재의 인격성을 고민하는 것은 지금으로서는 별로 필요하지 않은 것 같다. (그리고 정말 그런 특수한 조건을 충족하는 존재라면 개인적으로는 인격적 존재라고 상상하게 될 것 같기도 하다) 다시 말해, 비인간의 가상인격, 기계의 인격화, 인공인격 등으로 칭해지는 문제는 약속을 할 것이냐 말 것이냐의 문제에 해당하는 것이어서 현행법 기준으로는 논할 것이 없다. 아직 그런 약속은 존재하지 않기 때문이다.

이러한 약속의 필요 여부는 주로 인공지능의 저작권, 인공지능의 특허권 논의에서 실제 법원 단계에서까지 논해지곤 했다. 즉, 우리나라 법원은 "현행 우리 특허법령상 발명자는 '자연인'만이 해당된다고 보일 뿐이고, 따라서 출원서의 발명자로 '인공지능'만을 표시하는 것은 허용되지 않는다고 봄이 타당하다"고 하는 동시에 "현재까지의 기술 수준에서 인간이 개발하거나 제공한 알고리즘이나 데이터를 벗어나 스스로 결정하고 행동하는 위 강한 인공지능에 해당하는 인공지능이 등장했다고 볼 만한 자료는 없으며", "인간에게 권리능력을 인정하는 것은 인간의 존재 자체의 존엄성에 기한 것으로, 인공지능이 창출한 결과물의 기능과 질이 인간의 것보다 우수하거나 동등하다는 이유만으로 권리능력을 부여할 수는 없다"고 판시한 바 있다(서울행정법원 2023. 6. 30. 선고 2022구합89524 판결). 이는 인공지능에게 인격을 부여하는 약속이 존재하지 않을 뿐만 아니라, 인격을 부여할지 여부를 논의할 만한 기술적 수준을 가진 인공지능이 아직 등장하지도 않았고 설령 그런 인공지능이 등장하더라도 그에 대해 인격을 인정할 필요가 있겠느냐는 회의적 입장을 법원이 표한 것으로 볼 수 있다.

이 판결의 항소심 법원은 "인공지능의 출현 및 발전 정도, 현재까지의 기술 수준, 인공지능에 대한 사회의 인식 등에 비추어 현재의 특허법 규정만으로 인공지능을 발명자에 포함시키는 것은 정당한 법률해석의 한계를 벗어난다. 향후 인공지능의 발명으로 보호받아야 할 대상이 존재한다면 이는 사회적 논의를 거쳐 입법을 통해 보완해 나가야 할 것이다"라고도 판시하였는바(서울고등법원 2024. 5. 16. 선고 2023누52088 판결), 이는 인공지능의 인격을 인정할지 여부가 법적·사회적 약속의 문제일 뿐임을 더 명확하게 표명한 것으로 볼 수 있다.

그러므로 실제 사람이 배후에 존재하면서 인간 외부의 세계에 말이나 글 등으로 표현되어 타인이 진짜인 것처럼 생각하는 정보집합을 협의의 가상인격이라 하고, 사람이 아닌 존재에 인격의 개념을 확장 적용하기로 약속하여 진짜 인격처럼 상상된 것까지를 광의의 가상인격이라고 한다면, 여기서는 협의의 가상인격에 관하여만 논의하고자 한다. 약속이란 결단의 영역인바 사회적 필요가 생겨나면 자연스럽게 그에 대한 결단 여부도 결정될 것이기 때문이다.

3. 협의의 가상인격과 개인정보의 관계

'가상인격'이라는 단어는 주로 학계에서 논의되고 있지만 의외로 법원의 판결문에서도 이 단어가 쓰인 바 있다. 개인정보 침해 사건에서 '가상인격'이라는 표현이 사용되었다는 점은 주목할 만하다.

⑴ 정보기술의 발달로 개인은 이제 자신이 원하지 않더라도 자신의 개별적인 생활방식이 모두 디지털화되어 흔적을 남기게 되는 것을 경험하게 된다. 개인이 사회적 존재인 이상 사회적 관계를 맺기 위해서는 자신을 드러낼 수밖에 없는데, 전자적 정보처리에 의하여 개인에 관한 모든 정보가 타인에 의해 수집되어 디지털화된 데이터베이스에 저장된 만큼 개인은 자신의 모든 것이 타인에게 노출된 상태에 있게 되고, 개인이 이를 의식하는 이상 개인은 자신의 생활양식을 정하는 데 크나큰 제약을 받게 된다. 이러한 상황에서 **개인은 자신의 실존인격이 디지털화되어 저장된 가상인격에 의해 규정지어지게 될 우려가 크다.** 이처럼 무분별하게 수집된 개인정보에 의해 개인의 사회적 정체성이 왜곡되는 경우 그 개인의 사회적 활동에 미치는 위험성은 지대할 뿐만 아니라 나아가 개인의 인격 자체에도 치명적인 위해를 가할 수 있다.

⑵ 이와 같은 상황에서 개인이 자신에 관한 정보를 지배·통제할 수 있는 권리인 개인정보 자기결정권을 헌법상 기본권으로 승인할 것인지 여부가 문제 되게 되었다. 개인정보 자기결정권은 자신에 관한 정보가 언제 누구에게 어느 범위까지 알려지고 또 이용되도록 할 것인지를 그 정보주체가 스스로 결정할 수 있는 권리, 즉 정보주체가 개인정보의 공개와 이용에 관하여 스스로 결정할 권리를 의미하는데, 현대 정보통신기술의 발달에 내재된 위험성으로부터 개인정보를 보호함으로써 궁극적으로는 개인의 결정의 자유를 보호하고, 나아가 자유민주체제의 근간이 총체적으로 훼손될 가능성을 차단하기 위하여 필요한 최소한의 헌법적 보장장치라는 차원에서 개인정보 자기결정권은 이미 헌법상 기본권으로 그 자리를 잡게 되었다(2005. 5. 26. 99헌마513, 2004헌마190 결정 등 참조).

– 서울행정법원 2013. 5. 2. 선고 2012구합21154 판결문 발췌

위 내용은 서울행정법원 2013. 5. 2. 선고 2012구합21154 판결문의 일부이다. 그리고 대한민국 법원이 '가상인격'이라는 단어를 언급한 최초의 판결이기도 하다. 위 판결은 현대사회에서의 개인정보의 중요성을 강조하는 과정에서 실존인격과 구별되는 개념으로서 가상인격이라는 개념을 사용하였고, 이 가상인격을 개인의 사회적 정체성과 연결하였으며 역으로 실존인격에도 영향을 줄 수 있다고 보았다. 위 판결 전에는 ('가상인격'이라는 단어가 사용되지는 않았으나) 대법원이 '가상공간에서의 인격의 표상'이라는 표현을 사용한 적도 있다.

실제공간과는 달리 행위자가 누구인지 명확하게 확인하기 어려운 **가상공간에서 아이디와 비밀번호 등 식별부호는 그 행위자의 인격을 표상하는 것**으로서, 무분별한 아이디의 공유 등 익명성의 남용으로 인한 정보통신망의 무질서 내지 상호신뢰의 저하는, 부정한 방법으로 보호조치를 물리적으로 침해하는 소위 해킹 등의 경우와 마찬가지로 정보통신망의 안정성과 그 안에 담긴 정보의 신뢰성을 해할 수 있다 할 것이므로, 비록 이용자가 자신의 아이디와 비밀번호를 알려주며 사용을 승낙하여 제3자로 하여금 정보통신망을 사용하도록 한 경우라고 하더라도, 그 제3자의 사용이 이용자의 사자(使者) 내지 사실행위를 대행하는 자에 불과할 뿐 이용자의 의도에 따라 이용자의 이익을 위하여 사용되는 경우와 같이 사회통념상 이용자가 직접 사용하는 것에 불과하거나, 서비스제공자가 이용자에게 제3자로 하여금 사용할 수 있도록 승낙하는 권한을 부여하였다고 볼 수 있거나 또는 서비스제공자에게 제3자로 하여금 사용하도록 한 사정을 고지하였다면 서비스제공자도 동의하였으리라고 추인되는 경우 등을 제외하고는, 원칙적으로 그 제3자에게는 정당한 접근권한이 없다고 봄이 상당하다.

돌이켜 이 사건 공소사실에 관하여 보건대, 피고인이 육군웹메일이나 핸드오피스 시스템에 위 공소외 소령의 아이디와 비밀번호로 접속하여 소령이 알지 못하는 사이에 그의 명의로 대장에게 피고인의 이익을 위한 이메일을 보낸 것은 사회통념상 서비스제공자가 소령에게 부여한 접근권한을 소령이 직접 사용한 것과 동일시할 수 있는 경우라고 할 수 없을 뿐 아니라, 군 내부전산망이나 전자결제시스템에서 서비스제공자가 이용자인 소령에게 자신의 식별부호를 타인으로 하여금 마음대로 사용할 수 있도록 하는 것을 승낙하는 권한을 부여하였다고 보기도 어렵고, 공소사실 기재와 같은 피고인의 사용은 별개의 인격으로 새로운 이용자가 되어야 할 피고인이 자신의 이익을 위하여 소령에게 부여된 접근권한을 함부로 사용한 것으로 이에 대하여 서비스제공자가 동의하였으리라고 보이지도 아니하므로, 피고인이 소령의 식별부호를 이용하여 육군웹메일과 핸드오피스의 소령의 계정에 접속한 행위는 모두 정보통신망법 제48조 제1항에 규정한 정당한 접근권한 없이 정보통신망에 침입하는 행위에 해당한다고 할 것이다.

– 대법원 2005. 11. 25. 선고 2005도870 판결문 발췌

위 대법원 판결에서는 디지털 서비스 계정(아이디와 비밀번호 등 식별부호를 통해 식별)이 실존하는 개인의 인격을 가상공간에서 표상하고 있다고 보았으며, 제3자가 본인의 허락을 받아 그 계정을 대신 사용하더라도 이는 본인의 사자 내지 대행자로서의 사용에 불과한 것이고, 만일 제3자가 본인 몰래 그 계정을 사용하였다면 그러한 경우는 본인이 직접 사용한 것과 동일시할 수 없다고 보았다. 즉 이 경우는 별개의 인격으로 별개의 계정을 사용해야 할 제3자가 무단으로 본인의 계

정을 사용한 것으로서 그 계정이 본인의 인격을 표상한 게 아니라고 본 것이다.

위 2건의 판결 모두 정보통신서비스, 즉 가상공간에서 일어나는 실존 개인의 인격 표상을 다루고 있으며 이처럼 법원은 인격과 관련하여서는 '가상'이라는 단어를 주로 가상공간의 맥락에서 사용하고 있다. 그리고 무엇보다도 아이디와 비밀번호, 전자적 정보처리에 의하여 타인에 의해 수집되어 디지털화된 데이터베이스에 저장된 개인에 관한 모든 정보 등과 같은 '개인정보'가 가상공간에서 인격을 표상하는 핵심 요소임을 명시적으로 언급하고 있다.

이처럼 개인정보는 인격과 밀접한 관련성을 가지고 다루어지고 있으며, "자신에 관한 정보가 언제 누구에게 어느 범위까지 알려지고 또 이용되도록 할 것인지를 그 정보주체가 스스로 결정할 수 있는 권리"인 개인정보자기결정권은, 달리 말하면 자신의 페르소나를 어떻게 설정할 것인지를 스스로 결정할 수 있는 권리의 성격도 가지고 있다고 볼 수 있다. 헌법재판소가 "개인정보는 개인의 신체, 신념, 사회적 지위, 신분 등과 같이 개인의 인격주체성을 특징짓는 사항으로서 그 개인의 동일성을 식별할 수 있게 하는 일체의 정보"라고 판시한 것도 같은 맥락이다(헌법재판소 2005. 5. 26.자 99헌마513, 2004헌마190(병합) 결정).

디지털 기술의 급격한 발전은 이러한 개인정보가 흐르고 고이는 환경도 급격하게 변화시킴으로 인하여 개인정보자기결정권을 기존의 인격권 등을 넘어서 독립적인 헌법상 기본권으로 인정하는 결과까지 낳았다.

개인정보자기결정권은 자신에 관한 정보가 언제 누구에게 어느 범위까지 알려지고 또 이용되도록 할 것인지를 그 정보주체가 스스로 결정할 수 있는 권리이다. 즉 정보주체가 개인정보의 공개와 이용에 관하여 스스로 결정할 권리를 말한다.

개인정보자기결정권의 보호대상이 되는 개인정보는 개인의 신체, 신념, 사회적 지위, 신분 등과 같이 개인의 인격주체성을 특징짓는 사항으로서 그 개인의 동일성을 식별할 수 있게 하는 일체의 정보라고 할 수 있고, 반드시 개인의 내밀한 영역이나 사사(私事)의 영역에 속하는 정보에 국한되지 않고 공적 생활에서 형성되었거나 이미 공개된 개인정보까지 포함한다. 또한 그러한 개인정보를 대상으로 한 조사·수집·보관·처리·이용 등의 행위는 모두 원칙적으로 개인정보자기결정권에 대한 제한에 해당한다.

새로운 독자적 기본권으로서의 개인정보자기결정권을 헌법적으로 승인할 필요성이 대두된 것은 다음과 같은 사회적 상황의 변동을 그 배경으로 한다고 할 수 있다.

인류사회는 20세기 후반에 접어들면서 컴퓨터와 통신기술의 비약적인 발전에 힘입어 종전의 산업사회에서 정보사회로 진입하게 되었고, 이에 따른 정보환경의 급격한 변화로 인하여 개인정보의 수집·처리와 관련한 사생활보호라는 새로운 차원의 헌법문제가 초미의 관심사로 제기되었다.

현대에 들어와 사회적 법치국가의 이념 하에 국가기능은 점차 확대되어 왔고, 이에 따라 국가의 급부에 대한 국민의 기대도 급격히 높아지고 있다. 국가가 국민의 기대에 부응하여 복리증진이라는 국가적 과제를 합리적이고 효과적으로 수행하기 위해서는 국가에 의한 개인정보의 수집·처리의 필요성이 증대된다. 오늘날 정보통신기술의 발달은 행정기관의 정보 수집 및 관리 역량을 획기적으로 향상시킴으로써 행정의 효율성과 공정성을 높이는 데 크게 기여하고 있다. 이와 같이 오늘날 국민이 급부행정의 영역에서 보다 안정적이고 공평한 대우를 받기 위해서는 정보기술의 뒷받침이 필연적이라고 할 수 있다.

한편, 현대의 정보통신기술의 발달은 그 그림자도 짙게 드리우고 있다. 특히 컴퓨터를 통한 개인정보의 데이터베이스화가 진행되면서 개인정보의 처리와 이용이 시공에 구애됨이 없이 간편하고 신속하게 이루어질 수 있게 되었고, 정보처리의 자동화와 정보파일의 결합을 통하여 여러 기관 간의 정보교환이 쉬워짐에 따라 한 기관이 보유하고 있는 개인정보를 모든 기관이 동시에 활용하는 것이 가능하게 되었다. 오늘날 현대사회는 개인의 인적 사항이나 생활상의 각종 정보가 정보주체의 의사와는 전혀 무관하게 타인의 수중에서 무한대로 집적되고 이용 또는 공개될 수 있는 새로운 정보환경에 처하게 되었고, 개인정보의 수집ㆍ처리에 있어서의 국가적 역량의 강화로 국가의 개인에 대한 감시능력이 현격히 증대되어 국가가 개인의 일상사를 낱낱이 파악할 수 있게 되었다.

이와 같은 사회적 상황 하에서 개인정보자기결정권을 헌법상 기본권으로 승인하는 것은 현대의 정보통신기술의 발달에 내재된 위험성으로부터 개인정보를 보호함으로써 궁극적으로는 **개인의 결정의 자유를 보호**하고, 나아가 **자유민주체제의 근간이 총체적으로 훼손될 가능성**을 차단하기 위하여 필요한 최소한의 헌법적 보장장치라고 할 수 있다.

개인정보자기결정권의 헌법상 근거로는 헌법 제17조의 사생활의 비밀과 자유, 헌법 제10조 제1문의 인간의 존엄과 가치 및 행복추구권에 근거를 둔 일반적 인격권 또는 위 조문들과 동시에 우리 헌법의 자유민주적 기본질서 규정 또는 국민주권원리와 민주주의원리 등을 고려할 수 있으나, 개인정보자기결정권으로 보호하려는 내용을 위 각 기본권들 및 헌법원리들 중 일부에 완전히 포섭시키는 것은 불가능하다고 할 것이므로, 그 헌법적 근거를 굳이 어느 한 두개에 국한시키는 것은 바람직하지 않은 것으로 보이고, 오히려 개인정보자기결정권은 이들을 이념적 기초로 하는 독자적 기본권으로서 헌법에 명시되지 아니한 기본권이라고 보아야 할 것이다.
 – 헌법재판소 2005. 5. 26.자 99헌마513, 2004헌마190(병합) 결정문 발췌

이러한 판결들의 내용을 종합하면, 협의의 가상인격을 구성하는 핵심 요소는 개인정보이며, 개인정보가 언제 누구에게 어느 범위까지 알려지고 이용되도록 할 것인지를 정보주체가 스스로 결정할 수 있는 권리인 개인정보자기결정권은 정보주체 자신의 가상인격, 페르소나가 어디서 어떤 내용으로 구성되도록 할 것인지를 결정할 수 있는 권리를 포함하고 있다고 볼 수 있다. 따라서 협의의 가상인격을 현실의 사회적 · 법적 체계 안에서 논할 때에는 개인정보 또는 개인정보자기결정권과 함께 다룰 필요가 있다.

4. 협의의 가상인격과 개인정보의 관계에서의 구체적인 쟁점

위와 같이 협의의 가상인격을 구성하는 요소가 실존인격의 개인정보이고 개인정보자기결정권에 정보주체 본인이 페르소나 구성을 결정할 권리가 포함된다고 볼 경우, 실존인격과 가상인격 간의 관계에서는 다양한 개인정보 관점의 문제와 쟁점들이 드러난다. 그리고 각 쟁점마다 방대한 논의가 이루어지고 있기 때문에, 여기서는 쟁점별 결론을 도출하는 것이 아니라 각 쟁점을 체계적으로 정리하는 작업을 하고자 한다.

실존인격과 가상인격 간의 관계에서는 크게 세 가지 관계성을 다룰 수 있다. 실존인격이 가상인격을 결정하는 관계, 가상인격이 실존인격에 영향을 주는 관계, 가상인격과 실존인격이 단절된 관계가 그것이다. 앞에서 살펴본 「서울행정법원 2012구합21154 판결」이 "정보기술의 발달로 개인은 이제 자신이 원하지 않더라도 자신의 개별적인 생활방식이 모두 디지털화되어 흔적을 남기게 되는 것을 경험하게 된다. 개인이 사회적 존재인 이상 사회적 관계를 맺기 위해서는 자신을 드러낼 수밖에 없는데, 전자적 정보처리에 의하여 개인에 관한 모든 정보가 타인에 의해 수집되어 디지털화된 데이터베이스에 저장된 만큼 개인은 자신의 모든 것이 타인에게 노출된 상태에 있게 되고"라고 판시한 부분은 바로 실존인격이 가상인격을 결정하는 관계에 대해 언급한 부분이라 할 수 있다. 또한 같은 판결에서 "개인이 이를 의식하는 이상 개인은 자신의 생활양식을 정하는 데 크나큰 제약을 받게 된다. 이러한 상황에서 개인은 자신의 실존인격이 디지털화되어 저장된 가상인격에 의해 규정지어지게 될 우려가 크다. 이처럼 무분별하게 수집된 개인정보에 의해 개인의 사회적 정체성이 왜곡되는 경우 그 개인의 사회적 활동에 미치는 위험성은 지대할 뿐만이니라 나아가 개인의 인격 자체에도 치명적인 위해를 가할 수 있다"라고 판시한 부분은 가상인격이 실존인격에 영향을 주는 관계를 언급한 부분이라 할 수 있다.

그렇다면 실존인격이 가상인격을 결정하는 것과 관련해서는 구체적으로 어떤 문제들이 있을까?

먼저 ① 본인이 가상공간 등에 의도적으로 실존인격 구성내용의 일부만 놓거나 실제와 다르게 놓음으로써 실존인격과 괴리된, 왜곡된 가상인격이 형성되는 문제가 있을 수 있다. 일종의 자아 연출을 하는 것이다. 이는 본인 스스로 개인정보의 공개 내지 이용 범위를 결정한 것이기 때문에 "자신에 관한 정보가 언제 누구에게 어느 범위까지 알려지고 또 이용되도록 할 것인지를 그 정보주체가 스스로 결정할 수 있는 권리"인 개인정보자기결정권의 침해 문제는 발생하지 않는다. 그리고 설령 실제와 다르게 연출을 하였다고 하더라도 그것 역시 본인의 결정이기 때문에 어떤 권리 침해의 문제는 발생하지 않는다. 오히려 그렇게 연출된 자아가 그 개인에 대한 정보로 추가되어 기존의 개인정보와 연결되고 통합된다고 볼 수 있을 것이다. 즉, 왜곡된 가상인격도 본인의 의도에 의한 것이라면 실존인격과 결합하여 전체 인격을 구성하게 되는 것이다. 실제로 본인이 SNS에 올린 모든 정보는 법적으로도 그 본인의 '개인정보'로 다루어지고 있고, 그 정보가 본인의 기존 실존인격에 비추어 볼 때 왜곡된 정보인지 여부는 전혀 고려되지 않는다. 결국 본인이 스스로 결정한 이상 기존 인격과 괴리된 가상인격도 그 결정 이후부터는 본인의 실존인격과 연결되고 흡수된다.

② 본인 또는 타인에 의하여 실존인격의 일부가 특정한 가상공간에 가상인격으로 형성된 후 본인이 이를 제거하길 원함에도 불구하고 가상공간의 통제권을 가지지 못함으로써 그 가상인격이 본인의 의사와 상관없이 계속하여 본인을 표상하고 있는 문제도 있다. 이른바 잊힐 권리의 문제가 바로 이것이다. 명예훼손 등 불법정보에 대해 법적으로 삭제할 수 있는 수단이 이미 존재함에도 불구하고 잊힐 권리가 독립적으로 논의되게 된 이유는 적법하게 가상공간에 놓이게 된 개인정보들 때문이다. 예컨대 본인이 청소년 시절 깊은 새벽에 스

스로 가상공간에 올린 감정과잉 텍스트가 이후 그 가상공간 제공 서비스가 폐쇄되었음에도 불구하고 '짤'로 생성되어 다양한 가상공간에 복제된 경우, 법정대리인인 부모가 유아인 자녀의 우스꽝스러운 사진을 가상공간의 부모 계정에 올린 경우, 실종 사건 등 공개수사로 공개된 피해자의 개인정보가 가상공간 속 각종 기사 등에 그대로 남아 있는 경우, 기사에 과거의 범죄사실이 보도되고 몇십년 후 그 기사가 계속 노출되는 경우 등 다양한 사례들이 여기에 해당한다. 이러한 사례들은 모두 적법하게 개인정보가 노출되고 그로써 가상인격이 형성된 경우인바, 본인이 현재의 시점에서 이를 제거하여 자신의 인격을 재정립하고자 하더라도 마땅한 수단이 없다는 게 문제되어 잊힐 권리가 논의되기도 했다.

참고로 유럽연합(EU)은 개인정보보호법인 일반정보보호 규정(General Data Protection Regulation, GDPR) 제17조에서 잊힐 권리(Right to be forgotten)를 삭제권(Right to erasure)의 방식으로 명시적으로 인정하고 있다. 그리고 우리나라 개인정보보호법은 개인정보의 삭제권을 규정하고 있다. 다만 양 규정의 구체적인 요건과 효과에는 차이가 있으며 이처럼 잊힐 권리는 입법의 문제로 남아 있다.

한편 ③ 본인의 결정권을 침해하여 타인이 본인의 가상인격을 형성하는 문제도 있다. 본인의 의사와 무관하게 이루어진 딥페이크 영상이나 음성 합성이 대표적인 사례이다. 또한 굳이 기술적인 합성이 아니더라도 유명인의 사진을 도용하여 사칭 계정을 만드는 경우도 여기에 해당할 수 있다. 이는 명백한 개인정보자기결정권 침해 유형이지만, 동일 유형의 행위라 하더라도 구체적인 사례에 따라서는 정치 풍자나 패러디처럼 가상인격 형성이 목적이 아니라 공익적 비판 등이 목적인 경우도 있다. 때문에 단순히 타인의 개인정보에 대해 합성행위를 했다는 것만으로 그런 행위가 곧바로 개인정보자기결정 권을 침해하여 개인정보를 다루고 인격권을 침해하여 잘못된 가상인 격을 형성한 행위라고 단정할 게 아니라, 그러한 합성행위의 구체적 인 목적 등을 살펴 진짜인 것처럼 가장한 가상인격 형성과, 악용을 목 적으로 했다거나 또는 진짜인 척하지 않더라도 그러한 합성의 결과 물 자체가 합성 포르노 영상 등과 같이 본인의 실존인격에 타격을 줄 정도의 강한 부정적 영향력을 가지고 있다면, 법적으로 규제할 필요 가 있을 것이다. 반면 진짜인 체하는 가상인격 형성이 목적이 아니라 타인에 의한 합성물임을 명확히 밝히고 공익적인 비판 등의 목적임이 객관적으로 인정되는 경우라면, 법적 규제를 신중하게 해야 할 것이 다. 특히 후자의 경우라면 개인정보자기결정권의 침해는 되지만 인격 권의 침해는 되지 않는 특수한 상황이라고도 할 수 있는바, 인격권과 개인정보자기결정권의 밀접한 연결성을 인정하면서도 둘이 동일한 권리는 아니라고 했던 헌법재판소의 판단이 옳은 것이었음을 이런 사 례로도 확인할 수 있다.

다음으로 가상인격이 실존인격에 영향을 주는 관계에서는 어떤 문 제들이 있을 수 있을까?

① 위에서 가장 먼저 언급된 '왜곡되어 형성된 가상인격'이 역으로 실존인격에 영향을 주어 실존인격을 부정적으로 변화시키는 문제가 있다. 이는 성인의 경우에는 별다른 이슈가 되지 않는다. 성인이 스 스로 내린 결정의 파급효과일 뿐이기 때문이다. 그러나 아동·청소 년의 경우는 다르다. 이 연령대의 국민에 대해서는, 개인이 스스로 설정하거나 사회적으로 강요된 가상인격의 유지를 위해 실존인격의

발달이 저해되거나 왜곡될 위험이 문제되고, 나아가 국가가 SNS 이용 등과 같은 개인정보 처리에 개입하여 아동·청소년인 정보주체를 가상인격 데이터의 영향력으로부터 보호할 후견적 의무를 지니거나 또는 그러한 후견적 행위를 하는 것이 적절한가의 문제가 존재한다. 다양한 국가에서 아동·청소년의 SNS 또는 스마트폰 사용 제한 입법을 논의하고 있다는 점에서 이는 이미 실존하는 문제이다.

또한 ② 기업의 프로파일링에 의하여 분석되고 정리된 가상인격이 기업의 이익을 위하여 설계된 알고리즘과 상호작용하여 실존인격을 변화시키는 문제도 있다. 유튜브 알고리즘에 의한 정치적 양극단화, 맞춤형 구매추천에 의한 소비습관의 변화 등이 모두 이 맥락에서 일어나는 현상들이다. 이 경우는 프로파일링 단계의 문제와 알고리즘 적용 단계의 문제로 다시 나눌 수 있는데, 프로파일링 단계에서는 본인의 충분한 인식과 동의가 전제된 상태에서 개인정보가 수집되고 프로파일링이 이루어졌는지가 문제된다. 실제로 2023년도에 우리나라 개인정보보호위원회는 구글과 메타에 대해 이러한 프로파일링을 위한 개인정보 수집에 있어 적법한 동의가 없었다는 이유로 합계 약 1,000억원의 과징금을 부과한 바 있다. 또한 이렇게 분석되고 정리된 가상인격에 대해 알고리즘을 적용하는 단계에서는 그러한 적용에 대해 거부하거나 설명을 요구할 권리가 존재하는지 여부가 문제되는데, 관련하여 우리나라 개인정보보호법은 그러한 적용이 정보주체의 권리 또는 의무에 중대한 영향을 미치는 결정으로서 이루어지는 경우에는 거부권과 설명요구권 등을 인정하고 있으며, 2023. 3. 14. 신설되어 2024. 3. 15.부터 시행된 제37조의2 자동화된 결정에 대한 정보주체의 권리가 바로 그것이다.

개인정보 보호법

제37조의2(자동화된 결정에 대한 정보주체의 권리 등) ① 정보주체는 완전히 자동화된 시스템(인공지능 기술을 적용한 시스템을 포함한다)으로 개인정보를 처리하여 이루어지는 결정(「행정기본법」 제20조에 따른 행정청의 자동적 처분은 제외하며, 이하 이 조에서 "자동화된 결정"이라 한다)이 자신의 권리 또는 의무에 중대한 영향을 미치는 경우에는 해당 개인정보처리자에 대하여 해당 결정을 거부할 수 있는 권리를 가진다. 다만, 자동화된 결정이 제15조제1항제1호ㆍ제2호 및 제4호에 따라 이루어지는 경우에는 그러하지 아니하다.

② 정보주체는 개인정보처리자가 자동화된 결정을 한 경우에는 그 결정에 대하여 설명 등을 요구할 수 있다.

③ 개인정보처리자는 제1항 또는 제2항에 따라 정보주체가 자동화된 결정을 거부하거나 이에 대한 설명 등을 요구한 경우에는 정당한 사유가 없는 한 자동화된 결정을 적용하지 아니하거나 인적 개입에 의한 재처리ㆍ설명 등 필요한 조치를 하여야 한다.

④ 개인정보처리자는 자동화된 결정의 기준과 절차, 개인정보가 처리되는 방식 등을 정보주체가 쉽게 확인할 수 있도록 공개하여야 한다.

⑤ 제1항부터 제4항까지에서 규정한 사항 외에 자동화된 결정의 거부ㆍ설명 등을 요구하는 절차 및 방법, 거부ㆍ설명 등의 요구에 따른 필요한 조치, 자동화된 결정의 기준ㆍ절차 및 개인정보가 처리되는 방식의 공개 등에 필요한 사항은 대통령령으로 정한다.

[본조신설 2023. 3. 14.]

마지막으로 가상인격과 실존인격이 단절된 관계에서는 어떤 문제들이 있을 수 있을까?

① 사자(死者)의 가상인격 문제가 대표적이다. 현재 개인정보 보호법은 살아있는 개인에 대해서만 적용된다. 따라서 현행법으로는 사자의 가상인격 문제를 다룰 수 없고, 입법론적인 논의가 필요한 상태이다. 특히 실존하는 개인의 육체와 정신이 소멸한 후 남겨진 정보집합을 인격적으로 다룰 것인지, 즉 여전히 가상인격의 성격으로 다룰 것인지 아니면 재산적으로 다룰 것인지, 즉 인격적 성격은 실존 개인의 소멸로써 함께 사라지고 가상자산의 성격으로 다룰 것인지가 문제된다. 참고로 본인이 소멸했는데 가상인격의 성질을 여전히 가지고 있는 게 가능한가 의문이 있을 수 있으나, 사자 명예훼손죄가 존재한다는 점에서 이러한 해석이 불가능하다고 보이지는 않는다. 그리고 가상인격의 성격으로 다룬다면, 생전 개인의 의지 내지 개인정보자기결정권의 존중을 어디까지 어떤 방식으로 할 것인가가 문제될 것이고, 가상자산의 성격으로 다룬다면, 디지털 정보의 상속을 어떤 방식으로 할 것인가가 문제될 것이다.

② 실존 인물 배후가 있는 버추얼 아이돌과 같은 버추얼 휴먼의 문제도 있다. 특히 실존인물은 비공개되면서 실존인격의 내용과 전혀 상관없이 캐릭터를 창조하여 버추얼 휴먼의 가상인격을 구성한 경우, 이는 실존인격이 가상인격을 결정하는 것과는 전혀 다른 유형의 문제가 된다. 이 경우에는 버추얼 휴먼의 목소리나 모션 데이터가 배후에 있는 실존 인물의 개인정보로 다루어져 실존 인물에게 권리가 귀속되는지, 아니면 그 캐릭터를 설계한 기업의 저작물로서 그 기업에게 권리가 귀속되는지 등의 문제가 발생할 수 있다.

5. 마무리하며

　가상인격을 논할 때 가장 당혹스러운 점은 '인격'의 정체를 밝히는 것부터 어렵다는 점이다. 철학자들마다 개념정의가 다르고 시대에 따라 개념의 변천이 있었으며, 기술 발전이 개념에 영향을 주기도 했다. '가상인격'에서 가장 먼저 확정되어야 할 '인격'의 개념이 명확히 정의되지 않으니 가상인격의 개념 역시 확정하기가 쉽지 않다. 그럼에도 불구하고 법원이 실존인격과 가상인격을 별다른 개념정의 없이 특정한 맥락 속에서 언급할 수 있었던 것은 인격에 대한 막연한 공통적인 관념이 있기 때문일 것이며, 이러한 관념은 생활 속에서 접하는 다양한 현상을 통해 개인과 집단 간에 형성되어 온 것일 터이다. 그리고 이 관념을 바탕으로 각종 법률들이 제정되고 시행되고 있으며 이러한 법률들은 인격과 가상인격에 대한 사람들의 관념을 보완하고 강화하는 역할도 하고 있다.

　이 글은 법률과 판례를 참조하여 인격과 가상인격에 대한 나름의 정의를 시도하고 이에 기반하여 관련된 법적 쟁점들을 도출하였으며 그 핵심에 개인정보가 존재함을 밝혔지만, 사실 철학적으로 엄격한 사고 과정을 거쳤다고 보기에는 부족한 부분들이 있다. 그러나 이론적으로 모든 것이 규명되지 못한 상태에서도 현상은 존재하며 문제는 드러난다. 법의 최전선에 선 이들은 설령 이론이 정리되지 못했더라도, 이렇게 이미 발생하고 드러난 현상을 어떻게든 해결하려고 노력하곤 한다. 그리고 누군가는 그러한 해결이 좀 더 근본적으로 이루어질 수 있기를 바라는 마음에 그 배경을 더 깊이 파헤치고 사고하여 본질을 밝혀내며, 이를 정리하여 이론을 수립한다. 어느 쪽이든 빠져서는 안 되는 중요한 역할임이 분명하다. 이 글에서 시도하고 정리한 내용이 그러한 역할들을 해나가는 누군가에게 자그마한 실마리라도 제공할 수 있기를 바란다.

백종현

서울대학교 명예교수. 한국포스트휴먼연구소 소장. 서울대 철학과 교수, 서울대 철학사상연구소 소장·인문학연구원 원장, 한국칸트학회 회장, 한국철학회 회장, 한국포스트휴먼학회 회장 등을 역임했다. 주요 저서로 『존재와 진리』, 『이성의 역사』, 『한국 칸트사전』, 『인간의 조건』 등이 있고, 역서로는 『실천이성비판』, 『윤리형이상학 정초』, 『순수이성비판 1·2』, 『판단력비판』, 『윤리형이상학』, 『이성의 한계 안에서의 종교』, 『유작 I·II』, 『비판기 단편 논고들 II』 등이 있다.

심지원

동국대학교 철학과 교수. 전공 분야는 윤리학이며, 인간 향상에 대한 관심을 기반으로 인공지능윤리, 신경윤리, 생명의료윤리 등 실천윤리를 중점 연구하고 있다. *Autonomous Vehicles Ethics: Beyond the Trolley Problem*, 『인공지능윤리 규범학』, 『철학과 현실, 현실과 철학 1: 인간의 자각과 개명』, 『신경윤리 입문』 등의 공저가 있으며, 『도대체 왜 도덕적이어야 하는가』, 『인간보다 나은 인간: 인간 증강의 약속과 도전』 등을 공역했다. 학제 간 연구인 메타버스윤리, 신경윤리, 재택의료윤리 등 원칙 및 가이드라인 수립에 다수 참여해 왔고, 근래 들어 인간 향상 개념을 보다 포괄적인 철학적 차원에서 재조명하는 데 관심을 기울이고 있다.

김재희

을지대학교 교양학부 교수. 현대 프랑스철학, 기술철학, 정보철학, 포스트휴머니즘 등을 연구하고 있다. 주요 저서로 『베르그손의 잠재적 무의식』, 『시몽동의 기술철학: 포스트휴먼 사회를 위한 청사진』, 『포스트휴먼이 몰려온다』(공저), 『포스트휴먼으로 살아가기』(공저), 『인공지능 시대의 철학자들』

(공저) 등이 있고, 번역서로『기술적 대상들의 존재양식에 대하여』,『도덕과 종교의 두 원천』,『에코그라피: 텔레비전에 대하여』(공역),『포스트휴먼 지식』(공역) 등이 있다.

정성훈

인천대 인천학연구원 초빙연구위원. 경찰대, 경인교대 강사. 전공 분야는 사회철학이며, 니클라스 루만의 사회이론을 기초로 사회와 개인의 관계, 인권, 공동체, 인공지능 편향성, 인공 커뮤니케이션 등의 주제를 다루는 연구를 진행해왔다. 단독 저서로는『도시 인간 인권』(라움, 2013),『괴물과 함께 살기 – 아리스토텔레스에서 루만까지 한 권으로 읽는 사회철학』(미지북스, 2015),『가족과 국가 이후의 공동체』가 있고, 주요 공저로는『인공지능의 편향과 챗봇의 일탈』,『인공지능 시대의 철학자들』등이 있다.

박충식

유원대학교(아산캠퍼스) 인공지능소프트웨어학과 석좌교수. 한국포스트휴먼연구소 인공지능로봇센터장. 구성주의적 관점의 인공지능을 연구하고 있으며, 인문사회학과 인공지능의 학제적 연구에 관심을 두고 있다. 주요 저서로는『인문코딩』,『인공지능의 존재론』,『인공지능의 윤리학』,『내가 만난 루만』(이상 공저)이 있고,「인공지능은 인문학이다」,「정보기계로서의 생명」, "From Data to Agents" 등의 논문을 발표했으며 '박충식의 인공지능으로 보는 세상'의 제목으로 50여 건의 칼럼을 연재하였다.

고인석

인하대학교 철학과 교수. 과학기술철학 전공. 양자역학의 사례를 토대로 과학이론 변동의 메커니즘을 분석하는 작업에서 출발해 과학철학의 보편적 주제들과 개별과학에 관한 철학적 문제들을 연구해왔다. 2009년부터 지능을 장착한 인공물에 관한 존재론적 해석과 윤리 문제에 치중하여 일련의 연구성과를 발표했고, 최근에는 시뮬레이션의 인식적 지위에 관한 논문과 가짜뉴스 개념에 관한 논문을 발표했다. 『인공지능과 로봇의 윤리』, 『과학의 지형도』 등의 저서를 냈고, 마흐의 『역학의 발달: 역사적, 비판적 고찰』 등을 번역했다. 사회가 인공지능 기술의 영향을 수용하는 일과 결부된 철학적 문제들에 좀 더 매달릴 계획이다.

양천수

영남대학교 법학전문대학원 기초법 전임교수. 인공지능 기술을 비롯한 현대 과학기술이 우리 사회와 법에 어떤 영향을 미치는지, 이에 사회와 법이 어떻게 대응하는지에 관심이 많다. 관련 책으로 『빅데이터와 인권』, 『법과 진화론』(공저), 『제4차 산업혁명과 법』, 『인공지능과 법』(공저), 『디지털 트랜스포메이션과 정보보호』(공저), 『공학법제』(공저), 『인공지능과 포스트 휴머니즘』(공저), 『인공지능 혁명과 법』, 『코로나 시대의 법과 철학』(공저), 『데이터와 법』(공저), 『디지털 전환 시대의 법이론』(공저), 『인공지능법』(공저), 『생성형 AI와 법』(공저), 『인공지능법학』, 『AI, 혁신과 규제』 등이 있다.

김건우

현재 광주과학기술원(GIST) 인문사회과학부 교수(법학/법철학). 법철학의 다양한 측면과 관련하여 법의 토대를 검토하거나, 인공지능과 생명공학 등 첨단 과학기술을 둘러싼 윤리적·법적·사회적 문제를 탐색하는 데에 주력하고 있다. 최근에는 이 두 관심사를 종합하여 '포스트휴먼 혹은 포스트 디지털 법리학'이라는 제하의 연구 기획을 수행하면서 규범(노모스)과 자연(퓌시스)의 전통적 구획을 넘은 새로운 인간학과 규범학의 토대를 모색하고 있다. 관련 주제로 다수의 논문을 썼으며, 주요 번역서로 『프레더릭 샤워』, 『법률가처럼 사고하는 법』, 편저로 『인공지능 규제 거버넌스의 현재와 미래』, 『법, 과학을 만나다』 등이 있다.

최주선

현재 법무법인 민후 대표변호사, 네플라(주) 대표이사, 한국포스트휴먼
연구소 이사장. 철학을 전공하고 법학을 부전공한 뒤 사법시험을 거쳐 IT
전문 로펌 민후에서 일하다가 리걸테크 스타트업 네플라를 창업해 법률 AI
솔루션을 만들고 있다. 민후에서는 IT, IP, 개인정보 사건을 주로 다루었으
며 스승인 백종현 서울대 명예교수, 민후 공동대표인 김경환 변호사 등과
함께 한국포스트휴먼학회 그리고 한국포스트휴먼연구소를 창립하였다. 다
수의 개인정보 관련 소송에서 옛 방송통신위원회와 개인정보보호위원회를
대리하면서 중요 법리를 쌓는 데에 기여해 왔다. 주요 공저로『EU 개인정보
보호법 – GDPR을 중심으로』,『포스트휴먼시대의 휴먼』이 있다.

포스트휴먼사이언스 ❿

가상인격

AI 시대, 인간의 인격을 묻다

발행일	2026년 2월 10일 1판 1쇄
지은이	백종현 · 심지원 · 김재희 · 정성훈 · 박충식 · 고인석 · 양천수 · 김건우 · 최주선
펴낸이	김일수
펴낸곳	파이돈
출판등록	제349-99-01330호
주 소	03035 서울시 종로구 자하문로17길 12-10 2층
전자우편	phaidonbook@gmail.com
전 화	070-8983-7652
팩 스	0504-053-5433
ISBN	979-11-991047-9-2 (94300)
	979-11-981092-6-2 (세트)

책값은 뒤표지에 있습니다.